河南食用香味料产业发展战略研究

谢剑平　主　编
孙世豪　曾世通　副主编

HENAN SHIYONG XIANGWEILIAO
CHANYE FAZHAN ZHANLÜE YANJIU

化学工业出版社
·北京·

内 容 简 介

本书内容源自中国工程院院地合作项目"河南食用香味料产业发展战略研究",以河南食品产业发展对香味料的需求为基本出发点,聚焦河南香味料产业发展战略布局,立足于河南食用香味料产业现状,围绕香味料产业链条,从国际、国内、省内三个层面,调研梳理了香味料产业发展态势、香味料资源高效开发利用主要技术途径、产品质量安全与标准化现状以及产业高质量发展与品牌培育需求,并从产、学、研、政等层面提出我国香味料产业高质量发展的对策与建议。本书对香味料相关行业和企业的研发与管理人员有很好的参考借鉴价值。

图书在版编目(CIP)数据

河南食用香味料产业发展战略研究 / 谢剑平主编;孙世豪,曾世通副主编. —北京:化学工业出版社,2023.4

ISBN 978-7-122-42943-8

Ⅰ.①河… Ⅱ.①谢… ②孙… ③曾… Ⅲ.①香料–食品工业–产业发展–研究–河南②调味品–食品工业–产业发展–研究–河南 Ⅳ.①F426.82

中国国家版本馆 CIP 数据核字(2023)第 024611 号

责任编辑:李晓红　　　　　　　　　　文字编辑:任雅航　陈小滔
责任校对:王鹏飞　　　　　　　　　　装帧设计:王晓宇

出版发行:化学工业出版社(北京市东城区青年湖南街 13 号　邮政编码 100011)
印　　装:大厂聚鑫印刷有限责任公司
710mm×1000mm　1/16　印张 12½　字数 198 千字　2023 年 5 月北京第 1 版第 1 次印刷

购书咨询:010-64518888　　　　　　　　　　　　售后服务:010-64518899
网　　址:http://www.cip.com.cn
凡购买本书,如有缺损质量问题,本社销售中心负责调换。

定　　价:98.00 元　　　　　　　　　　　　　　　　版权所有　违者必究

编委会名单

主　编　谢剑平　中国烟草总公司郑州烟草研究院
副主编　孙世豪　中国烟草总公司郑州烟草研究院
　　　　　曾世通　中国烟草总公司郑州烟草研究院

编委（按姓名拼音排序）
　　　　　付英杰　中国烟草总公司郑州烟草研究院
　　　　　李　鹏　中国烟草总公司郑州烟草研究院
　　　　　刘　珊　中国烟草总公司郑州烟草研究院
　　　　　王丁众　中国烟草总公司郑州烟草研究院
　　　　　王旭增　河南省农业科学院农副产品加工研究中心
　　　　　王赵改　河南省农业科学院农副产品加工研究中心
　　　　　席　辉　中国烟草总公司郑州烟草研究院
　　　　　徐秀娟　中国烟草总公司郑州烟草研究院
　　　　　杨春强　中国烟草总公司郑州烟草研究院
　　　　　张　乐　河南省农业科学院农副产品加工研究中心
　　　　　张文娟　中国烟草总公司郑州烟草研究院

前言 PREFACE

在人类认识世界、改造世界和自我进化的历史进程中，从远古时代食不果腹的茹毛饮血，到现代社会食物极大丰富的色香味俱全，食品风味的发展如影随形。如今，风味更是成为驱动饮食消费的原动力之一，香味料作为塑造食品风味的核心配料也成为现代食品工业不可或缺的重要原料。香味料产业的发展水平决定着食品产业的创新水平，对食品产业的高质量发展具有核心支撑作用。作为农业大省，食品产业是河南省的传统优势产业。当前河南食品产业发展正处于"中原粮仓"变"国人厨房"再到"世界餐桌"的转型期。积极推动香味料产业发展对河南食品产业的高质量发展，乃至全省经济的持续健康发展具有重要意义。

本书以河南食品产业发展对香味料的需求为基本出发点，聚焦河南香味料产业发展战略布局，立足于河南食用香味料产业现状，围绕香味料产业链条，从国际、国内、省内三个层面，通过对香味料生产企业和应用企业进行实地考察和资料调研，并对政策文件、法律法规、产业报告、权威报刊、技术资料、学术文献、专业书籍等资料进行收集、整理、分析、推导、演绎等，梳理了香味料产业发展态势、香味料资源高效开发利用主要技术途径、产品质量安全与标准化现状以及产业高质量发展与品牌培育需求。

在香味料产业发展方面：较为全面地摸清了河南食用香味料生产企业及食用香味料使用企业的供求关系及产业链条发展现状；从发展环境、市场情况、竞争格局等角度对比了国内外香味料行业发展数据；从原料利用水平、企业发展水平、企业技术能力、品牌培育水平、政策保障水平等方面分析了优势与短板，厘清了河南食用香味料产业的发展态势。

在香味料资源高效开发方面：从原料、产品和用途等方面系统梳理了国内外香味料资源高效利用的主要途径；从原料规模化种植、特色产品开发和药用价值挖掘等角度提出了香味料资源高效利用开发的关键技术方向；结合河南食用香味料产业现状，围绕原料基地建设、香味料产品开发、风味创制、绿色生产等方向指出了河南食用香味料产业发展的共性关键技术需求。

在质量安全与标准化方面：从食品安全监管要求出发，调研国内外食用香味料质量安全与标准化管理途径与方法；梳理了国内外香味料质量安全监管法规、政策，并进行了较为系统的比较；针对河南食用香味料产业，通过地方标准、企业标准调研以及食品、香味料企业的实地考察，掌握了河南食用香味料产业质量安全与标准化现状；归纳出了现阶段河南食用香味料在市场监管、企业标准化能力等方面存在的实际问题和需求。

在产业高质量发展与品牌培育方面：在综合分析了河南食用香味料产业现状、技术需求、质量安全与标准化等共性问题和需求的基础上，比较河南香味料现有品牌的发展情况以及国内外头部企业情况，从政策制定、科研投入、人才队伍建设与品牌维护策略等方面提出了河南食用香味料产业高质量发展的需求。

针对河南香味料产业发展中的技术需求，结合产业现状，从优化产业布局、推进产业结构升级、加大科研投入、提升产业自主创新能力，实施标准化战略、助推产业高质量发展，强化品牌战略、提升核心竞争力，坚持绿色发展、促进产业转型，加强政策机制创新、营造产业发展良好环境等方面提出了河南香味料产业发展战略的对策建议。

本书是中国工程院院地合作项目"河南食用香味料产业发展战略研究"的成果之一。该项目由谢剑平担任项目总负责人，下设4个子课题，即河南食用香味料产业现状分析、河南食用香味料资源高效开发利用与共性技术需求分析、食用香味料产品质量安全与标准化研究、河南食用香味料高质量发展与品牌培育。在项目实施过程中发现，各种文献资料中的数据存在不一致，甚至相互矛盾的现象。例如，食品行业、食品产业、食品工业、食品制造业是食品领域相关资料中较常使用的用于范畴界定的专业词汇，虽有明确的定义，但实际上由于各种原因，同一术语范畴下，各地的统计尺度并不完全一致，从而导致不同来源的数据存在差异。研究中，项目组尽可能地采信权威资料数据，但仍然不能完全避免数据不一致的问题。因此，本书中也难免存在个别类似现象，但所采信数据均有明确的权威出处。本书共 6 章，谢剑平负责整体思路和结构设计，各章主撰人员如下：第 1 章，曾世通、孙世豪；第 2、第 3 章，王赵改、孙世豪、曾世通、王旭增、刘珊、席辉、王丁众、张乐、付英杰；第 4 章，杨春强、刘珊、徐秀娟、孙世豪、曾世通、席辉、王丁众、付英杰、张文娟；第 5 章，孙世豪、王丁众、李鹏；第 6 章，谢剑平。全书由谢剑平、孙世豪、曾世通统稿。

  本项目的顺利进行要感谢河南省科学技术协会、中国工程科技发展战略河南研究院的全力支持。感谢北京工商大学孙宝国院士、江南大学陈坚院士、广东微生物研究所吴清平院士对课题组提出的宝贵意见与建议。感谢河南省漯河市农业农村局、上海应用技术大学、上海爱普香精香料股份有限公司等在资料收集与调研座谈方面给予的支持与帮助。

编者

2022 年 10 月于郑州

缩略语对照表

英文缩写	英文名称	中文名称
AOAC	Association of Official Analytical Chemists	美国分析化学家协会
ASTM	American Society of Testing Materials	美国材料试验协会
BNAEOPC	Bulgarian National Association of Essential Oils, Perfumery and Cosmetics	保加利亚国家精油、香水和化妆品协会
CAC	Codex Alimentarius Commission	国际食品法典委员会
CBP	Customs and Border Protection	海关和边境保护局
CCFA	Codex Committee on Food Additives	食品添加剂法典委员会
CCFH	Codex Committee on Food Hygiene	食品卫生法典委员会
CCFL	Codex Committee on Food Labelling	食品标识法典委员会
CCSCH	Codex Committee on Spices and Culinary Herbs	香料及厨用植物委员会
CEN	Comité Européen de Normalisation	欧洲标准化委员会
CFR	Code of Federal Regulations	美国联邦法典
COE	Council of Europe	欧洲理事会
DG SANTE	Directorate-General for Health and Food Safety	欧盟健康与食品安全总局
EFSA	European Food Safety Authority	欧洲食品安全局
EPA	Environmental Protection Agency	联邦环境保护署
FAO	Food and Agriculture Organization of the United Nations	联合国粮食及农业组织
FCC	Food Chemicals Codex	食品用化学品法典
FD&C	Food, Drug, and Cosmetic Act	食品、药品和化妆品法
FDA	Food and Drug Administration	食品和药物管理局
FEMA	Flavour Extract Manufacturers' Association	食品香料和萃取物制造者协会
FSIS	Food Safety and Inspection Service	食品安全检验局

续表

英文缩写	英文名称	中文名称
FSMA	Food Safety Modernization Act	食品安全现代化法案
GAFSFH	guidelines for the assessment of flavoring substances in food on health	食品香味物质健康评估导则
GHP	good hygiene practice	良好卫生规范
GMP	good manufacturing practice	良好生产规范
GRAS	generally recognized as safe	一般公认为安全的物质
GSFA	general codex standard for food additives	食品添加剂通用法典标准
HACCP	hazard analysis and critical control point	危害分析关键控制点
IOFI	International Organization of the Flavor Industry	国际食用香料工业组织
JECFA	Joint Expert Committee on Food Additives	食品添加剂联合专家委员会
JSFA	Japanese standards for food additives	日本添加剂标准
KFDA	Korea Food and Drug Administration	韩国食品药品监督管理局
KFO	key food odorant	食品关键性风味成分
MFDS	Ministry of Food and Drug Safety	食品药品安全部
OAV	odor activity value	风味活性值
RASFF	rapid alert system for food and feed	欧盟食品和饲料快速预警系统
REACH	registration, evaluation, authorisation and restriction of chemicals	化学品注册、评估、授权和限制的欧盟法规
SCAA	Specialty Coffee Association of America	美国专业咖啡协会
SPS	Agreement on the Application of Sanitary and Phytosanitary Measures	实施卫生与植物卫生检疫措施协定
TBT	Technical Barriers to Trade	贸易技术壁垒协定
USP	United States Pharmacopoeia	美国药典
WCR	World Coffee Research	世界咖啡研究组织
WHO	World Health Organization	世界卫生组织

目录 CONTENTS

第 1 章　引言 ... 001
  1.1　河南发展食用香味料产业的重要意义 ... 002
  1.2　研究目标 ... 005

第 2 章　国内外食用香味料产业发展态势及启示 ... 006
  2.1　国外香味料产业发展态势 ... 006
    2.1.1　发展环境 ... 006
    2.1.2　市场情况 ... 007
    2.1.3　竞争格局 ... 011
  2.2　国内香味料产业发展态势 ... 015
    2.2.1　发展环境 ... 015
    2.2.2　市场情况 ... 018
    2.2.3　竞争格局 ... 020
  2.3　对河南香味料产业发展的启示 ... 024
    2.3.1　居民消费升级，创造巨大发展空间 ... 024
    2.3.2　产业结构优化，促进核心竞争力提升 ... 025
    2.3.3　完善政策机制，保障产业持续健康发展 ... 026

第 3 章　河南食用香味料产业发展机遇与挑战 ... 027
  3.1　河南食用香味料产业发展态势 ... 027

3.1.1	原料利用水平	027
3.1.2	企业发展水平	032
3.1.3	企业技术能力	033
3.1.4	品牌培育水平	038
3.1.5	政策保障水平	039

3.2 河南食用香味料产业发展面临的机遇　　040
  3.2.1 食品工业发展，提供产业巨大发展空间　　040
  3.2.2 良好区位优势，奠定产业发展坚实基础　　042

3.3 河南食用香味料产业发展面临的挑战　　044
  3.3.1 市场竞争日趋激烈，产业发展压力巨大　　044
  3.3.2 产业结构不合理，与食品工业的发展不平衡　　045
  3.3.3 产业技术水平相对落后，缺乏核心竞争力　　045
  3.3.4 品牌建设相对滞后，品牌影响力不足　　046
  3.3.5 产业绿色转型全面推进，中小企业生存压力加大　　046
  3.3.6 产业对外依存度较高，疫情蔓延推高贸易风险　　047
  3.3.7 政策保障机制有待进一步完善　　047

第4章　河南食用香味料资源开发利用与共性技术需求分析　　048

4.1 香味料资源高效利用的主要途径　　049
  4.1.1 科学构建香味料原料基地　　049
  4.1.2 大力开发高品质特色香味料产品　　058
  4.1.3 深入挖掘香味料药用价值　　065

4.2 河南食用香味料资源高效利用共性技术需求分析　　069
  4.2.1 原料基地建设技术需求　　069
  4.2.2 香味料产品开发新技术需求　　077
  4.2.3 风味创制关键技术需求　　085
  4.2.4 绿色生产的技术需求　　092

4.3 河南食用香味料资源高效利用技术对策　　095
  4.3.1　强化基础研究，提升创新源动力　　096
  4.3.2　提升科学种植水平，打造优势特色原料基地　　096
  4.3.3　提高精加工水平，丰富产品结构，打造行业领先地位　　097
  4.3.4　坚持绿色发展理念，促进香味料产业转型升级　　097

第5章　河南食用香味料产品质量安全与标准化现状分析　　098
5.1 国内外食用香味料质量安全监管的基本特征　　099
  5.1.1　国内外食用香味料质量安全监管的法规依据　　099
  5.1.2　国内外食用香味料质量安全监管体系的差异比较　　131
5.2 国内食用香味料质量安全与标准化发展态势　　136
  5.2.1　全面营造高质量安全监管新形势　　136
  5.2.2　全面促进食用香味料标准体系建设与产业发展深度融合　　145
5.3 对河南食用香味料产品质量安全与标准化的启示　　151
  5.3.1　全面加强食用香味料质量安全监管　　152
  5.3.2　深度融入国家质量标准体系建设　　155
5.4 河南食用香味料产业质量安全与标准化对策　　172
  5.4.1　强化市场监督对食用香味料标准化的引导作用　　173
  5.4.2　发挥地方标准对特色食用香味料产品质量的塑造作用　　173
  5.4.3　突出科技创新对食用香味料产业标准化的引领作用　　174
  5.4.4　完善企业制度对食用香味料质量安全的保障作用　　174
  5.4.5　确保检测机构对食品安全的监督作用　　175

第6章　河南食用香味料产业高质量发展对策　　176
6.1 优化产业布局，推进产业结构转型升级　　176
  6.1.1　加强宏观管理与引导　　176
  6.1.2　提升产业集中度　　177

- 6.1.3 优化产业链结构 ... 177
- 6.1.4 优化产品结构 ... 177
- 6.2 加大科技投入，提升产业自主创新能力 ... 178
  - 6.2.1 加强科技平台建设，支撑科技创新 ... 178
  - 6.2.2 强化基础研究，提供科技创新源动力 ... 178
  - 6.2.3 实现关键核心技术突破，引领产业科技进步 ... 179
  - 6.2.4 推进产业数字化，提升科技创新效率 ... 180
- 6.3 实施标准化战略，助推产业高质量发展 ... 181
  - 6.3.1 完善标准体系建设，引领产业发展 ... 181
  - 6.3.2 建好标准支撑点，坚守安全底线 ... 182
- 6.4 强化品牌战略，提升产业核心竞争力 ... 183
- 6.5 坚持绿色发展理念，促进产业转型升级 ... 184
- 6.6 加强政策机制创新，营造产业发展良好环境 ... 184

参考文献 ... 186

第 1 章

引言

香味料与人们生活息息相关，在饮食、起居、医疗和宗教等方面扮演着重要角色，不仅体现着人们对感官享受、身心健康的执着追求，也承载着人们的文化情怀和精神寄托。因此，香味料悠久的使用历史如影随形地伴随着人类文明的进步与发展。《圣经·旧约》中详细记载了多种香味料及制香方法，这是西方关于香味料最早的权威文献记载。我国先秦时期的《诗经》《尚书》《楚辞》等经典对香味料的使用、制作也多有记载。东西方对于香味料长期的狂热追求，使之一度成为财富和地位的象征，"贵如胡椒"这一中世纪法国谚语，淋漓尽致地反映了香味料在当时西方社会中的特殊地位；而在我国宋、明时期，香味料甚至被赋予了货币性质，成为国家依赖的重要金融工具。正因如此，香味料在历史上一直是东西方贸易的核心商品，与黄金、丝绸处于同等地位，但其更具神秘色彩，并且是开辟新航路、发现新大陆的主要动力，对近代世界格局的发展产生了深刻影响。随着新航路的开辟以及紧随其后的工业文明的来临，香味料的稀缺属性发生了本质改变，失去了昔日的象征意义，逐渐成为大众消费品。

香味料由奢侈品到大众消费品的转变，使其褪去了曾经的耀眼光环，但香味料在提升人们生活水平、满足人们对美好生活追寻中的重要作用未有丝毫减弱，反而通过在百姓生活中的普及得到了更加充分的彰显。香味料在当今人们生活的各个方面均得到了广泛应用，对食品、日化、烟草等消费品风味、风格的塑造与创新发挥着灵魂作用，香味料产业也随之成为相关工业领域的重要配套产业。香味料产业本身经济规模并不大，2020年中国香料香精化妆品工业协会数据显示全球香味料产业经济规模约300亿美元，但所服务的下游产业规模巨大，且下游产业的产品创新高度依赖于香味料产业。仅就中国市场而言，以香味料产业作为配套产业的食品工业早已超过 10 万亿元。可见，香味料产业在国民经济的整体发展中发挥着重要作用，尤其是对食品制造业而言，在保证产品安全、营养、健康的前提下，风味已成为满足消费者感官享受、打造产品竞争力的核心消费价值所在。而作为风味创新的源泉，香味料产业的发展水平决定着食品制造业的创新水平，对食品制造业的高质量发展具有核心支撑作用。

食品产业是河南省的传统优势产业，也是河南省事关全局的战略支柱产业，在全省经济和社会发展中占有举足轻重的地位。省委、省政府高度重视河南食品产业的发展，提出按照创新成为第一动力、协调成为内生特点、绿色成为普遍形态、开放成为必由之路、共享成为根本目的的高质量发展要求，加快产业发展模式转变。作为食品工业的核心支撑产业，香味料产业是食品工业创新的主要源泉，是食品产业可持续发展的重要环节。积极推动香味料产业发展对河南食品产业的高质量发展，乃至全省经济的持续健康发展具有重要意义。

1.1 河南发展食用香味料产业的重要意义

（1）改善人民生活品质、弘扬民族文化的必然需要

随着社会经济发展与科技进步，对食品加工制造而言，食品的营养要素已经能够得到充分保证，食品消费的核心价值已经逐渐转变为风味感官享受的满足，这也是人们生活水平提升的重要表现。香味料在食品风味塑造中发挥着不可替代的核心作用，是食品风味创新的基石与灵魂。因此，大力发展香味料产业，提供高质量香味料产品、高水平风味设计技术，有利于塑造食品风味、打造产品核心价值、满足消费者感官享受，是改善人们生活品质的必然需要。

中国饮食文化源远流长，是中华文化的重要组成部分。香味料在中国传统烹饪、酿酒、制茶中的应用由来已久，可追溯至黄帝神农时代，当时已有采集树皮、草根作为医药用品驱疫避秽的做法，加以自然界花卉芳香怡人，人们得以发现其香味利用价值。秦汉以后，域外香料传入，搭建了中外饮食文化融合的桥梁，进一步推动了中国饮食文化的发展与创新。由此可见，大力发展香味料产业，夯实中国饮食特色的风味物质基础，不仅有利于继承和

发扬中国传统饮食文化，而且有利于推动中国饮食文化的全球化，是弘扬民族文化、树立文化自信的必然需要。

(2) 巩固河南食品产业发展优势的重要举措

食品产业一直是河南省的优势支柱产业，营收总量长期稳居国内前列。2021年河南省市场监督管理局数据显示，河南省食品生产企业超1万家，规模以上食品工业企业3200余家，培育出漯河食品千亿级产业集群，拥有冷链食品、休闲食品和特色食品三大优势产业链，形成了全国最大的肉类及肉制品、面及面制品、速冻食品、调味品、休闲食品五大特色食品产业集群。但是，2019以来，河南食品制造业迅猛的发展势头遭遇到巨大挑战，中国食品工业协会统计显示，2019年河南规模以上食品企业产值被四川超越，全国排名第三（图1-1）。

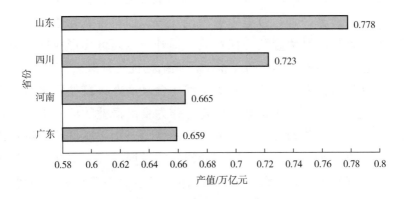

图1-1　2019年全国主要省份规模以上食品企业产值

数据来源：2021年山东、四川、河南、广东省政府网站

究其原因，主要是河南食品产业的整体转型升级相对较慢，有相当数量的食品龙头企业仍处于价格、规模、劳动要素投入的低层次竞争阶段，整体上的高质量发展态势还没有充分呈现。具体而言，河南食品产业初级加工产品多，精深加工产品少；同质化产品多，特色产品少；中低端产品多，高附加值产品少，距离建设食品产业强省、打造具有国际竞争力的食品产业基地目标仍有较大差距。

河南食品产业要巩固已有的优势地位，自身的转型升级固然已迫在眉睫，核心配套产业尤其是香味料产业的协同发展同样也不可或缺。香味料产业是食品工业产品创新、特色打造、附加值提升的重要支撑，对解决食品行业的同质化、低附加值问题至关重要。但是，目前河南的香味料产业仍以小作坊、小企业为主，经营方式粗放，技术水平相对较低，人才和创新能力不足，品牌影响力不强，与河南食品产业的发展需要极不匹配，尚未充分发挥出对河南食品产业应有的支撑作用。因此，在河南食品产业转型升级的紧迫形势下，加快河南香味料产业与食品产业的协同发展，是巩固河南食品产业发展优势的重要措施。

（3）促进河南经济全面绿色转型的重要突破口

为促进全省经济社会发展全面绿色转型，河南省政府于2021年8月发布了《关于加快建立健全绿色低碳循环发展经济体系的实施意见》（简称《实施意见》），全方位全过程推行绿色规划、绿色设计、绿色投资、绿色建设、绿色生产、绿色流通、绿色生活、绿色消费，确保实现碳达峰、碳中和目标，推动绿色发展迈上新台阶。《实施意见》提出的首要工作任务是健全绿色低碳循环发展的生产体系，通过推进工业绿色升级、加快农业绿色发展、提高服务业绿色发展水平、壮大绿色环保产业、提升产业园区和产业集群循环化水平、构建绿色供应链等工作任务，推动产业结构优化升级。

通过产业结构的不断优化与升级，河南食品产业集群循环化水平持续提升，绿色发展与转型已初见成效。但是，作为食品产业的核心支撑产业，河南香味料产业的发展相对滞后，产业结构不合理、集中度低，依然延续着资源利用水平不高、加工技术水平不高的粗放型发展模式，与河南食品产业的发展态势极不匹配，已成为影响河南绿色食品产业体系整体构建的薄弱环节。因此，发展高效率、高质量、低能耗的资源节约型、环境友好型香味料产业，是推进食品产业绿色升级、构建河南绿色食品产业体系的重要措施，是促进河南经济全面绿色转型的重要突破口。

（4）培育优势特色产业、打造新经济增长点的迫切要求

香味料产业是食品、日化、医药等行业的支撑性配套产业，对社会经济的整体发展发挥着重要作用，并且具有鲜明的地域特色、文化特色和技术特色。从国际层面来看，香味料产业呈现出高度垄断性，2020年Leffingwell & Associates数据显示，全球十大香味料公司占据了近80%的香味料市场份额。对于我国庞大的食品工业体系而言，香味料市场的高度垄断已成为我国食品行业产品创新、核心技术掌控的"卡脖子"问题。鉴于食品产业在国民经济中的重要地位及其技术创新、产品创新对香味料产业的高度依赖，我国目前亟须通过原料资源和文化资源的深入挖掘、先进技术的科学应用来打造具有

竞争力的香味料产业,这也是培育优势特色产业有效的着力点。

河南香味料资源丰富,历史文化底蕴深厚,发展香味料产业具有良好的资源优势和文化基础。高效利用河南香味料资源,做强精深加工,健全产业链条,挖掘文化内涵,打造品牌亮点,将香味料产业培育成河南的优势特色产业,不仅有利于河南香味料产业在国内、国际竞争中掌握更大的主动权,而且有利于促进全省食品、日化、医药等产业持续发展,形成新的经济增长点,推动河南经济从传统农业大省到工业强省的转型发展。

1.2 研究目标

基于上述背景,掌握河南食用香味料资源与产业现状,明确河南食用香味料资源高效开发利用与共性技术需求,分析食用香味料产品质量安全与标准化的发展态势与需求,进而预测食用香味料产业发展趋势,使"国人粮仓"变"国人厨房",为河南食用香味料产业布局和高质量发展战略的宏观决策提供依据,从而促进产业技术水平提升,加速河南食用香味料产业发展。

第2章 国内外食用香味料产业发展态势及启示

食用香味料是为了赋予或强化食品风味而添加的香味物质，对于食品风味的塑造与创新发挥着灵魂作用。食用香味料一般是配制成食用香精后用于食品加香，部分也可直接用于食品加香。食用香味料包含 GB 2760—2014 所规定的食品用香料，即许可使用的食品添加剂名单中的香料部分，包括许可名单中的 393 种天然香料、1477 种合成香料以及用物理方法、酶法或微生物法从食品制得的具有香味特性的物质或天然香味复合物。

为了充分了解香味料产业现状，掌握香味料产业发展态势，本章重点从发展环境、市场情况和竞争格局角度对国内外香味料产业现状进行了较为全面的梳理和调查研究，在此基础上，分析了国内外香味料产业发展的政策保障情况、市场需求趋势、企业结构特点，为河南发展香味料产业提供了市场前景、产业结构、政策机制方面的重要依据与启示。

2.1 国外香味料产业发展态势

2.1.1 发展环境

随着现代食品工业的崛起，世界各国使用的香味料品种越来越多，香味料在食品产业中的地位也日益突出。由于香味料的添加可能会带来某种健康风险，尤其是近年来食品添加剂相关的食品安全事件的发生，使开展食品安全监管较早的日本以及欧美国家更多地把注意力放在香味料的安全监管上，并将香味料纳入食品安全监管体系中。例如，早在1947年日本厚生省公布的食品卫生法就已有对食品中所用化学物质认定的制度；美国1958年即对食品用香料进行立法管理；欧洲大多数国家采用国际食用香料工业组织（IOFI）的规定对香味料进行管理。在发达国家的推动下，国际食品法典委员会（CAC）、欧盟等国际性和区域性组织逐步形成了较为完善的食品安全监管法律法规体系，其他国家也相互借鉴，逐步建立了自己的质量安全监管体系。在国际上，香味料质量安全监管已逐渐常态化。

由于各国饮食习惯和风味喜好不同，消费需求各不相同，食品加工方式以及对某些香味料安全性的认识也存在差异，因此对香味料的使用规定和质量要求也不尽相同。这种在使用规定上的差异客观上成为香味料国际贸易中有效的贸易壁垒和手段。然而，随着经济全球化进程，国际上对香味料的监管政策日渐趋同。世界各国均将强化香味料质量安全监管作为保证食品安全的一项重要举措。2008年，欧洲议会和欧盟理事会发布系列指令（EU No. 1331/1332/1333/1334）提出食用香料的使用要求，并不断对相关规定进行完善和强化；2012年，IOFI修订了《实践法规》中关于食用香味料的部分；2017年，CAC修订了CAC/GL 66—2008《食用香料应用指南》；2019年，美国FDA修订联邦法规（CFR）21 Part101，要求标注食品中添加的香料；2020年，美国FDA和FEMA协会再次更新一般公认为安全的物质（GRAS）列表；2021年，欧洲议会和欧盟理事会进一步修订REACH（化学品注册、评估、授权和限制的欧盟法规），将高度关注物质REACH符合分析增加至219项，提高化学品生产、贸易、使用安全的要求。由此可见世界范围内食品安全监管不断强化。国外香味料产业发展较早，凭借科技和产业的优势，在安全监管强化的背景下，向规模化、集约化、绿色化方向发展，产业集中度也越来越高，正主导着世界香味料产业的发展。

2.1.2 市场情况

(1) 全球市场情况

世界各国经济的发展促进了香味料的大众化趋势，带动了香味料产业的稳定增长，在世界范围内，香味料产业规模不断扩大。消费者对风味需求持续增加并越来越多样化，香味料产业与人们生活的相关性更加密切，下游行业持续增加,需求不断提高,市场对香味料的需求量持续增长。

IOFI 的数据(图 2-1)显示,2018 年,全球香味料产量达到 96.27 万吨,其中欧洲地区产量 24.3 万吨,约占全球份额 25.25%,是全球最大香味料聚集地。预计到 2025 年全球香味料产量将达到 174.19 万吨,届时欧洲地区香味料产量将达到 49.65 万吨,市场占比 28.50%。全球香味料市场发展良好,销售增长趋势稳定(图 2-2),2006 年全球销售额为 180 亿美元,2019 年已达到 281 亿美元,年复合增长率为 3.49%。按照这一发展势头,Leffingwell & Associates 预测(图 2-3),到 2025 年,全球香精及香料需求将达到 337 亿美元。其中,全球以香味料配套的食品产量将达到 3.17 万亿美元。

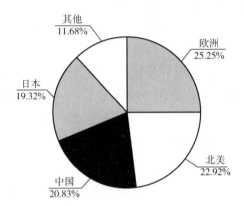

图 2-1 2018 年全球主要地区食用香味料产量占比

数据来源:国际食用香料工业组织(IOFI)

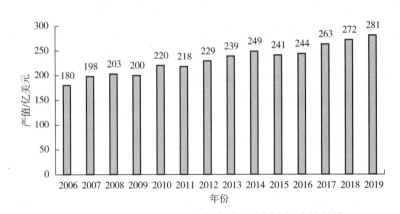

图 2-2 2016—2019 年全球香味料市场产值规模

数据来源:2021 年 Leffingwell & Associates

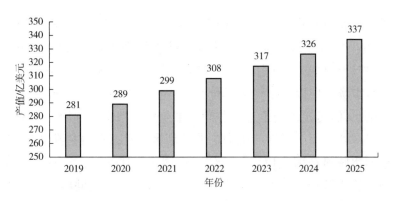

图 2-3　2019—2025 年全球香味料市场规模及预测

数据来源：Leffingwell & Associates

(2) 不同地区市场情况

随着经济发展和本地市场占有率的提高，当前美国、日本、西欧等发达国家和地区的香味料市场趋近饱和。北美与西欧市场发展时间较长，产业机制成熟，新兴风味的不断涌现以及消费群体对风味需求的多样化使该区域市场需求持续增加，但增速趋缓。亚洲市场对香味料的需求正在快速增加，全球香味料销售的重心正逐步向发展中国家转移，欧美国家的香味料企业在本土的销售额仅占其总销售额的30%～50%。根据Leffingwell & Associates的数据（图2-3）判断，未来几年内全球香味料市场规模将以5.1%的年均增长率持续增长。其中亚洲市场将以最高的年均增长率成为全球香味料市场发展的主要动力。

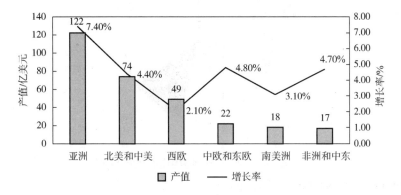

图 2-4　2020 年全球各地区香味料市场产值及增长率

数据来源：Leffingwell & Associates

现阶段，新冠肺炎疫情对世界经济造成了一定程度的冲击，但香味料市场供需情况仍呈现平稳态势，全球各地区均呈现正向增长。Leffingwell & Associates 统计数据显示（图 2-4），2020 年全球香味料市场稳定增长，其中亚洲香味料市场产值以 122 亿美元位列第一，北美和中美以 74 亿美元位列第二，西欧以 49 亿美元位列第三。非洲、中东和欧洲中东部地区香味料产值虽然较低，但增长率和同时期的美洲中北部地区持平，均维持在 4%～5% 之间。西欧市场的香味料产值虽位列第三位，但同比增速偏低，这也进一步说明其消费市场已趋于饱和，亚洲、非洲和欧洲中东部等第三世界国家和地区成为大宗香味料的主要竞销市场，其中以亚洲地区的需求最为强劲，增长率达到 7.4%，远高于世界平均水平。

（3）不同行业市场情况

食品方面的香味料应用主要集中于饮料、乳制品、方便食品等领域。2018 年，IOFI 的数据（图 2-5）显示，饮料行业是香味料最大的终端市场（除其他行业），占比约为 34%，其次为乳制品和方便食品，占比约为 12% 和 11%。在过去几年中，全球在食品方面的香味料应用占比持续提高。IOFI 预测，新冠肺炎疫情对人民生活的影响，促成市场需求结构的变化，方便食品和预制食品等快消产品需求将增加，这也将相应地带动对香味料需求量的增加。从风味需求看，应用于甜品的香味料增长最快，2018 年销量为 8.29 万吨，预计到 2025 年这一数字将达到 15.83 万吨。

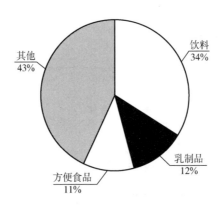

图 2-5　2018 年各应用领域香味料占比

数据来源：国际食用香料工业组织（IOFI）

2.1.3 竞争格局

香味料产业是食品、日化、烟草等行业的重要原料配套产业,具有品种多、用量少、专用性和配套性强的特点。消费者对于高质量和差异化的产品需求不断提升,推动了产业规模稳定发展。此外,产品生命周期不断缩短,定制化产品的比例攀升,导致行业一直处于激烈竞争阶段,企业兼并重组等常有发生。

20世纪80年代,发达国家香味料产业还处于高度分散状态。20世纪90年代以来,行业趋于集中,尤其以欧洲为代表的老牌香味料核心生产区域,产业优势日趋稳固,所占市场份额不断提升。目前,全球香味料行业呈现高度垄断格局,2017年国际前十大香味料企业的市场占有率已接近80%(图2-6)。国际前十大香味料企业多集中于发达国家,代表企业为瑞士奇华顿(Givaudan)、芬美意(Firmenich),美国国际香精香料公司(IFF)、森馨(Sensient Flavors),德国德之馨(Symrise),法国曼氏(ManeSA)、罗伯特(Robertet SA),日本高砂(Takasago)、长谷川(T. Hasegawa)等。

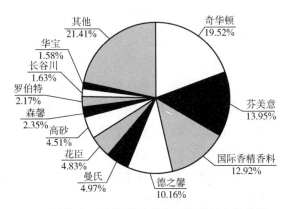

图2-6 2017年全球香味料公司市场份额

数据来源:Leffingwell&Associates

随着市场竞争的加剧,实力较强的香味料企业加快资源整合力度,加强专利布局和研发投入,拓宽产品范围,完善产业链,使得行业护城河加深,市场集中度有进一步提升的趋势。2018年美国国际香精香料公司收购以色列香料企业花臣(Frutarom)后,全球香味料市场形成了"四超多强"的供给格局。奇华顿、芬美意、美国国际香精香料公司和德之馨四家企业位于行业第一梯队，2021年，四家企业占据香味料市场份额的一半以上。

奇华顿公司成立于1768年，总部位于瑞士日内瓦，是世界领先的香料公司，为食品、日用品、香水和化妆品产业提供香精和香料。2021年，奇华顿在全球52个国家拥有185个分支机构，79家生产工厂，69家创新和研究中心，16842名员工，年研发投入5.62亿瑞士法郎，占总收入的8.4%，基本和2020年度持平。奇华顿为全球的食品以及其他消费品企业提供香味料产品，其中50%为域外企业，50%为本地和本区域企业。2021年奇华顿的销售额为66.84亿瑞士法郎，与2020年相比增长7.1%，其中37%的销售额来自欧洲、非洲、中东地区，27%的销售额来自北美，25%的销售额来自亚太地区，11%来自拉丁美洲；57%的销售收入来自成熟市场，43%来自高增长市场。从产品结构上看，奇华顿销售收入主要来自两大部分：一是香水和美容部（Fragrance & Beauty），提供日用香精、香水、香原料和活性美容产品，2021年营收为30.91亿瑞士法郎，同比增加了0.67亿瑞士法郎；二是风味和健康部（Taste & Wellbeing），提供食用香味料，2021年营收为35.93亿瑞士法郎，同比增长了1.95亿瑞士法郎。

芬美意公司成立于1895年，总部位于瑞士日内瓦，是世界上最大的家族式香料企业，面向下游产业，从事研究、创意、生产和销售日化香精、食用香精和香原料的技术和服务。主要为企业客户提供创意配方、常用和高端的香原料，以及包括生物技术、封装、风味科学和风味创制在内的专有技术。拥有10000多名员工，83家分支机构，包括45家制造基地和6家研发中心，年研发投入占营业收入的10%，拥有有效专利4000多件，拥有包括1项诺贝尔化学奖（获奖人为克罗地亚化学家Lavoslav Ružička，1939年）在内的39项研发奖项。2020年集团营业额为39亿瑞士法郎，2021年超过43亿瑞士法郎。

美国国际香精香料公司成立于1833年，总部位于美国纽约，是美国最大的香料公司，截至2020年底，在47个国家和地区设有242个工厂、实验室和办事处，拥有13700名员工，其中研发人员约有2600名，研发投入约占销售收入的7%，2000—2020年间共获得授权美国专利430件。2020年销售收入为50.84亿美元，略低于2019年的51.40亿美元；其中食用香味料销售收入为31.10亿美元，同比下降了3%，日用香料销售额为19.74亿美元，同比增长了2%。2021年，与杜邦营养和生物科学（Nutrition & Biosciences）的业务合并，合并后员工增加了10000多名，销售额暴涨至116.56亿美元，主营业务主要分为4个部门：营养、健康与生物科学、香气和制药解决方案。

德之馨公司成立于 1874 年，总部位于德国霍尔茨明登，在全球拥有 40 多个分支机构，11151 名员工。该公司面向全球，向 150 多个国家超过 6000 家客户供应 34000 种香料产品。2021 年销售收入为 38.26 亿欧元，增长率为 9.6%，其中食用香味料销售收入为 23.35 亿欧元，增长 10.6%；日用香精销售收入为 14.91 亿欧元，增长 7.9%。从销售区域看，EAME（欧洲、非洲和中东）、北美、亚太和拉美分别占比 40%、27%、21%和 12%。2021 年，研发投入为 2.21 亿欧元，占销售收入的 5.8%，其中食用香精 1.13 亿欧元，日用香精 1.08 亿欧元。此外，2021 年，有 42 件新的专利技术实现转化应用。

高度集中的第一梯队香味料企业在市场竞争中优势明显，主要体现在以下方面。

（1）市场敏感度高

速食产品迅速发展的趋势和消费者口味偏好的变化为食品行业带来更多机遇，也给风味创新带来更多的挑战。食品产业和消费领域对风味需求的增长导致风味创新成为食品研发的重点。差异化的高品质香味料能有效提升下游食品企业塑造产品风味多样性的能力，提升客户黏性，提高市场竞争能力。因此，香味料在食品风味创新中起重要的决定性作用。但香味料成本在食品企业生产成本中总体占比较低，致使香味料企业在供需关系中一直处于被动地位，没有充分的话语权。为了满足食品行业日益增长的产品创新需求，在竞争中占得先机，香味料企业需要时刻关注市场动向，并以提出产品综合解决方案的方式融入食品企业产品研发中，与食品企业建立长期稳定的合作。第一梯队香味料企业在技术、资金、信息和人员储备等方面具有显著的综合优势，市场敏感度高，能够更快速地研发和生产满足食品行业需要的新型香味料产品。例如奇华顿的全球研究团队，跟随潮流，开展民族志研究，并进行详细的定性和定量比较，以了解不同地域消费者需求的变化，获取创新灵感。2022 年，奇华顿推出全新品牌"Human by nature"，体现公司"心系自然馈赠，畅享感官体验"的愿景，这一产品正是基于全球市场崇尚天然趋势的研究结论。

（2）研发投入高，技术先进

香味料企业的技术水平对于产品的竞争力具有重要影响。世界香味料巨头均十分重视先进技术的研发和应用，研发投入一般占销售收入的 6%～10%。这些资金主要用于各种新产品、新技术等方面的开发，有力地促进了相关技术的发展和应用。新技术的开发与应用有助于创造行业引领者间的良性竞争氛围，从而促进市场快速增长。例如，芬美意的研发费用一直占销售收入的 10%；美国国际香精香料公司研发投入约占销售收入的 7%，拥有世界上最大的专门研究风味的研发中心。目前，第一梯队香味料企业均已完成了从单纯的香味料产品供应向提供产品综合解决方案的蜕变，生产、销售、研发等分支机构遍布全球，生产、安全、环保和分析检测等设备完善，产品结构丰富，能够全方位满足客户需求。

（3）企业规模大，人员实力强

香味料产品的研发需要高技术水平的员工，例如调香师是调配香精产品的核心技术人员，其水平决定了香精配方水准。第一梯队香味料企业以优厚的待遇、良好的职业发展前景，吸引了世界各地大批行业顶级人才的加盟，形成了行业技术人才的垄断，能够满足多元化和个性化的市场需求。例如芬美意旗下网罗了有机化学、生物技术、工艺工程、植物生物学、微生物学与皮肤生物学、心理物理学、受体生物学、材料科学、分析化学、数据科学等领域的科学家，以采用多学科研究方法创新香气和食用风味产品。

（4）兼并重组，形成垄断优势

企业之间的兼并联合重组一直是跨国公司的重要发展战略途径之一。为应对产品高端化的趋势，强化在行业中的地位，聚焦香味料业务，巩固技术优势，提高产品竞争力，国际香料巨头的并购整合浪潮如火如荼，协同效应、规模优势、产业集中度不断提升。例如：美国国际香精香料公司在 2018 年以 71 亿美金的价格收购以色列香料企业花臣，并在 2021 年初完成和杜邦营养的业务合并；芬美意在 2019 年收购法国天然香料公司罗伯特 17% 的股权；奇华顿在 2020 年收购美国香精公司恩格乐（Ungerer & Company），2021 年收购美国香精公司 Custom Essence 和天然色素公司 DDW。除了收购同行企业以扩大规模和补足业务短板外，第一梯队香味料企业还通过资金优势不放过其他任何有助于扩大自身竞争力的可能。例如 2021 年奇华顿以 120 万瑞士法郎的价格收购法国公司 Myrissi，后者是一项人工智能专利技术的开发商，该技术能够将香精渲染成调色板和图像以吸引消费者并预测最终消费者的情绪反应，这一收购的目的是帮助奇华顿扩大其基于人工智能的新型香精开发能力。

（5）调整资源配置，适应市场变化

当前，发展中国家和新兴市场正成为香味料产业新的利润增长点，这促使国际化的香味料企业纷纷进行资源配置和产品结构的调整，将合成香料生产转移至发展中国家或地区，其本土或国外投资的公司则以生产高附加值的香精为主。目前已基本形成发展中国家和地区提供低端产品和资源性产品、发达国家提供高端产品的市场格局。通过这样的资源配置，跨国公司既能发挥自身管理、技术、资金等方面优势，又能借助新兴市场的低人力、交通、资源成本，维持高额的利润。

中国市场的快速发展吸引世界香味料巨头纷纷在中国设立工厂或者建立世界级的研发中心。近年来，国际前十大香料企业均已入驻中国，陆续加大对我国的投资力度，建设研发中心和生产基地，力求开拓中国市场。例如，2016年，奇华顿在常州高新区投资建设日化香精工厂，投资金额超过1亿瑞士法郎；芬美意在江苏省张家港保税区建设世界级食用香精工厂，投资金额为7500万美元，规划年产能25000吨，一期年产能达到12000吨，是芬美意在全球最大的食用香精工厂；美国国际香精香料公司在张家港成立国际香料（张家港）有限公司，2019年1月正式投产；德之馨在江苏南通投资的德之馨香料（南通）有限公司，是德之馨在我国投资的第二家生产基地，2019年建成并于2020年7月正式投产；2018年，法国曼氏集团在浙江平湖设立曼氏（中国）香料有限公司，总投资9000万美元；爱尔兰食品配料公司凯爱瑞于2017年、2018年、2020年分别收购浙江杭曼食品科技有限公司、天宁香料（江苏）有限公司和山东天博食品配料有限公司，年产能约7000吨，2020年销售额约5.5亿元，逐渐进入香精行业第一梯队。

这些行业巨头凭借其长期的技术积累、先进的生产工艺、丰富的市场开拓经验、雄厚的资本力量和管理、人才等方面的综合优势，不断扩大生产经营规模，拓展发展领域，持续占据国内香精应用的中高端市场。尤其是本地工厂和研发中心的建立，使跨国巨头能更有效地利用我国资源、人力、交通和政策优势，降低企业成本，便捷对接我国食品生产企业，开发地域特色产品，抢占国内市场份额。这给国内香味料企业的生存和发展带来较大压力。

2.2 国内香味料产业发展态势

2.2.1 发展环境

现阶段，我国实施并完成了"十三五"发展规划，全面建成小康社会，食品安全水平全面提升。在食品安全供给的前提下，居民对风味享受提出更高的要求，这种需求侧的变化，快速融入国内食品产业发展过程中，给国内香味料产业带来广阔的发展空间。

(1) 严格监管，促成产业保持高质量发展

香味料产业是食品行业的上游产业，食品安全要求香味料必须安全。自2009年《中华人民共和国食品安全法》颁布实施以来，按照2013年习近平总书记提出的"最严谨的标准"要求，国内食品安全监管全面强化。2016年中共中央政治局审议通过"健康中国2030"规划纲要，该规划纲要要求进一步加强食品安全监管。2016年8月国家食品药品监督管理总局发布《食品生产许可审查通则》（食药监食监一〔2016〕103号）对食品及香味料的生产加以规范。2016年11月，卫计委（现为卫健委）发布《食品安全标准与监测评估"十三五"规划（2016—2020年）》，规划提出，改革和加强新食品原料、香料新品种、食品相关产品新品种等"三新食品"管理，进一步规范食品用香味料新品种审批程序。2017年2月国务院印发的《"十三五"国家食品安全规划》提出严把食品生产经营许可关，对食品及食用香味料生产等具有较高风险的相关产品、食品经营（不含销售食用农产品）依法严格实施许可管理。2018年12月全国人民代表大会常务委员会再次修订《中华人民共和国食品安全法》，2020年1月，国家市场监督管理总局发布《食品生产许可管理办法》（国家市场监督管理总局令第24号），均明确强调强化香味料的管理。在最近发布的《中华人民共和国国民经济和社会发展第十四个五年规划和2035年远景目标纲要》中进一步突出了全面强化食品安全监管的要求。

在党中央的统一部署下，我国逐步形成了国家食品安全监管体系。加强了标准化建设，发布了与香味料相关的系列食品安全国家标准，建立健全了食品安全国家标准体系，规范从农田到餐桌的香味料产业全过程，提升香味料产品质量，促进产业健康发展。

(2) 政策支持，助力产业融入发展快车道

为了促进香味料产业的发展，适应食品产业发展需求，2011年3月国家发展和改革委员会发布《产业结构调整指导目录（2011年本）（修正）》，将安全型食用香料列入石化化工行业鼓励类目录。2016年1月，科技部、财政部、国家税务总局发文《高新技术企业认定管理办法》（国科发文〔2016〕32号），将"天然产物有效成分的分离提取技术"列入国家重点支持的高新技术领域，为天然香料的精加工提供了政策支持。2016年8月，中华人民共和国工业和信息化部发布《轻工业发展规划（2016—2020年）》，规划提出，"十三五"期间以市场为导向，以提高发展质量和效益为中心，以深度调整、创

新提升为主线，以企业为主体，以增强创新、质量管理和品牌建设能力为重点，大力实施增品种、提品质、创品牌的"三品"战略，改善营商环境，从供给侧和需求侧两端发力，推进智能和绿色制造，优化产业结构，构建智能化、绿色化、服务化和国际化的新型轻工业制造体系，为建设制造强国和服务全面建成小康社会的目标奠定基础。2019年1月，中华人民共和国国家发展和改革委员会令第29号发布《产业结构调整指导目录（2019年本）》，目录中将香料、野生花卉等林下资源人工培育与开发，天然食用香料、天然香料新技术开发与生产列入鼓励类目录。

积极产业政策的引导促进了国内香味料产业的高速发展。以香精香料为例，中国香精香料化妆品工业协会实施《香精香料行业"十三五"发展规划》期间，我国香味料市场规模稳定增长，据协会不完全统计，2020年国内香料产量约21.8万吨，香精产量约31.7万吨。行业整体运行势头向好，年产值达亿元以上的企业、上市公司数量继续增加，多措并举加快人才培养和行业交流，提高国内香味料企业实力，不断增强企业国际竞争力。我国已成为全球最主要的香料供应国和香精消费国及生产基地，香料市场规模占全球市场约五分之一，国内香精香料公司紧跟世界科技和行业发展潮流，学习引进国外先进香料品种和生产技术，企业生产水平和产品品质稳步提高，呈现出良好的发展态势。同时，产业集聚化发展进一步加强，更加注重绿色、协调、可持续发展，国际化程度也在持续加强。国内香味料产业已进入高速发展的快车道，2021年中国香料香精化妆品工业协会制定的《香精香料行业"十四五"发展规划》提出：到2025年，我国香精香料行业主营业务收入将达到500亿元，年均增长2%以上；香精产量达到40万吨，香料产量达到25万吨；香料生产质量合格率达到98%以上。

在国家宏观政策的引领下，全国各省积极出台政策促进香味料相关产业快速发展。如四川省围绕川菜发展需求，聚焦当地花椒特色，2018年，四川省人民政府办公厅印发了《关于推进花椒产业持续健康发展的意见》（川发办〔2018〕34号），引导花椒产业发展；四川省林业厅发布了《四川花椒适生区划》，并制定《推进四川花椒产业持续健康发展工作方案（2018—2022年）》，花椒产业规模迅速扩大。同时配套出台《农产品精深加工产业培育方案》和《关于大力推动农产品加工园区发展的意见》引导花椒产业升级，推动区域品牌优势形成，使花椒成为四川香味料产品中的核心原料和产品。四川省税务局数据显示，2020年四川省调味产品整体销量排名全国第三，年产值超过600亿，其中五分之一为香味料产品。在香味料产业的强力支持下，四川省食品产业特色优势明显，产业发展势头迅猛，2020年，食品相关规模以上企业营收跃居全国第二。

2.2.2 市场情况

（1）全国情况

我国香味料产业的发展，同食品产业等下游产业的发展相呼应，下游产业日新月异的变化，促使香味料产业不断发展，市场规模不断扩大。与此同时，居民生活水平提高、消费结构升级，消费者在追求健康、营养、卫生的同时，逐渐开始寻求风味的时尚与新颖，市场需要更多的新元素来满足人们愈来愈挑剔的风味感受，这种需求促使我国香味料产业呈现出快速增长的发展态势。

据中国香精香料化妆品工业协会统计数据显示，2005—2019年，国内香精香料产业市场规模持续增长。2005年全国香精香料产品年销售额约为130亿元人民币，发展到2010年销售额增长至200亿元，年均增长7%，远高于世界平均增长水平（约5%）。香味料产业在增长率上实现了巨大飞跃，但是与欧美等发达国家相比还存在较大差距。2019年我国香味料产品的年销售额约为449亿元，而国际香味料排名第一的龙头企业产值约454亿元，我国香味料总产值不及国际一家龙头企业产值，存在着巨大的上升和发展空间。

中国香精香料化妆品工业协会数据（图2-7）也显示，2010年国内香精香料需求量仅为53.6万吨，至2017年上升为117.4万吨，年均复合增长率（CAGR）约11.85%，需求情况逐年上升，预计到2024年需求量将增长至175.1万吨。

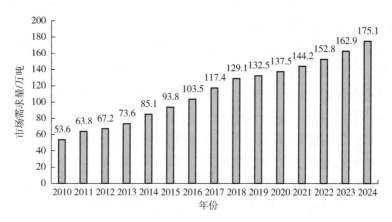

图2-7　2010—2024年香精香料市场需求量及预测

数据来源：中国香精香料化妆品工业协会

(2) 各省情况

香味料行业和国民生活密切相关，其发展趋势和经济发展态势基本吻合。从地域分布来看，国内香味料制造企业主要集中在华东地区和华南地区，其中广东、浙江、江苏、四川、上海等省市的发展速度较快，企业数量和销售收入均位居行业前列。2021年，中国香精香料化妆品工业协会统计数据显示，近年国内香精香料累计产量排名居前五位的地区为上海、广东、江苏、浙江和天津等地，已成为香味料厂商主要的竞争区域。河南香味料产量虽大，但是产品档次处于中下等，在香味料价值竞争方面仍处于劣势。

从产业聚集程度方面看，上海、广东、江苏等地香味料产业集中度较高。上海市香味料产业发展起步较早，集中了国内外的知名香味料企业，世界排名前十位的香味料企业中有7家在上海市设立工厂，2017年上海市香味料产值已超过120亿元。广东省是国内香味料生产企业数量最多的省份，形成以江门市为代表的香味料产业聚集区，香味料产业基础良好、优势明显，据中国香精香料化妆品工业协会数据，2017年广东省香味料年产值已超80亿元。江苏省昆山市是我国香味料产业最为集中、产值最高的县级市之一。昆山市有香味料生产企业20多家，主要分布于千灯镇、玉山镇和周市镇。据当地行业协会统计数据，2017年产值约25亿元。从企业规模来看，除了个别重点企业生产规模较大之外，国内绝大多数香味料企业还是中小企业。

除上海、广东、江苏（昆山）以外，河南省也是香味料产业较为集中的地区之一。河南省委、省政府近年来高度重视香味料产业发展，培育了以王守义十三香、莲花味精、南街村集团等为代表的知名香味料生产企业，建设了王岗镇等香辛料原料种植基地和全国最大的干椒交易市场——柘城县辣椒大市场，交易面辐射到全国26个省市自治区，并于2021年成立了郑州香精香料化妆品工业协会，带动河南香味料行业健康、快速发展。

(3) 行业情况

基于庞大的人口基数和日益提高的国民收入，我国食品产业市场规模快速增长，带动了国内香味料市场需求的提高。城镇化步伐加快，消费结构升级，居民香味料消费量也进一步增加。同时，在经济全球化趋势之下，国际香味料巨头纷纷在我国投资设厂，也助推了国内香味料市场规模的增长。

2020年国家统计局官网数据显示，2011—2018年，我国食用香味料产业规模年均复合增长率为12.47%，2019年市场规模为132.5亿元，同比增长2.63%，食用香味料在我国香味料整体市场中的份额占比达到40.6%，是香味料消费需求占比最大的产品类别之一。国家统计局数据（图2-8）还显示，各应用领域对食用香味料的需求量有所差别，其中饮料领域需求占比最大，达到50%左右；其次为烘焙领域，需求占比约为23%；调味品领域需求占比为17%；其他领域需求占比为10%。

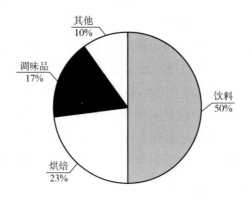

图2-8 我国食用香味料各应用领域需求量占比

数据来源：国家统计局

2.2.3 竞争格局

"十三五"期间，我国的香味料生产企业超过1000家，总体数量与"十二五"期间基本持平，年产值达亿元以上的企业数量略有增长，继续保持多种所有制共同发展、投资主体多元化的产业格局。

我国香味料企业的分布具有典型的地域化特征，这既是市场充分竞争的结果，在一定程度上也是政策引导的结果。香味料生产企业主要集中在东南沿海地区，如上海地区集中了国内外的知名香味料企业，世界排名前十的香味料公司中有七家在上海设立工厂；广东省有接近全国半数的生产企业，但除了个别重点生产企业规模较大外，绝大多数还是中小企业。这一产业分布格局一方面是历史发展的沿革，与建国初期香味料工业基础的确立有关；另一方面这些地区经济相对发达、产业配套资源充足、人才和劳动力集中。随着近年来的产业结构升级，尤其一线城市对化工产业的政策收紧，香味料企业开始或主动、或被动地寻求向二线城市，或是向经济相对欠发达的中西部地区发展。江西省金溪县香味料产业的稳定、快速发展，是近年来承接香味料产业转移较为成功的案例，具有一定的代表性。据2020年江西省林产香精香料行业协会统计数据，金溪县天然芳樟醇、天然樟脑粉产量约占全球市场的80%；蓝桉系列、天然茴香产品占据国内市场份额1/3以上；黄栀子和无患子种植面积均居全国第二位，杉木油产量占全国的70%以上。

国内的一些香味料企业包括华宝香精股份有限公司（华宝股份）、浙江新和成股份有限公司（新和成）、福建青松股份有限公司（青松股份）、爱普香料集团股份有限公司（爱普股份）等已跻身国际香味料第一梯队。其中华宝股份和爱普股份营业收入主要来源于国内，而新和成和青松股份的营业收入主要来源于出口。

华宝股份前身是华宝食用香精香料（上海）有限公司，成立于1996年，主要从事烟用香精、食品用香精、日用香精及食品配料的研发、生产、销售及服务，目前在国内外共拥有39家下属企业，是一家国际化、现代化大型企业集团。2020年营业收入20.94亿元，其中食用香精（烟草香精、食品香精）、日用香精、食品配料占比分别为91.24%、4.52%、3.32%。截至2020年底，公司有研发技术人员211名，其中调香师49名，授权专利169件，实现销售的香精配方有上万个，2020年研发投入占比7.33%。

新和成创建于1999年，依托化学合成与生物发酵两大技术平台，近几年不断丰富香料品种，满足不断变化的市场需求，主要产品包括芳樟醇系列、柠檬醛系列、叶醇系列、二氢茉莉酮酸甲酯、覆盆子酮、女贞醛等，覆盖日化、食品和医药等多个领域，已是全球知名的香料品牌企业。2020年公司叶醇系列产品产销规模进一步扩大，全年香味料业务实现营业收入19.56亿元，相比2019年增长了9.06%，毛利率55.47%。近5年该公司研发费用均占到销售收入的5%以上。公司拥有国内授权专利达192件，国外授权专利25件，主持、参与制定国家/行业标准31项，2项成果荣获国家技术发明奖二等奖。

青松股份成立于2001年，是我国松节油深加工龙头企业，主要产品包括合成樟脑及其中间产品和副产品、冰片系列产品和香味料等。在细分产品方面，该公司是全球规模最大的合成樟脑及其中间产品的供应商之一。2020年营业收入38.65亿元，相比2019年增长了32.90%。

爱普股份是香精香料制造企业，产品涵盖食用香精、日化香精及食用香味料。该公司持续推进国际化战略，在美国的新泽西州设立了爱普香料美国公司，在印度尼西亚设立了印度尼西亚爱普香料有限公司。2020年营业收入26.68亿元，相比2019年增长了7.82%。除可可及巧克力制品、水果制品和乳制品等加工制品外，食用香精和日用香精收入5.16亿元，天然香料和合成香料收入 2.38 亿元。研发投入 0.34 亿元，占营业收入的 1.27%。

目前，我国香味料产业处于产业结构转型升级阶段，处于由追求速度增长转为高质量增长的关键时期。国内香味料企业紧跟世界科技和行业发展潮流，学习引进国外先进香料品种和生产技术，呈现出良好的发展态势。

天然香料方面，跨国香味料公司全面进入中国市场，推动了国内天然香料精深加工技术的发展；同时，国内部分企业也依托天然香料资源，不断研发天然香料精细加工新工艺、新产品，提升国内天然香料精深加工层次及产品附加值，进军国际市场。受国际市场医药行业、欧美发达国家天然产品需求的影响，通过旋光性/单离提纯、生物发酵（如天然等同香兰素）、软化学加工（如天然等同覆盆子酮）等技术生产的各种满足市场不同需求的精深加工天然香料在国内得到迅速发展。例如江苏昆山亚香香料股份有限公司等企业采用丁香酚/阿魏酸发酵法生产的"天然香兰素"，已占国际市场的 30%；爱普股份通过发酵工艺生产的 3-羟基-2-丁酮、苯乙醇等天然单体香料主要供应以法国、德国为主的高端香原料市场；黄山科宏生物香料股份有限公司则重点发展以全天然原料经"软化学法"生产的天然香料。

合成香料方面，进入 21 世纪，我国的合成香料工业迅猛发展，并逐渐成长为全球市场的核心供应来源。中国合成香料企业在传统合成香料的生产销售中具备明显的国际竞争力，突出体现在大宗品种规模优势、特定品种类别优势、领军企业技术优势等。例如，香兰素和乙基香兰素产能占全球 50% 以上；全球消费量前 30 位的大宗香料，国内企业产量在 50% 以上，其中产量的 80%～90% 出口到国际市场。过去十年中，国内合成香料产业不断集中，出现了一批在国内外市场表现优异的合成香料民族企业，如浙江新和成股份有限公司、嘉兴市中华化工有限责任公司、厦门中坤化学有限公司、格林生物科技股份有限公司、安徽华业香料股份有限公司、安徽金禾实业股份有限公司、瀛海（沧州）香料有限公司、万香科技股份有限公司、黄山科宏生物香料股份有限公司等；同时不断有大型化工企业进入合成香料领域，并在合成香料开发和生产方面制定长远发展规划，如万华化学集团股份有限公司、广东新华粤石化集团股份有限公司、兄弟科技股份有限公司、浙江医药股份有限公司等。我国合成香料在技术改造、科研开发方面继续取得新成就。例如对于香兰素、β-苯乙醇、水杨醛和内酯类等全球需求量大的合成香料，国内企业已经开发出先进的绿色生产工艺，并成功投产；β-萘甲醚、β-萘乙醚、乙酸三环癸烯酯、丙酸三环癸烯酯等重要的合成香料品种在国内实现规模化生产，并进入主流供应商行列；白花醇、天然级香兰素、巨豆三烯酮、香紫苏内酯以及更多的含硫及杂环化合物实现了产业化；生物合成技术在香料行业的发展也不断加速，带来更加丰富多彩的产品。

食用香精方面，骨干企业纷纷加大技术创新、产品开发和市场推广力度，推动食品用香精向健康功能、天然风味、快速迭代、跨界创新的方向发展。国内企业将现代生物技术、催化技术、高精分析技术等高新技术应用于食品香料生产，开展提取、酶解、乳化体系的基础研究工作，形成了全方位的技术体系。针对饮料、乳品、烘焙、糖果、休闲食品、冷饮等多个食品细分领域，骨干企业在应用技术服务和市场推广方面取得良好成效。

在快速发展的同时，国内香味料行业也面临一些问题，主要表现为国内企业的市场竞争力不足。分析原因可能主要集中在以下几个方面：

(1) 行业集中度较低

2020年我国香味料企业营收前五位的企业，市场占比仅为15%左右（不考虑外资公司在中国的市场份额），与国外垄断格局相比集中度仍较低。就未来而言，在国内香味料生产管控趋严、环保壁垒持续抬升的情况下，中小企业生存空间受到挤压，这也给行业内资本雄厚、技术领先的企业带来了整合机遇。但世界前十大香味料公司均已进入中国市场，持续占据国内香精应用的中、高端市场，进一步加剧了国内市场的竞争，预计短期内我国香味料行业集中度小、中小企业在中低端市场竞争激烈的格局仍将延续。

(2) 科技和人才基础薄弱

我国香味料产业共性基础研究方面明显不足，风味化学、感官技术、智能调香、芳香植物育种、生物技术产香等都处于起步阶段，香味料相关自动化设备设计开发与应用方面也与国际先进水平存在明显差距；在加香产品创新应用领域、关键性新香料的开发和天然香料的精深加工等方面，缺乏技术积累和竞争力。大专院校、科研院所应用方面的研究缺乏市场引导，与行业发展需求有所偏差，行业科技成果转化率不高。香味料企业普遍受限于规模，科研团队少、小、弱，而原有的科研院所在改制之后，行业的系统化、基础化研究缺失，导致行业人才基础薄弱。

(3) 技术和装备落后

国际香味料巨头在技术方面具有深厚底蕴，国内企业更多的是扮演着跟随者的角色。例如近年来随着人工智能技术的进步，国际香味料巨头加强了这方面的布局，通过自研或收购的方式获得相关技术，用于指导产品创新，而国内企业在这方面基本空白。国内香味料企业在生产、安全、环保和分析等方面的设备参差不齐，龙头企业的装备相对先进和齐全，但大多数中小企业的装备较为落后。例如，项目组在进行企业实地调研时发现，河南省内一些香味料企业，甚至还不能自主完成产品质量检测。

（4）研发投入低，产品低端且同质化严重

国内香味料企业大多属于中小型企业，技术水平相对较低，研发投入少或者无研发，香精配方人才紧缺，产品安全意识不强，加之管理规范性的欠缺，致使产品大部分集中于大众市场，同质化严重，价格竞争激烈，利润空间狭小，在与跨国公司竞争中处于劣势。行业发展缺乏指导，市场信息不对称，部分地区、部分企业投资和投产出现盲目性，导致了重复建设，也加剧了同质化竞争。例如合成香料近年来的高速发展，一方面让更多的化工企业看好其前景，大量涌入，重复投资，造成柠檬醛系列、松节油系列、麝香系列等产品面临产能过剩、竞相压价的恶性竞争局面；另一方面国内香味料新品种的开发和应用进展缓慢，附加值高的关键性香味料仍然由欧美发达国家的企业把控。

（5）产业链短，产品覆盖面窄，营收规模较小

国际龙头企业如奇华顿、芬美意等，产品结构丰富，营收规模庞大，在天然香料、合成香料和香精配方方面均有布局，产业链完善。国内企业中，华宝股份、波顿集团、爱普股份等在食用香精、日化香精和烟用香精领域各有所长。香料企业中，新和成、金禾实业和嘉兴中华化工以合成香料为主，青松股份以天然香料为主，亚香股份在天然香料和合成香料均有所布局。与国际龙头企业相比，我国香味料企业规模较小，产品类型较为单一，抗市场波动能力相对较弱，产业链一体化程度仍有较大提升空间。

2.3 对河南香味料产业发展的启示

2.3.1 居民消费升级，创造巨大发展空间

国家经济发展、居民生活水平提高带动了食品行业的快速发展，人们对食品风味的需求也越来越多样化。作为香味料产业的重要下游产业，食品制造业近年来发展壮大，产品销售收入快速增长，经济效益大幅度提高，继续保持着国民经济各产业部门的前列地位，是国民经济中的支柱产业。结合近

年来中国香味料产量和销售收入统计情况看，香味料产业呈现逐年较快速增长的态势。随着国民经济的发展、城镇化水平的日益提升，我国居民人均收入、社会消费品零售总额等均持续增长，为香味料产业的发展持续提供良好空间。

从近年香味料市场情况来看，全球香味料需求量以每年5%左右的速度增长，发展态势良好。西欧、美国、日本等虽然长期主导着食用香味料的供给和需求，但随着发达国家国内市场趋于饱和、香味料产业发展趋缓，跨国香味料企业开始将发展重心转向极具发展潜力的发展中国家，扩大投资、保持竞争力。中国作为目前世界上经济体量最大、综合实力最强的发展中国家，经济发展强势，市场前景广阔。

2.3.2 产业结构优化，促进核心竞争力提升

国外香味料产业起步早，经历了多年的市场优化，如今形成了以"四超多强"为代表的市场垄断格局，行业集中度高。头部企业具有雄厚的技术、人员、资金和管理等优势，科研投入高，产品创新能力强，紧跟消费需求潮流，以提出产品综合解决方案的形式为食品企业提供食用香味料产品，资源全球布局，垄断地位稳固。近年来，国际巨头纷纷进入中国市场，占据了利润最大的中、高端市场。

经过多年发展，我国已经成为国际市场上食用香味料的重要输出国，香味料产业主要经济指标保持稳定增长，不少国内企业积极参与国际市场竞争。但在国外龙头企业的冲击和国内外市场需求的变化下，国内企业长期积累的深层次问题也逐步显现。行业集中度低、企业规模小、产业链短等问题凸显出产业结构的不合理；基础研究薄弱、人才紧缺、设备落后、研发投入少、产品创新能力差、品牌竞争力不强等共性问题造成了国内企业同质化、低端化、无序化竞争较为严重，却无力跻身跨国企业占据的高端市场。

在经济飞速发展的大好时机，国内香味料企业应紧跟时代步伐，加快产业结构调整、加速转型升级，以在激烈的国际竞争中求得生存。通过政策引导，建立产业集聚区，集中优势资源、淘汰落后产能、加大科技投入、培养顶尖人才，是调整香味料产业结构的必由之路。开发新产品、开拓新市场、打造自主品牌是香味料产业转型升级的关键所在。

2.3.3 完善政策机制，保障产业持续健康发展

政策机制是保证产业持续健康发展的基础。食品安全在国家发展战略中的基础作用，促使世界各国政府在食用香味料方面出台的政策主要以强化安全监管为主，并从政策层面不断完善已经建立的食品安全监管体系，呈现出通过政策引导持续强化安全监管的趋势。我国在强化食品安全的同时，也制定了一些政策引导香味料产业的发展。在宏观政策的引导下，地方政府应因地制宜地配套相应的政策并不断完善体系机制，以保证香味料产业的健康发展。

现阶段，我国经济从高速增长阶段转向高质量发展阶段，生态优先、绿色发展的理念要求必须对食品相关产业政策进行调整。国家层面上的政策通常是宏观的、方向性的，而各地经济结构、产业基础、地理位置、自然资源、技术水平、生活条件、人口素质等存在很大的差异，对政策的要求更高。如何发挥政策引导作用，让土地、劳动力、资本、技术等生产力要素和交通设施、重大项目等更加合理布局，引导香味料产业健康发展，并最优化地服务于下游产业等对政策机制的精准性提出新要求。

经济的快速发展，使市场要素的流动和配置开始超越行政边界，原有的体制机制和政策体系难以有效推动产业主体之间的良性竞争与合作，恶性竞争进一步加剧产业内企业布局同质化、产业结构不合理等问题。在推动香味料产业发展的过程中，迫切需要从政策层面回答如何破解产业结构性矛盾、适应社会发展变化、满足人们对食品健康美味的需求等问题。

第3章 河南食用香味料产业发展机遇与挑战

当前,风味主导的食品消费对食品多元化、特色化提出更高的要求,香味料对食品产业的重要价值更加凸显;世界范围内的新一轮科技革命和产业革命蓄势待发,为实施创新驱动、实现引领型发展提供了客观条件,香味料产业迎来了以科技创新推动产业发展的机遇期。河南是食品产业大省,食品工业基础较为扎实。食品产业高速发展对香味料的需求为河南香味料产业发展提供了广阔的发展空间。

我国已是全球最主要的香料供应国和香精消费国,但是国内的香味料行业却面临着市场份额依然被国外巨头垄断的局面,核心技术受制于国外企业,产业标准滞后,政策扶持力度不够都成为当前制约香味料产业发展的重要因素。同时河南食用香味料产业规模相对较小,香味料企业多为小微企业,工业技术落后,投入规模较小;高端产品不足,知名品牌不多;科技创新能力不强,资源优势未能得到有效发挥。因此,河南香味料产业整体面临竞争力不足问题。

3.1 河南食用香味料产业发展态势

3.1.1 原料利用水平

3.1.1.1 芳香植物种植概况

全世界有3600多种芳香植物,现已被作为香味料开发利用的有400

余种，经常使用的香味料有 200~300 种[1]。我国芳香植物有 1300 余种，已开发利用的仅有约 300 种，绝大多数仍有待开发利用。河南省地处于北纬 31°23′~36°22′，东经 110°21′~116°，年平均气温 14.4℃，降雨量 640.9mm，属于暖温带气候，四季分明，夏季雨量充沛，春秋季日照多，北部为古黄河冲积平原，东部为黄河改道冲积区，西部为秦岭余脉伏牛山区，南部为大别山系，自然条件优越，非常适合多种植物的生长，现有芳香植物 130 多种。

河南有着悠久的芳香植物种植历史，早在 2500 年前太行山一带已有花椒的种植。目前主要种植的香辛植物主要有大蒜、辣椒、花椒、姜等；木本香料植物有茶叶、香椿等；香花植物有菊花、牡丹、月季等；香草植物有艾草、留兰香、薄荷、紫苏等，具体种植面积分布情况如表 3-1 所示。

表 3-1 河南省主要种植的芳香植物[2-5]

类别	名称	种植面积	主要分布地区	全国排名	国家地理标志
香辛植物	大蒜	281 万亩	杞县、中牟、通许、尉氏	第二	杞县大蒜 中牟大白蒜 临颍大蒜
	辣椒	300 万亩	商丘、许昌、南阳、洛阳	第四	柘城辣椒 香花辣椒
	花椒	104 万亩	三门峡、洛阳、平顶山、安阳、新乡	第四	渑池花椒 东岗花椒
	姜	9.9 万亩	驻马店、信阳、商丘、焦作	第八	无
木本香料植物	茶叶	172 万亩	信阳、南阳、驻马店	第十	信阳毛尖
	香椿	20 万亩	中牟、登封、许昌、焦作、驻马店、桐柏	第五	焦作红油香椿
香花植物	牡丹	36 万亩	洛阳	第二	洛阳牡丹
	菊花	4.8 万亩	焦作、开封、商丘	—	开封菊花 怀菊花
	月季	15 万亩	南阳	第一	无

续表

类别	名称	种植面积	主要分布地区	全国排名	国家地理标志
香草植物	艾草	30万亩	南阳	第一	南阳艾
	薄荷	—	商丘、南阳、驻马店等，其他各地均有栽培	—	无
	留兰香	—	商丘市虞城县	—	无
	紫苏	—	驻马店、桐柏、淅川	—	无

注：—表示未检索到具体数据。

河南省的一些香辛植物已实现规模化种植。辣椒、花椒、大蒜种植面积均在100万亩以上，全国排名均在前五位，已进入规模化种植发展阶段。以辣椒为例，有"中国三樱椒之乡"之称的柘城县辣椒种植面积达45万亩左右，占全县耕地总面积的40%，年产干椒15万吨，产值20亿元，辣椒产业已经成为柘城县的一大经济支柱产业。同时建有全国最大的干椒交易市场——柘城县辣椒大市场，交易面辐射到全国26个省市自治区，形成了"全国辣椒进柘城，柘城辣椒卖全国"的交易格局，也确立了柘城县全国辣椒交易中心、集散地、价格风向标的重要地位[6]。另外，在品牌保护认证方面，"柘城辣椒""渑池花椒""杞县大蒜"获得了国家地理标志产品保护认证，逐步由"卖产品"向"卖品质""卖品牌"的转变。同时，特色资源优势明显。"信阳毛尖""洛阳牡丹""怀菊花""南阳艾"等河南特产享誉全国乃至世界，已然成为河南省特色产品的金字招牌。以信阳茶叶为例，信阳茶园面积占河南省的92.8%，有浉河区、平桥区、罗山县、潢川县、光山县、商城县、新县及固始县8个产区。2021年作为中国十大名茶之一的"信阳毛尖"，品牌价值达到71.08亿元。茶产业已成为信阳市的特色优势产业，是山区农民收入的新增长点、区域经济发展的新亮点、精准扶贫的切入点。河南省政府把茶产业作为地方区域特色经济大力发展，出台政策，大力扶持，茶园面积、茶叶产量和产值持续提高。"洛阳牡丹甲天下"，历史上洛阳牡丹的地位举足轻重。目前，洛阳有3个大型牡丹种植带，种植面积达36万亩，规模以上牡丹园20个，涵盖9大色系、10种花型、1200多个品种，牡丹产业的年收入总值已突破280亿元。怀菊花是焦作市特产，四大怀药之一，栽培和药用历史悠久，仅武陟县怀菊花种植面积就达到1.2万亩，干菊花产量达到2400吨，产值达到1.9亿元。截至2020年底，南阳市艾草种植面积达 30 万亩，野生艾草年开发利用 12 万吨，规范化种植面积位居全国首位，是全国最大的艾草原材料供应基地，全国市场占有量高达 70% 左右。此外，发展潜力大的芳香植物资源丰富。薄荷、留兰香、紫苏等既是药食两用植物，也是重要的香料。以薄荷为例，薄荷全草均含薄荷油，主要成分为薄荷醇、薄荷酮、乙酸薄荷酯等，薄荷醇（薄荷脑）可用于糖果、饮料、医药、日用品等方面，具有很高的经济价值。随着广大消费者安全健康意识的不断增强，以天然产物为标志的绿色产品已经成为未来消费发展趋势，对薄荷、留兰香、紫苏等天然香料的需求量与日俱增。河南各地的气候、地理条件均适合这类芳香植物的种植，野生资源也比较丰富。

3.1.1.2 芳香植物加工利用现状

芳香植物大多具有药食两用属性，在食品、药品、日化等领域具有广泛用途。一些芳香植物的规模化种植在河南有一定的发展，然而，多数停留在农产品供应上，原料利用和综合开发程度较低，潜在价值挖掘不够，现有的资源优势未能得到充分发挥。主要体现在以下两个方面。

（1）高附加值产品少，副产物利用率低

当前，河南香原料的加工总体还处于初级产品加工阶段，精深加工能力较弱。产品仍以粗加工产品为主，加工方式单一，工艺落后，技术含量低，产品附加值不高；企业规模较小，产品档次较低，产品相对单一，产品同质化严重；副产物利用率低，资源未得到充分利用，下面分别以辣椒和花椒为例进行说明。

在辣椒方面，目前市场上有干辣椒、辣椒粉、辣椒酱、剁辣椒、油辣椒、发酵辣椒、辣椒风味食品等传统初加工产品，以及辣椒碱、辣椒精和辣椒红素等深加工产品。美国最知名的辣椒加工企业麦克汉尼公司（Mcilhenny company）有几十种辣椒制品，产品遍布全球市场，目前公司的年销售额超过 10 亿美元。2021 年，人民网数据显示，贵州省辣椒加工企业有 300 多家，油辣椒制品国内市场占有率达 70%，形成以"老干妈"为龙头的辣椒加工产业集群，产业链长、附加值较高，生产九大系列 70 多种产品，占据国内市场绝对优势。同时紧跟市场变化，开发出适应年轻人消费需求的香辣脆、辣椒冰淇淋、辣椒巧克力等休闲食品，加工产品类型逐步多样化，进一步拉长了辣椒产业链[7]。而河南大部分地区没有辣椒加工企业，辣椒以原料形式供应市场，抵御风险的能力较弱。现有企业规模较小，基本上以烘干辣椒和生产辣椒酱初级加工品为主，产品附加值低，增值缓慢。大型加工龙头企业尚未形成，缺乏市场竞争力强的拳头产品，从事辣椒深加工如辣椒红色素、辣椒碱生产的企业极少。2021年，商丘日报报道，以辣椒闻名的河南省柘城县，辣椒种植面积接近3万公顷，加工企业仅10余家，且以辣椒初级加工为主，主要生产干辣椒、辣椒粉、辣椒酱等产品。

在花椒方面，目前市场上的花椒产品主要有花椒干品（花椒粒、花椒粉）、花椒油调味料、花椒芽酱、花椒精油、花椒油树脂以及副产物花椒种子加工品等。重庆仅江津区就有花椒加工企业30余家，研发生产7大类46个花椒产品，年产值约10亿元。其中，具备生产花椒精油、花椒油树脂等花椒深加工产品的企业有5家。陕西省韩城也有花椒加工企业30多家，生产花椒粉、花椒油、花椒芽菜辣酱、花椒精油以及花椒精油日化用品手工皂、洗手液等40多个畅销花椒系列产品。市场上的花椒油产品以四川的五丰黎红花椒油和上海金龙鱼花椒油占比较大。花椒芽酱制品以陕西韩城金太阳花椒芽菜酱为主。花椒精油是食品和香料行业中常用的芳香原料，是代表性的花椒深加工制品，知名的花椒精油生产企业为山东食宴大厨房食品有限公司。花椒油树脂产品以四川的世湘味业有限公司生产的占比较大[8]。河南也是花椒大省，但供应市场的产品主要来自花椒果实干品，85%制成干花椒直接进入市场，花椒的深加工与省外存在较大差距。加工企业绝大多数以干花椒、花椒粉、混合调味粉等初级产品生产为主，深加工产品如花椒精油、花椒油树脂等供给短缺，仅仲景食品股份有限公司、郑州雪麦龙食品香料有限公司、南阳汇萃植物制品有限公司等少数企业有花椒精油相关少量产品供应。

(2) 产品结构单一，潜在使用价值挖掘不够

目前河南对芳香植物资源的利用主要在食用方面，其他方面如日化用品、药物、保健等价值尚待挖掘。比如辣椒红素和辣椒素均是源自辣椒的深加工产品。而辣椒红素是目前着色最稳定的纯天然脂溶性红色素，可用于饮料、糖果、调味酱、奶油等食品；它也是热门的抗氧化剂，能够调节机体脂代谢、调节免疫、抗癌和抗辐射，尤其是降低某些心血管疾病和癌症等慢性疾病的发病率，在医药方面有很高价值[9]；此外也是口红的重要原料；已被美国、FAO、英国、日本、WHO和我国审定为无限制性使用的天然色素，在国际市场上非常走俏。辣椒素是催泪弹的重要原料，也是重要的涂料防污剂，将其添加到船舶防污涂料中，可防止藻类、贝类、软体动物等海洋生物在船体或建筑物上附着，替代有机锡防污涂料。辣椒素也作为电缆塑料护套的防鼠添加剂，防止动物咀切。花椒籽油含90%不饱和脂肪酸，主要为油酸、亚油酸、α-亚

麻酸，其中 α-亚麻酸占30%，并含有丰富的微量元素和维生素，可作为高级保健食用油、精细化工用油；花椒籽油经处理后，采用碱催化法催化可制得生物柴油[10]。花椒精油是天然的食品防霉剂和驱虫剂[11]。这些香味料的潜在价值正被开发利用，例如，印度、西班牙均是著名的辣椒红素生产国，产品供应欧美和亚洲市场。2019年英诺华市场观察（Innova Market Insights）报道，世界上对辣椒红素的年需求量可能超过8000t，国际市场潜力很大。以陕西金太阳公司为代表的企业生产花椒籽油、椒目仁油（高级保健油）等产品供应国内保健品市场；以吉林九鑫集团"满婷"系列产品为代表，将花椒精油用于手工皂、洁面乳、洗发水等，产品已占据国内"除螨"功能日化用品市场的龙头地位，被广大消费者熟知。相比而言，河南这类香辛料仍主要以干原料、粉或酱等形式供食用，更多的潜在价值并没有得到挖掘利用。

另外，芳香植物也极具观赏价值，目前国内外已有多个集芳香植物种植、萃取加工提炼成精油、产品深加工、特色餐饮等为一体的庄园，在全面开展芳香植物产业链延伸方面做了很好的示范，具有巨大的市场前景。目前河南省内尚未有类似项目基地或园区，产业链延伸程度不够，芳香植物利用价值有待进一步挖掘，资源优势向经济优势转化的程度仍然不够。

3.1.2　企业发展水平

伴随着全省经济的快速发展和食品产业结构升级，河南香味料产业得到一定的发展，技术创新与品牌建设取得一定成就，整体呈现出规模不断壮大、发展水平不断提高的特征，尤其是产业集聚区科学规划方案实施以来，香味料产业呈现更加快速发展态势。

目前，河南省香味料相关企业有300家左右，规模较大的企业（年主营业务收入在2000万元及以上的工业企业）有18家，包括仲景食品股份有限公司、王守义十三香调味品集团有限公司、郑州雪麦龙食品香料有限公司、河南中大恒源生物科技股份有限公司、河南一品香精香料有限公司等河南省知名企业。仲景食品股份有限公司凭借自主自研的香味料产品成为康师傅、海底捞、联合利华等各大知名食品企业的战略供应商，2020年实现营业收入7.27亿元，同比增长15.67%。王守义十三香调味品集团有限公司，通过传统配方与现代技术相结合，开发出100多种规格的香味料产品，从2014年开始，王守义十三香的销售收入连续5年上涨，2019年销售收入已达23.4亿元。郑州雪麦龙食品香料有限公司通过自主开发的天然香料和食用香味料，与双汇、白象、海底捞、绝味鸭脖等企业达成长期合作，年产值超3.96亿元，销售额年增长率超30%。河南雅源香味料公司，以生产和销售烟用香料为主，兼营日化香料、酒用香料和食用香味料，年生产规模3700吨，年产值2亿元。

但是，河南香味料产业在全国范围内仍处于劣势地位，在企业数量、企业规模、企业产值等方面，均与优势省份仍有较大的差距。从整体分布情况看，河南省香味料产业存在产业分散、集中度低、缺乏核心竞争力等问题。受制于资本、技术、人才等因素，河南香味料企业结构层次偏低、品牌影响力较弱、技术创新能力不足，距离建设食品产业强省、打造具有国际竞争力的香味料工业基地目标，仍有较大差距。现阶段河南省乃至国内还是主打"仿制型"的香味料产品开发模式，创新能力不足，有自主知识产权的产品少。香精类企业营业额远低于国际知名企业，与国内优势企业也有较大差距（图3-1），2020年青松股份的销售额为38.65亿元，河南香味料企业雪麦龙的销售额为3.96亿元，雅源香味料公司的销售额约为2亿元，两大龙头企业的产值不及青松股份产值的六分之一。

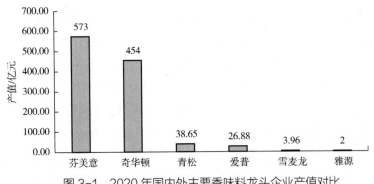

图3-1　2020年国内外主要香味料龙头企业产值对比

数据来源：中国香精香料化妆品工业协会

3.1.3　企业技术能力

我国《香料香精行业"十四五"发展规划》中指出，目前，我国香味料产业处于产业结构转型升级、转变发展方式、由追求速度增长向高质量增长转变的关键时期。"十三五"期间，我国香味料市场规模占全球市场约五分之一，已成为全球最主要的香料供应国和香精消费国及生产基地。但是，我国香味料工业起步较晚,基础薄弱,工业技术落后,仍处于产业发展的初级阶段,研发投入及人才培养严重不足,技术创新能力较弱,同国际先进水平有较大差距。河南香味料企业技术水平与国外大企业以及国内龙头企业的差距非常明显。

(1) 生产加工方面

国外香味料企业已大量采用新型工艺进行天然香味料的生产,例如水扩散法、超临界CO_2萃取法、微胶囊双水相萃取法、分子蒸馏法等工艺,并将先进的分析测试技术融合到香味料生产工业过程中,如质谱、色谱-质谱联用、核磁共振、红外吸收光谱、原子光谱、X射线衍射等精密分析方法和结构分析技术。事实上,早在20世纪80年代,美国、日本、德国就将超临界CO_2萃取技术应用于天然产物的工业化提取。国外知名香料企业,例如德之馨、芬美意、馨赛德(Synthite)等更是超临界CO_2萃取、水蒸气蒸馏等技术的先驱企业,如今这些企业的生产配套设施更加完善,在先进技术和完整绿色生产理念的支持下,使他们的产品在国际香味料市场上具有很高的影响力。此外,世界上已知的合成香料多达7000多种,而我国能生产的只有1000多种。

我国香味料产业近年来也取得了较大的发展,涌现出一批专业化生产企业,生产和研发水平不断提高,与发达国家同行的差距正在缩小。国内一些有实力的香味料企业,例如仲景食品、爱普股份、中大恒源等企业通过产业升级、技术攻关以及先进技术设备引进等途径,生产技术水平得到一定提高,但是这些企业主打产品的主要生产工艺仍是传统的水蒸气蒸馏、溶剂浸提法、压榨法、吸附法等,这些传统技术方法,工艺标准化程度有限,环境成本偏高。总体上,我国香味料产业现阶段的整体技术水平仍落后于国际先进水平,先进工艺技术缺乏仍是我国香味料产业被"卡脖子"的主要原因。同时,当前我国香味料企业仍然以中、小、微型企业为主,势必会导致技术设备资源分散、企业间技术壁垒提高、创新研发投入不集中等问题,直接影响先进加工技术手段的采用与新技术工艺的开发。相较于国际香味料企业已建立的由产品自主研发、工业化生产、专业设备制造、高精密仪器检测分析的完整工业体系,我国香味料生产企业大部分还处于传统生产、产品仿制、依赖进口设备的阶段。

河南省香味料企业的生产技术问题尤为突出,企业规模小,技术资金力量分散,中、小、微型企业数量占比较全国水平更高,甚至还有相当比例的民间小厂房或手工作坊,技术水平与国内龙头企业以及国外企业的先进技术和工艺水平相差甚远。这些小、微企业和手工作坊的生产技术落后,工艺改造缓慢,没有资源和能力采用先进技术与设备,只能进行粗产品或低端产品的生产加工，产品附加值低，产品相对单一，市场竞争力弱。

(2) 产品开发方面

创新是香味料相关产品开发的核心内容，是提高产品竞争力的重要方法。专利技术的拥有数量通常能反映一个企业的产品开发能力和技术创新水平。国家知识产权局数据显示，芬美意持有的有效专利超过4000件，德之馨公司仅2021年一年提交申请的发明专利就有42件。

国内香味料产品的开发能力也在提升，据国家知识产权局不完全统计的数据（图3-2），国内香味料发明专利申请数量前12个省份中，广东省数量最多，达12433件，其次是江苏省、山东省、安徽省、浙江省、上海市、北京市，接下来为河南省，排名第八。从技术层面对国内相关专利进行分析显示，河南省外香味料企业，尤其是广东省和上海市一些香味料企业，产品开发中采用了一些新的技术，如生物工程技术（生物酶法）、纳米技术、香气控制缓释技术以及香气数理表达技术，产品形式多样，品质较为优良，有助于进入高端产品市场。

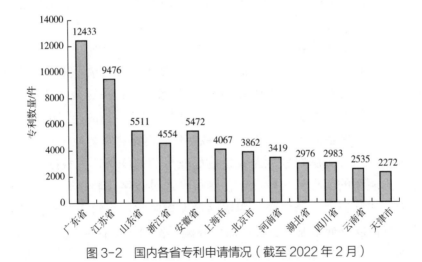

图3-2　国内各省专利申请情况（截至2022年2月）

数据来源：国家知识产权局

在产品开发的过程中，国外香味料企业更加重视精细化加工和原料综合利用，一种植物原料可以生产不同功能的多种产品，提高了原料的利用率，压缩了原材料成本，丰富了产品结构，提高了市场适应度，降低了企业风险。很多跨国企业融入芳香植物综合性开发利用的研究中，除了提取具有高附加值的植物精油外，还针对复杂多变的市场需求和各种应用场景，形成了不同规格、多种功效的综合性产品结构，并将这些新功能产品积极地在食品、化妆品原料市场进行推广。例如，芬美意的中国研发团队，从传统的芳香植物紫苏叶中发现了七种新香气成分，并将这七种新发现的香气成分进行研究与合成，现已在其香精产品中应用；美国 MAFCO 公司凭借先进的加工技术能将甘草原料进行深度的精细化分级加工，形成等级不同的产品，有效提高原料利用率，提升产品附加值。

河南省香味料企业产品开发技术人员不足，产品开发理念相对落后，具备产品自主创研能力的香味料企业较少，现阶段仍以"仿制型"香味料产品开发模式为主，产品结构较为单一，应用范围受限，自主知识产权产品少，核心竞争力不足。同时，香味料企业发展机制较为落后，先进生产技术和工艺设备采用率低，也限制了香味料企业产品开发技术水平的提高。

（3）智能化、数字化方面

2015 年，国务院印发的《中国制造 2025》国家行动纲领中提出，到 2025 年制造业整体素质大幅提升，形成一批具有较强国际竞争力的跨国公司和产业集群，在全球产业分工和价值链中的地位明显提升。2016 年，工信部发布《智能制造发展规划（2016—2020 年）》提出，到 2025 年重点产业初步实现智能转型的目标。2019 年 4 月，发改委发布《产业结构调整指导目录（2019 年本，征求意见稿）》，推动传统产业优化升级，加快发展智能制造关键技术装备、智能制造工厂、数字化生产线改造与集成等领域。国家相关政策的连续出台反映出国家坚定支持发展智能制造，推动制造业数字化、网络化、智能化的决心。

目前，国内外香味料领域龙头企业都在推动物联网、大数据、人工智能等先进技术驱动的工业新一轮数字化变革，通过数字化转型升级获得新的核心竞争力。国际方面，奇华顿利用电脑辅助香精生产系统为客户提供乳化香精、萃取香精以及烟草业等各种产品；芬美意使用人工智能技术来辅助创香。国内方面，日化香料龙头企业立白科技集团已启动人工智能香味评价系统发展战略，以人工智能自动分析技术识别情绪表情，仅需 0.13s 就可以捕捉到用户的微表情并进行多维度分析，用于支持产品的开发。

河南省"十四五"规划和 2035 年远景目标中也提出，要建设数字河南。坚持数字产业化和产业数字化，拓展"数字+"和"智能+"应用领域，争创国家新一代人工智能创新发展试验区，建设数字经济新高地。然而，目前河南香味料企业生产技术远远落后于国外及国内发达地区，远未达到智能化、数字化对企业技术能力的要求。对于河南香味料企业而言，有效把握当前国家"智能化、数字化"转型大形势，推进产业升级，可能是河南香味料产业实现跨越发展的一次机遇。

（4）科技投入、人才培育方面

在科研投入方面，国际知名香料企业例如美国国际香精香料公司、芬美意、奇华顿等企业，每年投入大量资金用于各种新产品、新技术的开发，以及合成技术、催化技术、近代高精分析技术、生物工程技术、新型分离与加工技术、香精新工艺和新剂型技术等方面的研究，资金投入一般为总销售额的5%～10%。2020年，芬美意的研发投入约占当年总销售额的10%；德之馨投入新产品与新技术研发的资金超过6亿欧元，占当年销售额的16.7%；国内爱普股份研发投入仅为当年销售额的4%～6%。

在人才培养方面，国际香味料企业均设有专门研发部门，聚集了一批高水平的专家、学者，同时非常重视人才引入与培养。例如芬美意，研发团队分布在全球各个国家与地区，拥有450多名科学家，250人拥有博士学位，该公司还曾走出过一名诺贝尔奖获得者。德之馨在全球多个国家和地区设有专门的研发基地，招揽和培养香味料方面的高技术人才进行新产品与新技术的研发。我国香味料专业人才方面与国外香味料企业相比差距较大。例如国内知名香料公司味觉莱恩公司仅有技术人员70余人；爱普股份现有技术人员200余人，河南中大恒源只有专业研发人员80多人。总体上，国内香味料行业研发团队的高科技专业人才明显不足，人才储备数量、人员结构以及研究技术水平均远不及国内外知名的香味料企业，新产品、新技术的研发水平远不及国外的优秀企业。

但总体上，国内香味料产业人才培养和科研投入力度正在加大。例如爱普股份与上海交通大学、江南大学、华东理工大学、上海海洋大学等重点高校建立产学研联盟，通过共建科技研发平台、联合实验室、开展合作教育、共同实施重大项目等方式，培养引进高层次的科技创新人才。一些企业通过筹建研发基地的方式进行人才引进与培养，例如内蒙古伊利实业集团股份有限公司投建上海研发中心，南昌朵美生物科技有限公司投建广州研发中心，双汇集团建设生物工程中心、综合研发中心等，提升产品质量与科技含量，提升市场竞争能力。

河南香味料产业在科技投入、人才培育方面更显落后。科技投入低、技术人才匮乏是目前河南香味料行业存在的普遍问题。中小企业研发资金投入明显不足，很多小微企业和民间作坊甚至没有任何研发资金的投入预算。技术人才引进困难，同时，河南从事香味料研究的院校较少，高层次人才缺口巨大。

3.1.4 品牌培育水平

品牌是企业获得核心竞争优势的基础，是占领市场主动权的必要条件，也是在当代国际化市场经济中迅速崛起的关键因素之一，拥有强势品牌意味着拥有更高附加值的产品与更强势的生存优势。河南是食品产业大省，自2006年以来，河南食品产业产值一直稳居全国前列。近年来，河南各地十分注重品牌培育，目前已经建成和正在建设的产业集聚区有180多家，食品制造业陆续涌现出全国著名品牌。河南坚持实施名牌战略，用高新现代技术改造传统食品工业，重点扶持一批具有资源和品牌优势的食品龙头企业，研发生产科技含量高、附加值高、环保安全的新兴食品，花色品种不断增加，产品档次不断提高，品牌影响力得以进一步提升，培育出"双汇""思念""三全""华英""众品""十三香""伊赛"等一批驰名中外的知名品牌，极大地提高了企业的经济效益和社会效益，对推动全省的经济发展起着至关重要的作用。预计未来10年，河南省食品相关产业仍将保持年均15%以上的增长势头，各种方便主副食品年均增长将超过20%。

近年来，食品工业的快速发展也带动了香味料产业的稳步提升，但是，从全国范围来看，河南香味料品牌与国内知名品牌存在较大差距。从地域分布来看，国内香味料制造企业主要集中在华东地区和华南地区，其中浙江、江苏、上海、广东、福建等省市的发展速度较快，企业数量和销售收入均位居行业前列，河南香味料产业无论是规模、产值还是综合实力，都未能进入全国市场的第一梯队。从整体来看，无论是在树立品牌意识，还是在品牌推广的方法上，河南香味料企业都存在诸多发展瓶颈。目前，河南省香味料行业集中度低，企业规模普遍偏小，行业整体技术水平处于中低端，企业产品经营较为单一，难以对产品进行品牌化经营，无论是在国际市场还是国内市场的竞争中，都处于劣势地位。

我国香味料产业正处于由速度增长转为质量增长的转型升级关键期。"十三五"期间，中国香味料市场规模约扩大到全球市场的五分之一，已成为世界最主要的香料供应国和香精消费国及生产基地，这为我国香味料行业的发展注入了动力和活力，同时也为河南香味料的发展带来了新的机遇。河南香味料产业必须坚持品牌发展战略，加强政府的宏观调控和对香味料行业的统一规划与指导，引导生产企业高度重视品牌建设，坚持生产一流产品、塑造一流品牌的发展方针，在培育品牌、发展品牌与做强品牌方面下功夫，用优质的产品和完善的服务塑造品牌，赢得消费者和市场的高度认可，提高产品的市场占有率。

通过广大企业的努力，培育一批产品品质优良、市场占有率高、消费信誉好的知名品牌，从河南制造向河南创造、河南品牌转变，做强做大一批具有河南特色、能够讲出河南故事、代表河南良好形象的香味料高端品牌。

3.1.5 政策保障水平

河南省深入贯彻落实中央精神，大力实施食品安全战略，加强食品安全治理。2018年《中共河南省委河南省人民政府关于开展质量提升行动的实施意见》（豫发〔2018〕22号）和《河南省省长质量奖管理办法》中指出，鼓励企业积极创新，强化质量意识，不断完善质量管理体系，深入开展质量提升行动，加快推进质量强省建设。2019年发布《河南省食品安全省建设规划（2019—2022年）》，着手加强食品安全源头治理、过程监管，通过实施食品安全监管基层站所标准化建设工程，食品安全监管人才队伍建设提升工程，食品安全监管信息化建设项目，省级食品安全和农产品质量安全市、县建设工程，"双安双创"示范引领工程，构建政府主导、企业负责、部门联动、公众参与的食品安全社会共治格局，完善责任明确、制度健全、运转高效、风险可控的食品安全体系。根据《河南省国民经济和社会发展第十四个五年规划和二〇三五年远景目标纲要》和国家"十四五"市场监管现代化工作部署，2021年，河南省人民政府印发了《河南省"十四五"市场监管现代化规划》，加强改善市场监管、推进市场监管现代化。

在省委省政府各项政策的基础上，河南各地市也出台配套政策，促进食品相关产业的发展。例如漯河市先后出台《关于坚持"三链同构"，着力打造完善丰满的绿色食品产业生态的工作部署》《漯河市支持小麦产业化联合体建设推进"三链同构"若干措施》《2018年度全市工业扩量提质转型升级行动计划》《关于漯河市中国食品名城建设的实施意见》《关于加快先进制造业专业园区建设的实施意见及考评办法》《漯河市标准化战略发展规划（2019—2025）》《食品安全标准化专项行动方案》《漯河市食品安全党政同责实施办法》《关于开展质量提升行动的实施意见》《漯河市人才引进培养激励暂行办法》《漯河市关于进一步促进科技成果转移转化的实施意见》《漯河市"十四五"时期高技能人才队伍建设实施意见》等系列政策，通过深化体制改革、优化产业结构、推动技术进步、加强安全监管等多种措施，实现了食品工业的跨越式发展，食品工业增加值、营业收入、利税总额多年稳居全省前列。

食品产业快速发展，带动了河南香味料产业的发展，近年来的发展总体向好。但是，河南香味料产业的发展主要是依托食品相关的产业政策，无论是省级政府还是地市政府，均很少针对香味料产业出台相关的政策，从政府方面对香味料产业发展的引导和推动作用明显不够，香味料产业发展与河南食品产业的发展需求明显不匹配。

在市场安全监管强化的同时，国家对工业的监管力度也不断强化。从2016年开始，国家环保部（现中华人民共和国生态环境部）进一步加大对香味料环评方面的管控，环保部门要求香味料生产企业提供环评报告书，但香味料生产相比制药、造纸、化工等行业，对环境的影响小得多，同标准的环评报告书造成了企业不必要的负担，小微企业生存困难。2020年，《河南省优化营商环境条例》发布，如何发挥相关政策对以私营小微企业为主的香味料产业的引导作用，还需要配套更为具体的实施政策，充分发挥行业协会的桥梁纽带作用，促进企业与政府管理机构之间的沟通与协调。

3.2 河南食用香味料产业发展面临的机遇

3.2.1 食品工业发展，提供产业巨大发展空间

经济的发展带动食品产业进步和消费市场格局变化，为食用香味料的发展提供了良好的发展机遇。香味料是现代食品工业的重要原料之一，深度融入现代食品生产的各个领域。2020年中国调味品协会数据显示，我国每年香味料营业额约占食品工业额的10%，食品工业的高速发展为香味料产业提供了巨大的增长空间。

（1）食品工业发展取得巨大成就

食品工业是河南省的传统优势产业，也是河南省重点发展的支柱产业之一。作为接近1亿人口的农业大省，河南劳动力和农产品资源优势突出，食品消费市场潜力巨大，发展食品工业具有得天独厚的优势。近年来，河南坚持"粮头食尾""农头工尾"，以面制品、肉制品、油制品、乳制品、果蔬制品为重点，延伸产业链，提升价值链，打造供应链，持续推进食品产业转型升级，大力发展食品工业。2015年，河南规模以上食品工业企业主营业务收入已突破1万亿元；2016年，约1.21万亿元，2017年，约1.24万亿元，2018年，约1.35万亿元，2020年，约1.5万亿元。目前，河南省食品生产企

业超过1.08万家，规模以上食品工业企业3200余家，在全国名列前茅。2017年，河南肉类加工食品占全国市场份额的70%，肉类加工能力位居全国之首，火腿肠、冷鲜肉等单品产量居全国第一。2018年，河南省小麦粉产量达到2692.50万吨，位居全国第一位，占全国总产量的30.34%，河南省中的中国小麦粉加工"50强"企业最多，共有8家，占全国数量的16%。方便面产量为204.67万吨，位居全国第一位，占全国总产量的29.26%。2018年，河南速冻米面食品营业收入约408.84亿元，占据全国的36%，居全国首位。作为全国第一粮食加工大省和第一肉制品大省，河南生产了全国1/2的火腿肠、1/3的方便面、1/4的馒头、3/5的汤圆、7/10的水饺，双汇、三全、思念、好想你、卫龙等企业品牌享誉海内外，产品出口137个国家和地区。

近年来，河南省食品产业发展稳健，技术创新与品牌建设取得初步成效，拥有冷链食品、休闲食品和特色食品三大优势产业链，培育出19个千亿级产业集群和127个百亿级产业集群，形成了全国范围内制造业领域规模最大、数量最多的五大特色食品产业集群，分别是以双汇、华英等为代表的全国最大肉类产品生产加工基地，以白象、南街村等为代表的全国最大面及面制品生产加工基地，以三全、思念等为代表的全国最大速冻食品生产加工基地，以莲花味精、驻马店十三香等为代表的全国最大调味品生产加工基地，以健丰、梦想等企业和临颍黄龙食品工业园区为代表的全国最大饼干和休闲食品生产加工基地。2019年度河南民营企业制造业100强名单中共有14家食品企业，品类涉及饮料、乳制品、肉制品、调味品等。2019年度河南"专精特新"优质中小企业名单中共有32家食品企业，包括伊赛牛肉、天香面业、河南新东方食品、安阳乐比乐饮品、河南京华食品、河南省慧丰食品、河南老师傅发展有限公司等。

2021年12月31日，《河南省"十四五"乡村振兴和农业农村现代化规划》正式印发实施，提出到2035年基本建成绿色食品业强省的目标，由河南农业农村厅牵头，正在抓紧研究制定《绿色食品业转型升级行动计划》，实施"五十百"工程，培育面制品、肉制品、油脂制品、乳制品、果蔬制品五大产业集群，构建小麦、玉米、花生、生猪、肉牛肉羊、奶业、家禽、果蔬菌茶、中药材、渔业等优势特色产业链，培育以国家、省级农业产业化龙头企业为重点的100家"链主"企业，打造具有世界影响力的万亿级现代食品集群，并将重点实施冷链食品升级、休闲食品升级、特色功能食品升级、预制菜升级、数字赋能升级与品牌设计升级等六大升级行动。

事实证明，食品产业现已成为河南省事关全局的战略支撑产业，成为工业反哺农业的主渠道，成为调结构、扩内需、带就业、保增长的突破口。河南食品产业需要立足河南，谋划全国，用全球视野布局未来，稳步提升食品产业在全省经济和社会发展中的主体作用。

(2) 消费需求变化拉升香味料在食品产业中的权重

食用香味料市场的终端需求主要来源于食品制造业、餐饮业和家庭消费三方面。商业社会的发展促成人们生活水平的提高、生活节奏的加快，饮食习惯也随之变化，香味料人均单次用量增加，餐饮业、家庭消费和食品制造业对香味料的需求持续增长，对香味料新品类的需求大幅提升。消费需求是香味料产业发展的原动力，消费者饮食结构的变化也对香味料发展提出了更高的要求。科学技术进步、生活水平提高，人民消费潜力不断释放，能够提供足够热量与基本营养物质的食品已不再是当今饮食标准的衡量尺度；消费者在追求食品的健康、营养、安全与卫生的同时更加看重食品的时尚风味与功能化，因而市场需要更多的新风味来迎合人们愈来愈挑剔的感官享受。更美味、更自然、更方便、更加追求风味的享受正逐渐成为食品产业技术创新的新课题与新追求，低卡低脂的风味休闲食品，保健、营养强化、轻食、健身餐等新概念健康食品，即食、即热、即烹、即配等面向家庭日用、节庆聚餐的预制菜食品等正逐渐成为市场消费的新热点。

根据中国调味品协会 2020 年 2 月发布的数据分析，近几年，随着中青年人群消费观念的改变，餐饮业快速发展，新型餐饮业态诞生，自给型食品消费比重逐年下降，香味料在餐饮业中销售的比例越来越高，达到了整个香味料产业的 50%；消费者对营养、方便、休闲、绿色的新型工业化食品的需求也逐年增长，由此带动的品牌香味料和餐饮定制香味料产品需求增速明显，社会消费需求不断升级已经成为行业收入和盈利能力持续提升的主要动力。

以连锁餐饮中央厨房的标准化经营模式为例。目前，我国已有超过 70% 的连锁餐饮企业自建了中央厨房，并实现一定程度的标准化生产。该模式下，具备研发能力、可以提供定制化香味料服务的复合香味料企业，可以根据餐饮企业的要求为其定制适用于某款菜品烹饪的香味料，让餐饮企业的特色化、标准化和规模化成为可能，也为香味料的需求提供了巨大的增长空间。

3.2.2 良好区位优势，奠定产业发展坚实基础

河南地处中原，经济发展区位优势明显，在地理位置、人力资源、芳香

植物资源、内需市场等方面都为香味料产业的发展奠定了良好的发展基础。

(1) 地理优势突出

河南地处我国中部，是全国重要的综合交通枢纽中心，承东启西，连南贯北，辐射四周，已建成发达的物流通道，其中运输型物流企业占39%，仓储型物流企业占26%，综合物流企业占35%；国有物流企业占39.6%，非国有物流企业占60.4%。"十三五"以来，河南省铁路快速发展，"米"字形高铁成网在即，"四纵五横"普速铁路网形成，全省铁路运营里程和高速铁路里程均居全国第7位；郑州机场货运运力、全货机航线数量、航班量及通航城市数量均居全国第5位，基本形成横跨欧美亚三大经济区、覆盖全球主要经济体的枢纽航线网络，成为"空中丝绸之路"重要节点机场。2021年年底，河南省委十一届二次全体（扩大）会议暨省委经济工作会议提出，"十四五"时期河南省将加快"米"字形高铁向多中心网络化发展，高速铁路突破2600公里，民航机场形成"一枢多支"运输机场布局，高速公路通车里程突破1万公里，内河航道里程达2000公里以上，新改建普通干线公路3000公里，新改建农村公路4万公里，进一步完善河南现代化综合运输体系。同时，河南省着力打造的"通道+枢纽+网络"全链条物流体系已基本完成，目前已实现十大物流通道、10个国家物流枢纽、30个区域物流枢纽、三大现代物流服务网络，实现了一个时期内河南物流业发展的"四梁八柱"。

(2) 人力资源优势明显

河南劳动力充足，人工成本相对较低，原料、能源等成本普遍低于沿海省份。产业结构调整正促使沿海城市香味料企业呈现内迁趋势，河南在承接产业转移上的综合成本优势正吸引相关企业的入驻。近年来，河南还大力实施人才引进战略，明确提出围绕战略产业的发展需求，依托高校、科研机构、企业等用人主体，引进一批郑州急需紧缺的高层次和高水平人才，为郑州国家中心城市建设提供坚强有力的人才保障和智力支撑。河南拥有一批食品学科高等院校和研究机构，技术支撑能力较强，在省内人才政策的支持下，通过引智工程，吸引优秀人才加入食品相关的研究领域，逐步提升了培养产业发展急需人才的能力，推动河南人力优势向人才优势转变，也为香味料产业发展提供了人才基础。

(3) 香味料植物资源丰富

河南省内芳香植物有130多种，既有已形成规模化种植的，又有特色化优势的，同时有潜力开发的芳香植物资源也很丰富。香辛植物大蒜、辣椒和花椒等已形成规模化种植，产业优势突出；信阳毛尖、洛阳牡丹、怀菊花、南阳艾等特色资源优势明显，并且已形成竞争力强的特色产业集群；薄荷、留兰香、紫苏等发展潜力大的芳香植物资源丰富，各地资源禀赋、生态条件均适宜种植，产业发展潜力巨大。

（4）香味料市场优势明显

河南作为人口第一大省，香味料内需市场巨大。同时，随着国民经济的发展和城市化进程的加快，我国居民人均收入、社会消费品零售总额等均持续增长，城镇化水平日益提升，居民食品消费总量稳步扩大，消费结构逐步升级，自给型消费降低，商品型消费增强，为香味料下游产业的发展提供了良机，而下游产业的快速发展又给香味料产业带来日益增长的市场空间。过去，在我国香味料产业传统格局中，生产企业主要集中在东南沿海地区，如江苏、浙江、上海、广东等地，一方面是历史发展的沿革，与建国初期香味料工业基础的确立有关，另一方面这些地区经济相对发达、产业配套资源充足、人才和劳动力集中。随着近年来的监管趋严，尤其是一线城市对化工产业的政策收紧，香味料企业开始向中西部地区转移，这也为河南香味料产业未来的发展带来了重大市场机遇。

3.3 河南食用香味料产业发展面临的挑战

河南具有良好的食品产业发展基础和天然的资源区位优势，但是在市场高度垄断、经济社会全面绿色转型以及全球疫情持续蔓延的背景下，河南要发展打造香味料特色优势产业，更好地支撑和巩固河南食品产业的优势地位，助推河南经济整体高质量发展，依然面临来自外部竞争环境和自身现有发展水平方面的诸多挑战。

3.3.1 市场竞争日趋激烈，产业发展压力巨大

社会经济的不断发展，国内外香味料市场持续保持巨大的发展空间，但是在高端市场方面，尤其是具有高附加值的关键香味料和高端产品仍然由发达国家和地区的企业把控。我国是当前全球香味料产业最为重要的市场，为了抢占中国市场，国际香味料领军企业如奇华顿、芬美意、德之馨、曼氏等

持续加大在华投资，建立多家研发中心和生产工厂。相比而言，国内香味料企业虽然数量众多，但以中小企业为主，主要参与中低端市场竞争，高端市场竞争力不足。近年来，国内各省市越发重视香味料产业发展，在国内，上海、广东的香味料产业整体规模已处绝对优势，江苏的产业集群发展也已初显成效，广西、江西、云南、四川则以地方特色原料为切入点走上了发展特色香味料产业之路。因此，河南发展香味料产业将面临来自国内外的巨大竞争压力，必须不断提升河南香味料产业的整体竞争力，才能在国际、国内竞争中占得一席之地。

3.3.2 产业结构不合理，与食品工业的发展不平衡

从全球香味料产业的结构来看，欧洲、美国、日本是目前全球最领先的香味料产业中心，拥有全球前十大香味料企业，垄断了近80%市场份额，呈现出极高的市场集中度。近年来，国内香味料行业进入了稳定快速发展的时期，规模以上企业数量持续增加，并涌现出一批具有较强竞争力的上市公司，但是与国际大公司的企业规模相比，仍然差距较大，集中度不够。依托本省食品工业的快速发展，河南香味料产业在国内具有一定发展优势，但是结构不合理的问题依然突出，难以满足河南食品工业快速发展的需要，香味料产业与食品工业协同发展效应尚未得到充分体现。主要表现在以下三点。一是产业链结构不合理。精深加工企业少，产业链短，延伸不够；科技创新型企业少，产业链短板明显。二是企业结构不合理。河南香味料生产企业众多，但主要为中小型企业，与发达国家香味料产业的集中度相比存在巨大差距，与国内先进省市相比也存在一定差距。三是产品结构不合理。河南的香味料产品大多是低附加值的原料产品和初加工产品，高附加值的高端产品十分缺乏。产业链结构、企业结构、产品结构的不合理，已经严重制约了河南香味料产业的持续健康发展，与河南食品工业整体发展水平不平衡的矛盾越发凸显。

3.3.3 产业技术水平相对落后，缺乏核心竞争力

国外香味料企业巨头高度重视风味成分分析新技术、香原料开发新技术、调香基础理论、风味生理机制等方面的风味科学基础研究以及新工艺、新产品开发，每年研发投入高达销售总额的10%，而且还培养出诺贝尔奖获得者，从而铸造了行业极高的竞争壁垒，形成了产品差异化竞争优势。部分国内领

先的香味料企业则在天然原料的旋光/单离提纯、生物发酵、软化学法处理以及合成香料的绿色工艺方面取得了重要进展，形成了特色技术、特色产品，具备了一定市场竞争力。从专利角度来看，我国近年来香味料专利的数量虽然高于国外，但是专利质量、专利转化以及技术壁垒效果与国外香味料企业巨头拥有的专利依然存在巨大差距。河南在香味料方面申请的专利数量明显低于广东、江苏、上海等香味料产业发达的地区，这也反映出了香味料产业技术水平的地区差异。从学科建设方面来看，河南在香味料相关的学科布局方面还有待完善，基础研究的投入、高水平人才的培育不够，难以为河南香味料产业的自主创新提供原动力。由于发展规模不大、集中度不高、科研投入低、高水平人才缺乏、产学研结合不紧密，河南香味料产业的整体技术水平和创新能力与国外存在巨大差距，与国内先进省份也有一定差距。在市场竞争日趋激烈的背景下，如何提升产业技术水平和创新能力，将是目前河南香味料转型发展中亟须解决的核心问题，同时也是发展中面临的巨大挑战。

3.3.4 品牌建设相对滞后，品牌影响力不足

品牌建设是河南香味料产业更高层次、更高水平的发展要求，是引领产业转型升级的重要抓手。河南食品工业在长期发展中，培育出了"双汇""思念""三全"等一批知名品牌，为河南食品工业的高质量发展起到了有力的推动作用。河南香味料产业并未充分利用食品工业的发展优势，做到协同发展。尽管培育出了"十三香""南街村"等具有一定区域影响力的品牌，但是河南香味料产业依然以中小企业为主，集中度低，技术水平低，绝大部分企业难以对产品进行品牌化经营，与通过品牌建设提升产品质量和附加值，占据产业链、价值链高端的产业高质量发展要求还存在巨大差距，品牌战略在产业转型发展中的核心作用尚未得到充分体现。因此，河南香味料产业在优化产业结构、提升产业技术创新水平的基础上，必须要强化品牌意识，积极寻找适合自主品牌发展的定位和模式，努力打造具有较高国内、国际影响力和知名度的香味料品牌，引领河南香味料产业的高质量发展。

3.3.5 产业绿色转型全面推进，中小企业生存压力加大

近年来，河南食品工业集团化发展趋势明显，带动了以骨干企业为中心

的产业集中度提升和产业集群快速发展，技术装备升级加快推进，信息化、智能化水平不断提升，推动资源综合利用水平进一步提高，节能减排取得积极成效，循环经济模式加快发展。作为食品工业的核心配套产业，香味料产业企业数量众多，但是小微企业占比极高，在环境、资源约束日益加剧的情况下，这些企业的装备水平还比较落后，资源消耗和环境污染较为严重，副产物综合利用水平不高，清洁生产相对滞后。整体来看，绿色转型仍是香味料产业"十四五"规划中需要发力的重点方向，加之新冠肺炎疫情带来生产消费变化、出口限制等问题，未来一段时期内，中小香味料企业将持续面临较大的生存压力。

3.3.6 产业对外依存度较高，疫情蔓延推高贸易风险

当前及未来一段时期，新冠肺炎疫情持续成为全球面临的共同挑战。疫情蔓延扰动全球供应链，进而对中国各产业造成深刻影响。首先，中国作为全球价值链的供给方，供给能力从"暂停"至"逐步修复"，后续影响中国供给的因素主要在于疫情发酵下的全球需求。其次，中国作为全球价值链的需求方，若疫情影响了海外供给/物流停滞，将对中国进口链条的产业产生影响。对于香味料产业而言，河南乃至全国的香味料产业由于与国外相比产业结构不尽合理，一方面部分原料及粗产品的出口，另一方面关键原料、高品质产品的进口，均对发达国家具有较高依存度，在全球疫情持续蔓延的形势下必须警惕香味料产品的贸易风险。

3.3.7 政策保障机制有待进一步完善

政策机制是保证产业持续健康发展的基础。在宏观政策的引导下，地方政府应因地制宜地配套相应的政策并不断完善体系机制，以保证香味料产业的健康发展。食品工业快速发展，带动了河南香味料产业的发展。但是，河南香味料产业的发展主要是依托食品相关的产业政策，无论是省级政府机构还是地市级政府机构，均很少针对香味料出台相关的政策，从政府支持方面对香味料产业发展的引导和推动作用明显不够，香味料产业发展和河南食品产业的发展需求存在明显差距。因此，河南仍需从保证产品安全和引导产业发展两个层面，不断完善政策保障机制，为河南香味料产业的健康发展提供良好的政策环境。

第4章 河南食用香味料资源开发利用与共性技术需求分析

经过多年发展，我国香味料产业取得了长足进步，行业整体运行势头向好。香味料产量占据世界前列，已成为全球最主要的香料供应国和香精消费国及生产基地。产业聚集程度不断强化，年产值亿元以上的企业、上市公司数量持续增加。紧跟世界科技和行业发展潮流，学习引进国外先进模式与技术，生产技术水平和产品质量不断提升。

转型升级、转变发展方式，促成香味料产业从追求速度增长变换到追求质量增长已成为行业共识。2021年，在我国经济和社会发展步入第十四个五年发展阶段之际，中国香料香精化妆品工业协会组织行业专家制定了《香精香料行业"十四五"发展规划》（简称《发展规划》）。《发展规划》提出了七项基本原则：坚持产业结构调整，提升发展质量；坚持创新驱动，提升技术水平；坚持"两化"融合，走新型工业化发展道路；坚持绿色低碳，走生态文明的发展道路；坚持顺应市场，开发满足消费趋势的绿色产品；坚持品牌战略，培育更多的优势香精品牌；坚持产业安全，打造市场地位和竞争优势。这些原则对于指导河南香味料行业高质量发展具有重要的指导价值和意义。

但是，当前国内香味料行业仍然存在一些问题与不足，制约了行业发展。比如，基础研究仍然薄弱，新产品开发应用缺少核心竞争力；知识产权保护不力，低端无序竞争；传统优势产品无序扩张，重复建设；高端产品占比较低，抵抗生产经营成本波动风险能力不足等。

河南作为香味料生产大省，初步打造了涵盖香味料原料种植、香味料加工、复合香味料生产的相对完整的产业链条。在发展过程中，河南食用香味料产业坚持创新驱动，技术水平持续提升，资源高效利用取得进步，产品销售稳步增长，获得了良好的经济效益和社会效益。但同时，河南香味料产业同样面临国内香味料行业上述的问题和不足，甚至更加突出。本部分结合河南香味料行业当前实际情况，通过对资源高效利用途径的整理，系统分析香味料产业发展过程中存在的共性技术需求，提出针对性的技术对策，以期促进河南香味料产业结构调整和优化升级，打造行业市场地位和竞争优势，推动河南香味料产业高质量发展。

4.1 香味料资源高效利用的主要途径

按照香味料产业链条，对国内外香味料相关产业发展历程进行调研，并进行归纳显示，香味料资源高效利用的途径主要体现在三个方面，即保障稳定优质的原料供应、开发优质的高附加值产品和扩大资源利用的外延。

得益于政府产业政策的引导与支持，在长期发展过程中，国内香味料行业围绕这些高效利用途径，逐步推动产业朝高质量方向发展。河南省逐步建立了一批特色鲜明的芳香植物种植基地，为生产大批量、高品质香味原料奠定了原料基础，有效助力农民脱贫致富和乡村振兴；兴起了一批香味料生产加工产业聚集群，提升了产业联动水平，增加了相关产品附加值。此外，在挖掘香味料药用价值等方面进行了有益探索，为进一步扩大食用香味料产业外延提供了可能。

4.1.1 科学构建香味料原料基地

通常情况下，芳香植物资源多处于散在分布状态，因此规模化种植是实现其产业化的前提。随着市场需求的不断扩大，国内很多地方政府将芳香植物种植作为农村产业结构调整的重要方向加以发展，形成了一些具有一定规模的种植基地，这也奠定了国内香味料产业发展的原料基础。但由于组织模式、种植规模、监管措施、基础研究以及市场等多方面的因素，导致香味料原料的产量、质量波动明显，已经成为影响下游香味料产品质量安全的主要因素之一。在这种情况下，科学构建香味料原料种植基地，成为保证香味料产业健康发展的重要前提条件。

4.1.1.1 国外原料基地建设情况

国外芳香植物在规模种植方面起步较早，形成一些经验做法。国外比较成熟且国际知名的香味料原料基地有保加利亚玫瑰基地、法国薰衣草基地。

（1）保加利亚玫瑰基地

保加利亚被誉为"玫瑰之国"，优越的玫瑰原料资源使保加利亚玫瑰精油的香气优雅纯正，享誉世界。近十年来，保加利亚玫瑰精油的年产量在1.5～2.5吨之间，出口量占全球需求的40%以上，而且大部分优质货源均由保加利亚供给。国际市场上玫瑰精油的价格已达4万～5万欧元/千克，玫瑰精油出口为保加利亚带来了丰厚的经济收益。近几年保加利亚玫瑰水的产量也在增加，每年保加利亚约生产160～300吨玫瑰水用于化妆品、医药和营养行业[12]。

保加利亚优质的玫瑰产品得益于其优良的原料基础。中国驻保加利亚大使馆经济参赞处官网数据显示，目前保加利亚用于玫瑰种植的土地有4000多公顷，主要分布在旧扎果拉（42%）、普罗夫迪夫（41%）和帕扎尔吉克（15%）地区，主要种植"大马士革"玫瑰和"罗莎·阿尔巴"玫瑰。以种植园的形式进行玫瑰规模化种植，种植园主要有3种类型（表4-1），其中以玫瑰加工公司自有的种植园和农民私人所有的中小型种植园为主[13]。种植的大部分油料玫瑰直接由本地企业收购，用于生产玫瑰精油。目前保加利亚生产和销售玫瑰精油的企业超过了30家，其中约70%为保加利亚国家精油、香水和化妆品协会（BNAEOPC）的成员，主要的生产企业有10余家。

表4-1 保加利亚玫瑰种植园概况

种植园类型	占比/%
玫瑰加工公司自有种植园	30～40
农民私有中小型种植园	30～40
合作农场种植园	20～25

保加利亚玫瑰产业优质的原料，与其所处的地理环境以及当地政府因地制宜的产业扶持政策有很大的关系[12]。

保加利亚位于巴尔干半岛的东南部，北部是温带大陆性气候，南部多数属于地中海气候，冬季较少出现冰冻。卡尔洛沃市和卡赞勒克市之间的山谷地带被誉为"玫瑰谷",是世界著名的玫瑰种植黄金区域。该地区自17世纪初期便开始种植大马士革玫瑰,迄今已有350多年历史。这一区域为沙质土壤,十分有利于玫瑰的培育和生长;冬季较为温和,有利于花蕾形成;初夏湿润,有利于花朵的生长和采摘。优越的气候、土壤等自然条件,为保加利亚玫瑰的种植提供了必要条件。

保加利亚政府充分利用优越的地理条件和传统优势,促进玫瑰产业发展。为了保证原料品质,1897年保加利亚就成立了玫瑰及油料植物研究所,遴选和培育高质量的卡赞勒克玫瑰苗,摸索新的玫瑰种植和管理方式,培育出了多种新的油料玫瑰品种,仅研究所院内种植的玫瑰品种就有100多种。保加利亚政府为鼓励种植积极性,对玫瑰种植户进行补贴,并争取欧盟共同农业基金,每年给予种植户每公顷约300欧元的农业补贴,有机玫瑰补贴为每公顷450欧元,休耕时也照发。

同时借力旅游产业,促进玫瑰种植。出台政策,将"玫瑰谷"打造成为国际知名观光项目,同时积极发展以玫瑰精油为主的香薰、温泉、泥疗和水疗等特色旅游项目,并将每年6月第一个周日设立为玫瑰节,充分放大玫瑰的品牌效应,使保加利亚旅游业每年以11%~17%的增长速度发展。玫瑰种植附加值的增加充分刺激了人们对玫瑰种植的积极性,促使政府、企业、种植园愿意在玫瑰种植方面投入更多的人力、物力,加速种植基地优化,从而夯实了保加利亚优质玫瑰精油的原料基础。

(2) 法国薰衣草基地

薰衣草原产于地中海沿岸,全株香味浓郁而柔和,无毒、无副作用。薰衣草精油对皮肤无刺激,在洗涤、化妆品、食品和医药领域有广泛的应用。薰衣草喜高温,喜阳光耐旱,适宜在海拔600~1000米生长。法国普罗旺斯濒临地中海,夏季温度较高,降水较少,光照长,每年日照达到300天以上,且该地位于山区,海拔高度适宜,为薰衣草的种植提供了有利的气候条件和土壤条件。

为推动薰衣草产业发展,法国政府与保加利亚政府的做法如出一辙,出台了多项与薰衣草有关的补贴、优惠政策,以减轻农户生产、加工薰衣草的压力,提高种植积极性。组建了薰衣草产品研究机构,完成优质资源的收集与品种培育等工作,培育品种达到300多个;加强农户种植技术培训,提高农户在种植过程中的技术主导作用,提升种植户科技素质,实现了薰衣草品种选育和提纯等技术工作基本由农户自己完成,大大提高了种植基地的科技管理水平。同时也将薰衣草种植基地建设与制造业、旅游业融合到一起，促进基地发展良性循环，比如开发薰衣草食用产品（薰衣草蜜、薰衣草香料等）、薰衣草干花制品（花环、插花、香袋、枕芯、玩具、靠垫的填充物等）、薰衣草精油及其衍生品、薰衣草工艺品等，实现了产品附加值的提升[14]。通过景观打造使"普罗旺斯"一词成为薰衣草的代名词，借助普罗旺斯的"薰衣草节"及"薰衣草嘉年华"，吸引着世界各地的客商和游客，也带动了旅游业的发展。

便利的自然条件和一系列政策的促进，使普罗旺斯被誉为"薰衣草的故乡"。现在普罗旺斯是薰衣草品质最佳的产地，法国也是世界上薰衣草种植面积最大的国家之一，种植面积在 6000 公顷（10000 米^2）左右[15]。

4.1.1.2　国内原料基地建设情况

近年来，国内一些省份通过农村产业结构调整，也在不断推进芳香植物规模化种植，积累了一些原料基地建设的经验。

（1）玫瑰基地

国内比较有名的玫瑰有甘肃的苦水玫瑰和山东的平阴玫瑰。甘肃苦水和山东平阴都有玫瑰种植的历史并形成了一定规模。在国家农村产业结构调整政策的指导下，所在地政府都出台积极的政策鼓励玫瑰规模化种植，促进玫瑰种植基地形成，推动玫瑰产业发展。由于多方面的因素，两者的发展情况有诸多不同。

① 苦水玫瑰基地建设　为促进苦水玫瑰产业发展，兰州市各级政府部门，以形成集规模化、产业化、标准化、品牌化为一体的现代农业体系为目标，通过项目支持、地方债券、金融贴息等途径，进行产业扶持培育，壮大一批玫瑰龙头企业和农民专业合作社，鼓励企业大力建设标准化种植基地。

2003 年原国家质检总局批准对"苦水玫瑰"实施原产地域产品保护，2015 年该产品获得农业部（现农业农村部）农产品地理标志认证。为促进农户种植积极性，当地政府出台保障玫瑰种植户利益的政策，2017 年起，市县两级财政为苦水镇 4000 亩玫瑰种植园设立农业保险，如果亩均收入低于 3000 元，保险公司将予以差额赔付。同时出台政策推进苦水玫瑰标准化种植基地建设，2020 年 12 月，甘肃省药监局公布了《甘肃省中藏药材标准 苦水玫瑰花》。

在各项政策的推动下，占有原料优势的苦水玫瑰产业形成规模，综合经济效益在不断提升。据兰州新闻网数据，2016 年，甘肃省永登全县已有玫瑰产业龙头企业 12 家、玫瑰专业合作组织 16 个、玫瑰销售组织 20 个、玫瑰经纪人 120 多人、玫瑰加工厂（点）65 家，年加工能力可达 2 万多吨。来自人民日报的数据显示，2018 年永登县年生产玫瑰精油 600 千克、玫瑰干花蕾 0.3 万吨、玫瑰纯露 1200 吨、玫瑰糖酱 500 吨，开发研制化妆品、饮品、药品、礼品、食品、保健等各类系列产品 180 多个。2020 年，苦水玫瑰入选"甘味"知名农产品目录。截至 2020 年，苦水玫瑰的种植面积达 10.16 万亩，占国际玫瑰种植总面积近三分之一，占全国玫瑰种植面积的 42%，玫瑰精油产量突破 1000 千克。

随着产业的发展，原料规模化种植方面的问题逐渐显现。例如，苦水玫瑰的生产依靠千家万户，技术水平相对较低，销售方面对客商委托收购存在一定依赖性，没有形成完善的规模化生产、现代化加工和一体化经营的格局，整个产业链条处于相对松散的状态，不利于稳定鲜花和花蕾价格、保障花农利益，限制了生产基地的发展规模和质量；科技投入不足，研发力量薄弱，农户种植技术科技含量不高，导致玫瑰品种退化严重、精深加工技术缺乏、产品单一等；玫瑰产业发展与当地相关产业如旅游业结合不够到位，农户没有在玫瑰规模化种植中获取更多利益，种植积极性仍未得到充分发挥。这些问题正成为种植基地优化和产业规模扩大的局限性因素。

② 平阴玫瑰基地建设　为发展平阴玫瑰产业，当地政府投资专项资金重点扶持，将平阴玫瑰列为济南市十大农业特色产业之首。在政策、资金、人才等方面实现全方位保障，大力推行农业标准化基地建设。鼓励和引导企业、种植大户规模化流转农村土地经营权，推动形成集中连片标准化种植区域，大力推行"农户+合作社+龙头企业"的发展模式。引导、带动农民种植玫瑰，宣传和推广标准化种植理念，提高玫瑰种植管理水平。

2019 年 1 月，国家林业和草原局成立的玫瑰工程技术研究中心在平阴县挂牌。2021 年，平阴县"中国平阴玫瑰产业示范园区"入围《第二批国家林业产业示范园区拟定名单》。2021 年底，"平阴玫瑰"入选全国首批地理标志运用促进工程名录。玫瑰栽培品种 50 余个，种植遍布全县 8 个镇街，总面积达 6 万多亩。据日照新闻网数据，2021 年，平阴年产玫瑰花 2 万余吨，约占全国的三分之一；拥有 43 家玫瑰种植专业合作社，40 余家玫瑰生产加工企业，其中国家级林业龙头企业 1 家，省级林业龙头企业 8 家，市级农业重点龙头企业 12 家；产品拓展到医药、化工、食品等多个领域，研发出玫瑰酒、玫瑰酱、玫瑰精油、玫瑰家纺、玫瑰化妆品、玫瑰细胞液、玫瑰超微粉等130多种产品，全产业链综合产值达50亿元，约占全国的60%。

与苦水玫瑰基地建设类似，平阴玫瑰基地建设中也凸显出一些问题，比如受限于发展理念、技术、资金、政策等多方面因素影响，当地玫瑰产业链条仍相对较短、影响力小。随着玫瑰种植面积的扩大，玫瑰的价格出现较大波动，且经常在低位徘徊，鲜花蕾的收购价格有时出现断崖式下跌，挫伤农户种植积极性；科技水平仍然较低，玫瑰品种过于单一，标准化种植技术相对缺位，玫瑰系列产品开发方面还主要集中在干花蕾、玫瑰茶等初级产品，向纵深产品开发升级不够，产品附加值低，同质化竞争明显，产业链、价值链均在低端水平，离国际知名玫瑰产品标准有很大距离；虽出台了产业综合发展政策，但由于配套政策不完善，带动效应未得到充分发挥，例如，虽然开发了玫瑰特色旅游项目，但缺少代表玫瑰产业的观赏园、旅游场所观赏面积小、玫瑰品种老化严重等。

（2）薰衣草基地

新疆伊犁哈萨克自治州位于天山山脉腹地，地理条件非常适宜种植薰衣草，20世纪60年代，伊犁从法国引进了薰衣草原种，经过数十年的精心培育，薰衣草在伊犁河谷形成规模，国内95%的薰衣草产于伊犁地区。农村产业结构调整促成伊犁薰衣草种植朝基地化方向发展，伊犁成为中国最大的薰衣草种植基地。2003年伊犁河谷被命名为"中国薰衣草之乡"，与法国普罗旺斯、日本北海道、俄罗斯高加索地区并列世界四大薰衣草产地。截至2020年，伊犁河谷的薰衣草种植面积约7.4万亩，伊犁州霍城县薰衣草种植面积约5万亩。

回顾伊犁河谷薰衣草种植基地的发展过程会发现，除政策支持外，还有几个明显的特点。一是延长产业链，促进种植基地增量。在薰衣草规模化种植的过程中，当地政府出台政策扶持薰衣草产业链建设，推动薰衣草进入更广阔的市场。伊犁州政府办公厅数据显示，截至2020年，伊犁河谷（包括农垦兵团）有各类薰衣草深加工企业20余家，其中，国家级农业产业化重点龙头企业1家、自治区及兵团级农业产业化重点龙头企业4家、自治州级农业产业化重点龙头企业3家，涉及园林观赏、医疗保健、美容、旅游、居家用品等多个领域。产业链的不断延伸，增加了市场对薰衣草原料的需求，提升了种植户的获利水平，提高了种植积极性，进而扩大了种植面积。二是强化投入、塑造品牌优势，促进种植基地提质。薰衣草产业下游企业为了应对市场竞争，不断塑造品牌优势。伊犁州政府办公厅数据显示，目前，伊犁河谷注册薰衣草商标249件，行业内主要品牌有"伊帕尔汗""解忧公主""紫苏丽人"等，其中"伊帕尔汗"和"解忧公主"获得"中国驰名商标"称号。下游企业的发展对薰衣草原料质量提出更高要求，加工企业加大在品种选育、栽培等方面的科技投入，并通过订单式种植方式与农户合作，统一品种，统一技术，统一收购，进而统一了当地薰衣草种植的标准，提升了品质。三是通过产业带动种植基地优化。以薰衣草为媒介，鼓励和扶持当地发展乡村旅游。通过集餐饮、住宿、娱乐观光为一体的民宿接待点，多渠道增加种植户收入，进而以"大农业"为基础，构建以薰衣草为核心、以精深加工为亮点的"农业+体验+休闲+度假"中高端多元化产品，优化基地种植环境。例如伊犁州霍城县建成国家4A级景区——解忧公主薰衣草园，景区由薰衣草文化博物馆、薰衣草种植及加工3部分内容组成，实现了薰衣草产品宣传、销售与旅游的结合。但近年来，伊犁州薰衣草种苗退化，种植杂乱影响薰衣草品质，与国际标准还存在差距，整个产业呈现出一产优势逐渐削弱，二产拉动能力不足，仅靠三产带动发展的整体趋势。

（3）八角基地

广西是我国八角种植面积和产量第一大省，也是我国八角出口量最大的省区，是著名的"中国八角之乡"，"上林八角"还被评为国家地理标志保护产品。八角原本散布于广西山区丘陵地带，是当地传统的农产品。随着历届政府持续的政策支持，社会认知度不断提高，栽培面积逐年扩大，在规模化种植、优质化种植、良种化种植、机械化加工、产业化引导发展思路引导下，逐步从分散种植过渡到现代化基地生产，发展成为国内著名的八角种植基地。

① 政策扶持，实现八角种植规模化　早在2005年，广西就将八角为主体品种的香料产业列入广西农业优势产业进行扶持发展。2011年又制定《广西特色经济林产业发展规划（2011—2020年）》，继续实施百万亩八角基地建设工程。各产区市县也制定相关产业政策，鼓励发展八角产业。2021年广西八角种植面积约320万亩，占全球总量的80%。在《广西壮族自治区林业草原发展"十四五"规划》中，进一步将八角基地建设列为特色经济林产业培育重点，建设一批高产高效原料林示范基地。

② 强化投入，实现八角品质优质化　2014年，广西壮族自治区科技厅《关于广西农业科技园区建设实施方案（2014—2020年）的通知》要求，加大对

特色农业的科技投入，推动科技成果转化，提升农业生产的科技水平。八角标准化生产技术示范基地建设被列为国家农业科技成果转化项目进行重点推进，一些制约八角产品质量的问题得到较为系统性的解决，如病虫害防治、嫁接、补接、修枝整形、拉枝矮化等。精细管理，降低采果难度等技术的推广也为广西的八角产业发展提供标准化示范样板，广西八角栽培从粗放、劣质向生态、优质方向发展，提高了产品质量，有效推进了广西八角生产的集约化进程。

③ 科学选育，实现八角种植良种化　广西八角种植资源丰富，据统计有17个品系之多。但各种品系的抗病虫能力以及生产的八角质量、产量存在差异。广西壮族自治区充分认识种植资源在八角产业化种植中的重要作用，加大资金投入，重点扶持八角新品种培育和低产林改造技术研发，全面推广高产稳产种植技术。利用丰富的八角种植资源，进行特优品系的选育，推动八角品种培育向高品质无性系方向发展。通过合作社引导培育改良八角种苗，针对性地培育纯正、高产、优质的品种，带动八角低产改造。先后培育了一大批优良八角品种，培育出200多个优良单株和无性系，无性系表现优异。优良的品种极大地提升了广西八角的产量和知名度。广西壮族自治区统计局数据显示，2016—2019年，广西八角产量稳定在14余万吨，2020年有明显增长，达到了17余万吨。

④ 完善产业链，带动八角特色农业发展　广西在推进香料原料林基地建设的同时，积极打造八角相关林产化工产业集群。积极推广采收、烘干、分选等机械化技术与设备应用；引进八角莽草酸等生物制药产品生产企业；开展基础研究和技术攻关，开发一批技术含量高、产品附加值高、功能用途广的新产品，打造研发、加工、营销等一体化林产化工全产业链。此外，积极开拓香料国际化贸易，八角相关香料产品出口至越南、泰国、马来西亚、新加坡等多个东盟国家。2021年9月，广西-文莱香料加工与贸易全球运营中心、中国-文莱生态八角出口生产示范基地等一批香料合作项目开始实施。

4.1.1.3　河南原料基地建设

河南芳香植物资源丰富，种植历史悠久，目前大规模种植的芳香植物主要有大蒜、辣椒、花椒、姜、茶叶、香椿、菊花、牡丹、月季、艾草、留兰香、薄荷、紫苏等。近年来，随着香味料行业的迅速发展与农业科技的日益进步，河南香味料原料基地建设取得了进展，资源保障和利用水平有所提升，产业体系基本建立，企业培育和品牌打造初显成效，形成了具备一定规模和较高品牌价值的原料基地，如花椒种植基地、大蒜种植基地、茶叶种植基地等。然而，与国内其他省份的知名原料种植基地相比，河南原料基地还具有一定的差距，主要表现在以下几个方面：

一是原料基地规模化程度较低。基地建设布局呈零星分布状态，农户处于分散经营的弱势地位，由于组织化程度较低，生产者获取市场信息的能力较差，定价、议价能力薄弱，没有市场主导权。龙头企业少，多数生产经营者处于独立经营状态，没有与龙头企业联合起来取长补短，在提升自身品牌影响力及竞争力方面存在困难。规模化种植示范基地较少，低水平重复建设多，科学有效的种植技术与规范化管理能力不足，导致芳香植物品种单一，产品同质化，质量及数量上均无明显优势，大宗产品受国内外市场波动影响较大。

二是原料基地种植科技水平不高。河南省经济处在全国中段水平，农民受教育程度普遍不高，多数种植基地集中在大别山、伏牛山、太行山等基础设施薄弱、生产要素相对匮乏的偏远地区，生产力水平较低，与新农村建设要求的"发展现代种植业"不相适应，在一定程度上制约了先进技术和设备在种植业中的推广应用。受地域特点、知识水平等因素影响，多数农民更愿意选择祖祖辈辈流传下来的传统种植方式，对新技术的认识与重视程度不足，导致种植科技成果与生产相脱节。此外，原料基地缺乏与香味料产业发展相关的创新平台，高产芳香植物新品种选育、良种引种扩繁技术推广相对滞后，新产品开发乏力，市场影响力较弱。

三是原料基地产业链延伸能力不足。河南香味料产业从种植、收购、加工、科研到营销的产业链衔接还相当不完整，缺乏统一规划、统一布局，严重制约了原料种植基地的发展。例如，原料基地提供大宗芳香植物或初级加工产品，缺乏有效的市场，附加值低且以出口为主；而香味料加工企业与香精生产企业普遍没有自己的原料种植基地，原料主要依靠外购。这就造成很多国产香味料原料低价卖给国外且经过深加工以后，又被返销回国内生产加工企业，导致了香味料产业链中原料种植与加工生产的脱节。

大力发展河南香味料原料基地，必须充分考虑原料供应、产品消费、产品替代、市场变化、行业发展等因素，以科技创新为导向，拓展新思路，引进新技术，尽快使河南的资源优势转化为产品优势。需要重点关注以下几个方向：

第一，集中本地优势资源，选择重点突破领域。立足河南香味料产业发展现状，充分发挥资源优势和区域比较优势，调整产业结构，优化区域布局，重点突破良种选育工作和标准化种植基地建设，走绿色、生态、环保、天然、特色化的发展道路。培植和发展一批"人无我有，人有我早，人早我优，人优我精"的优势原料基地；优化区域内芳香植物种植结构，发展不同类型的专业化生产区、区域性产业带，提高芳香植物商品化、专业化和集约化水平；实施"一地一品"战略，从资源配置的实际出发，集中开发有区域特色的主导产品和支柱产业。

第二，提高科学种植水平，推广绿色生产技术。改变主要依靠扩大种植面积提高总产量的做法，大力推广良种，科学种植，降本增效。加强种质资源开发，重视良种繁育，提高育种水平和良种覆盖率；加大科研力度，提高标准化种植水平，增加地理标志产品、无公害及有机产品品类；注重过程管理，提升科学施肥技术、病虫害综合防控技术水平，规范农药和化肥的使用，推广生物防治手段；加快数字化管理体系建设，利用信息化手段实现灾害性天气、病虫害发生和市场信息的预测预报和预警；提高产品质量，增加产品附加值，提升品牌效应。

第三，推进产业化经营，完善产业链建设。充分发挥区域优势，实现区域互动，推动产业链建设。在已经形成的产业布局的基础上，着力完善产业链、技术链的薄弱环节，加强各区域间、产业链各环节间的互动联系，实现原料种植基地、原料加工基地、深加工基地等全产业链的紧密联系和有机互动。理顺芳香植物合理开发利用与推进香味料原料产业化经营的关系，推动农工贸一体化发展，形成生产、加工、销售各个环节有机结合的利益共同体，促进原料基地向专业化、商业化、现代化转变。

4.1.2 大力开发高品质特色香味料产品

社会经济水平的提高推动消费市场细分，消费需求更加多元化，食品、餐饮业对高品质特色香味料的依赖程度大幅提高，对香味料产品精细化、风味多样化的需求度越来越高。国际香味料行业积极应对需求的变化，不断强化研发力度，依托原料基础，开发高品质香味料产品，逐渐形成一些科学的技术开发途径，如原料精深加工、丰富品类构成、特色风味创制等，实现了产品精细化、品类多元化、风味特色化等，有效应对了市场变化，提升了企业竞争力。这些技术途径对于河南食用香味料产业发展具有现实的借鉴意义。

4.1.2.1　强化精深加工，提升产品附加值

国内外知名香味料企业通过多种精深加工技术，获取高品质特色香味料产品，实现产品附加值的显著提升。天然香料从形态上包含酊剂、浸膏、净油、精油等，其中植物精油是附加值最高的产品形式，在食品、日化、医药等领域应用广泛。全球精油产业贸易市场持续扩大，海外市场上，北美、西欧和日本的香薰精油产品销售总额高达136亿美元左右。我国是拥有芳香植物最多的国家，达1000种以上，其中进行批量生产的天然香料品种已达120余种。如八角茴香油占世界总产量80%，肉桂油占90%。随着人们对天然、绿色、有机、安全产品意识的提高，国内市场对植物精油的年需求量也在持续增加。

玫瑰精油是附加值较高的一种植物精油，高品质的精油产品售价高达4万~5万欧元/千克。保加利亚是全球最大的玫瑰精油生产国与出口国，2014年以来，保加利亚玫瑰精油的年产量在2吨左右，2018年达到2.5吨。我国以山东平阴玫瑰和甘肃苦水玫瑰最为有名，原料种植基地建设带动了当地加工业和文化旅游业的发展，对当地产业结构的优化调整、经济快速发展起到了促进作用，但也存在一定的问题。从产量上看，以玫瑰干花蕾、玫瑰糖酱、玫瑰纯露等低附加值的产品为主；即便是玫瑰浸膏这种生产工艺简单，不需要精细化加工的粗产品，产量也只有300吨；附加值最高的玫瑰精油产量还非常有限。

河南省内也有种植玫瑰的基地，例如郑州捷士化工从保加利亚引种的大马士革玫瑰，种植面积达300亩；南阳也引种了平阴玫瑰。但由于种植面积小，原料受限，玫瑰精油的产量较低，且技术落后，产品质量与国外相比仍有较大差距。除玫瑰外，其他天然香料也存在精加工深度不够的问题。例如，依托新郑大枣的资源优势，河南省内香味料企业通过初加工方式，将大枣原料转变为枣子提取物、枣子浸膏、枣子酊等产品，实现了产品附加值的提升，但几乎没有净油、精油等高附加值产品。部分香味料企业生产的香辛料精油只是简单地去除水分，并未对其风味特征成分进行有效的分离富集。产生这一问题的主要原因在于：首先，缺乏基础研究，对

风味物质基础缺少了解；其次，仪器设备落后，生产设备以溶剂提取罐为主，超临界萃取、分子蒸馏、膜分离等分离设备较少或没有。而低附加值的产品，在市场竞争中缺乏优势，只能以价格比拼，不利于企业品牌形象的树立、市场规模的扩大。

因此，省内香味料企业应加大科研投入，不断吸收新技术，引进新设备，专注于某一领域、某一技术，心无旁骛，成为"高精尖"，提高在某一领域的技术优势，形成企业的核心竞争力。有针对性地对市场进行培育，研究消费者的产品消费偏好，更好地满足消费者需求，形成良好的产品口碑，提高企业的品牌知名度。

4.1.2.2 丰富品类结构，拓展市场空间

国外香味料企业非常重视原料的综合利用，一种原料植物可以得到不同功能的多种产品，实现原料的最大化利用，降低原材料成本，丰富产品结构。国内大多数香味料企业的产品结构单一，应用范围受限，低产量、高消耗的经营模式无形中增加了经营成本，不利于企业的多元化发展。下面以甘草提取物为例，对国内外香味料企业在特色香味料产品开发方面进行对比分析。

甘草提取物是我国中药提取物出口的主要品种之一，同时也是一种重要的食品添加剂，可作为甜味剂、抗氧化剂、抗菌剂、起泡剂和增味剂等，在食品和日化领域应用广泛。美国MAFCO主要生产甘草提取物及其衍生产品，年销售额超过3亿美元，占全球市场份额的70%以上，原料储备超10万吨，客户群遍布全球51个国家和地区，应用于食品、日化、医药等领域。这一成就与MAFCO丰富的产品结构密切相关。例如：MAFCO针对甘草根进行多级萃取分离，得到了甘草粉、甘草霜、甘草流/浸膏、甘草蛋白等一级产品；甘草酸铵、光甘草定、甘草总黄酮、查尔酮等二级产品；对二级产品进行深加工，得到了甘草酸钾、甘草次酸等三级产品；对三级母液膏进行再次分离，得到了甘草甜素等四级产品，最大化地实现了原料的综合利用（图4-1）。这种丰富的产品结构，能为用户提供多样化的选择方案，提高了企业应对风险的能力，也增强了企业的品牌竞争力。

国内也有较多香精香料企业从事甘草制品的产品研发，其中味觉莱恩食品公司是较大的甘草制品制造商，拥有甘草提取物、甘草膏、甘草甜素、甘草黄酮、甘草酸钾盐/铵盐等共计14种产品，在食品、医药、烟草、日化等行

业均有广泛应用。爱普股份有甘草酊、甘草提取物、甘草浸膏、甘草霜和甘草酸铵五种产品，主要应用于食品、烟草和医药领域。

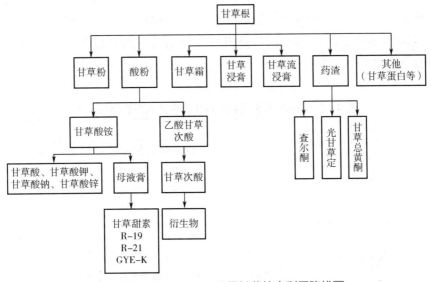

图 4-1 MAFCO 公司甘草综合利用路线图

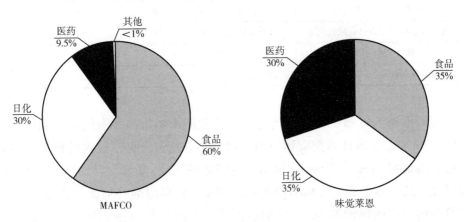

图 4-2 MAFCO 和味觉莱恩甘草制品应用领域分布图

MAFCO 和味觉莱恩的甘草产品体系完备，针对不同的客户群有特色化的产品设计，应用领域广泛，不会过多地依赖某一领域（图4-2）。MAFCO 的甘草产品在食品领域占比 60%，日化 30%，医药 9.5%。味觉莱恩的甘草产品主要应用于食品、日化、医药，占比分别为 35%、35% 和 30%，应用领域均衡，能够分散风险，灵活应对市场变化。

与上述香味料企业相比，河南省内香味料企业的产品种类相对较少，精加工水平明显低于国外及国内知名香料企业。如表4-2所示，部分企业拥有酊剂、净油、浸膏等形态的甘草提取物，部分企业仅有酊剂。单一的产品结构也使其应用领域受限，省内香料公司甘草制品的应用对象多为烟草行业，极少在食品中使用。

表4-2 国内外部分香精香料企业在售甘草制品统计表

公司名称	产品
美国MAFCO	甘草酸二钾、甘草酸铵、甘草酸、甘草亭酸、硬脂醇甘草亭酸酯、光甘草定、光果甘草根提取物、甘草酸一钾、甘草酸三钾、甘草提取物粉、甘草霜、甘草浸膏、甘草甜素、甘草次酸、麦力甜系列产品
味觉莱恩食品公司	甘草提取物（粉）、甘草膏、甘草甜素、甘草黄酮、甘草酸、甘草酸二钾、甘草酸三钾、甘草酸铵、粗品甘草酸二钠、乙酰甘草次酸、甘草次酸、甘草浸膏颗粒、甘草酸二钠
爱普香料集团有限公司	甘草提取物、甘草浸膏、甘草酊、甘草霜、甘草酸铵
郑州郑韩实业有限公司	甘草提取物、甘草油、甘草酊
河南省新郑金叶香料有限公司	甘草提取物、甘草浸膏、甘草酊
郑州捷士化工有限公司	甘草浸膏、甘草酊
郑州雪麦龙食品香料有限公司	甘草酊

相同形态的甘草制品，国内外香料企业的市场报价具有明显差别（见表4-3）。MAFCO的甘草提取物（粉）价格为70元/千克，国内价格最高的为爱普香料集团（350元/千克），河南省内的郑韩实业、新郑金叶价格分别为280元/千克、220元/千克，是MAFCO的3~4倍；甘草酊剂的制备工艺最为简单，爱普香料集团的售价为70元/千克，而雪麦龙的价格高达250元/千克；甘草酸铵在MAFCO、味觉莱恩和爱普的售价分别为1000元/千克、2000元/千克、300~6000元/千克。分析其原因，MAFCO和国内的味觉莱恩甘草产品结构丰富，甘草原料的综合利用率高，原料成本得到有效控制。而河南省内香料企业的加工方式简单，只是简单地醇提，浓缩除去一定量的溶剂后得到浸膏、提取物等，因此原料成本较高，也致使产品出厂定价较高，在市场竞争中处于不利地位。

表 4-3 部分甘草制品在不同香料公司的价格统计表

产品名称	产品价格/（元/千克）					
	MAFCO	味觉莱恩	爱普香料	郑韩实业	新郑金叶	郑州雪麦龙
甘草提取物	70	200	350	280	220	—
甘草浸膏	85	200	400	—	240	—
甘草酊	—	—	70	90	68	250
甘草甜素	80	300	—	—	—	—
甘草酸铵	1000	2000	300～6000	—	—	—

丰富产品结构，通过开发新产品、占领新市场，可以分散风险，促进企业向产品多元化模式转变。产品多元化可有效提高资源的利用率，通过各应用领域相互促进带来发展和效益，产生"1+1>2"的效果；并能迅速对市场投资机会做出反应，规避风险，提高企业生产经营的安全性和灵活性；通过资源整合力量，将外部不确定性内部化，不断扩大市场规模，提高行业竞争力；行业优势形成互补，获得来自多元行业的利润。然而，产品多元化经营必须建立在专一化经营的基础之上，企业首先要攻坚克难，打造拳头产品，获得市场认可，只有在行业内拥有自己的核心竞争力，才能进行业务升级与优化，形成规模经济，实现企业长远发展。

4.1.2.3 创制特色风味，引领市场趋势

种类丰富、品质卓越的香味料产品为特色风味的创制提供优质原料资源基础。随着社会发展和生活水平提高，人们对食品的要求发生了深刻变化，越来越倾向于选择新颖、奇特的味道或是各种风味的融合。越来越多的香味料企业更加重视香氛和风味创造，将市场流行趋势转变为各种美妙的风味，通过独特的风味记忆获得市场认可。家喻户晓的可口可乐、新颖的预调鸡尾酒、风味水饮料、辣条等皆是以特色风味创制为核心技术，赋予产品特定的风格感受，成就品牌形象的。

可口可乐是全球著名的碳酸饮料。目前，可口可乐的主要配料99%以上是糖、碳酸水、焦糖、磷酸、咖啡因等已知成分，其技术核心是香料混合剂——"7X商品"，在可口可乐中占比不到1%，由野豌豆、生姜、含羞草、橘子树叶、桂树和香荚兰皮等的提炼物、过滤物和食用色素等组成。这种香

料混合剂塑造了可口可乐的独特口味。2021年，可口可乐营收386.6亿美元，经营利润为103.1亿美元，同比增长8%。

在国内，预调鸡尾酒、风味水饮料等食品的成功也部分得益于风味的创意设计。上海巴克斯酒业有限公司以水、糖、果汁、酒基（伏特加、威士忌、白兰地、朗姆等）、酸料等调制后充加二氧化碳制成"锐澳"预调鸡尾酒，开发出酒类新品类，丰富的、独特的创意风味特色［包括白桃味、水蜜桃味、橙味、青柠味、西柚味、紫葡萄味、混合水果味（宾治）、蓝玫瑰味等40多种口味］满足了一部分长期被传统酒水市场忽视的消费者的需求。上海酿酒专业协会数据显示，按销量计算，2019年，"锐澳"在鸡尾酒行业市场占有率为84%，占据绝对领先地位。与此类似，风味水饮料"元气森林"的市场也快速增长，产品已覆盖全国超30个省市自治区，出口美国、日本、新加坡等40个国家。2021年，元气森林销售额达75亿元。

卫龙美味是国内大型休闲食品企业之一，主要产品涵盖调味面制品（面筋、辣棒、亲嘴烧）、蔬菜制品（魔芋爽、风味海带）、豆制品（软豆皮）及其他产品（卤蛋、肉制品）等，其中调味面制品，俗称辣条，是其主打产品。传统的辣条口味以咸、辣、麻辣为主，卫龙在传统风味基础上，对辣味风格进行创新，利用甜味剂、鲜味剂、香辛料、食用香精协同作用形成的甜辣独特风格感受，推出了甜辣口味的辣条产品，独特的风味使其迅速成为消费市场同类休闲食品的引领者，市场规模急速扩大。据卫龙上市前招股书的公开数据显示，2018—2020年，卫龙营收分别为27.52亿元、33.85亿元及41.20亿元，净利润分别为4.76亿元、6.58亿元、8.19亿元。根据全球增长咨询公司弗若斯特沙利文（Frost & Sullivan）的报告，2020年，我国辣味休闲食品市场占国内休闲食品份额的20.3%；按零售额计，2020年，卫龙在我国辣味休闲食品市场排名第一，市场份额达5.7%。

与国内外知名香味料企业相比，河南食用香味料企业的风味创制能力不足，缺少高水平风味创制技术人员，香精产品的天然像真度、丰富性和愉悦度都显著低于大型香精公司，市场竞争力不足，难以在高端食品中应用。因此，河南香味料企业必须深入剖析市场消费趋势，加大科研开发投入与人才培养，通过科学技术与艺术的结合创造出独特的风味，加快进入高端市场的步伐。

4.1.3 深入挖掘香味料药用价值

中共中央国务院 2016 年印发的《"健康中国 2030"规划纲要》中指出：推进健康中国建设，是实现人民健康与经济社会协调发展的国家战略。随着我国工业化、城镇化、人口老龄化进程不断加快，居民生活方式、生态环境、食品安全状况等对健康的影响逐步显现。在政策支撑、人口老龄化带来需求、健康意识提升刺激消费等多重利好因素的推动下，我国大健康产业迎来发展。食用香味料在医药健康方面的价值也逐渐受到关注，应用涉及医药产品、保健食品等多个领域。大量的临床前和临床研究结果也证实了部分香料及其活性成分在预防和治疗各种疾病方面的有效作用。深入挖掘香味料资源的药用价值，对于提高资源综合利用、提升产品附加值、延伸产业链具有重要意义。

4.1.3.1 香味料的药用潜在价值

香味料除被广泛地用作食品调味剂外，在药用、保健等方面的巨大潜在价值也正在被发现。研究显示，胡椒、小豆蔻、肉桂、丁香、小茴香、八角、大蒜、姜、洋葱、迷迭香、姜黄、辣椒、孜然、花椒、紫苏等常用香味料均具有显著生物活性，大蒜、姜黄、黑胡椒、薄荷、紫苏等则成为保健品的重要原料[16-19]。

以紫苏为例，紫苏叶、籽中含有多种生物活性物质，紫苏提取物、紫苏籽油、紫苏精油以及紫苏多肽等均具有广泛的生理活性，如表 4-4 所示。我国已经开发出 10 余种含有紫苏成分的药剂，其中"苏子降气丸"以炒紫苏子为君药直接配制而成。紫苏的特有物质紫苏醇，对紫外线照射引起的系列皮肤问题有一定修复作用，还能抑制皮肤癌。我国研究者开发的替莫唑胺-紫苏醇共轭物（TMZ-POH），在多种癌症类型中均显示出强大的抗癌能力。大蒜的抗肿瘤、抗细菌、抗真菌和抗病毒活性等药理作用，已被全球接受。研究显示，大蒜对各种心血管疾病也有明显的活性，还可被用于治疗麻风病和寄生虫病。大蒜素（二烯丙基三硫醚）、二烯丙基二硫醚、S-烯丙基半胱氨酸、蒜氨酸（S-烯丙基别半胱氨酸）是大蒜中的重要活性物质，对多种癌细胞有抑制作用。已有临床研究证实大蒜对多种消化道肿瘤治疗有效。姜黄中主要活性成分为姜黄素类化合物，姜黄素具有抗癌、降血脂、抗炎、利胆、抗氧化等广泛的药理活性，且毒性低。

表 4-4 紫苏生理活性的评估方法及活性成分的来源部位[20]

生理活性	评估方法或模型	提取方法或可能活性成分	来源部位
抗氧化	铁还原氧化能力（FRAP 法）	总多酚	叶
	DPPH˙清除率；脂质过氧化；人脐静脉内皮细胞损伤模型	紫苏叶提取物	叶
	DPPH˙及 ABTS⁺˙清除率；还原能力	迷迭香酸、迷迭香酸-3-O-葡萄糖苷、迷迭香酸甲酯、木犀草素、木犀草素-5-O-葡萄糖苷、咖啡酸	叶、籽
	大鼠大脑皮层神经元损伤模型	木犀草素	籽
	H_2O_2 诱导的 SH-SY5Y 神经细胞氧化损伤模型	α-亚麻酸	籽
	DPPH˙及 ABTS⁺˙清除率；还原能力	紫苏精油	叶、梗、花蕾、籽
	DPPH˙、ABTS⁺˙、O_2^- 及˙OH 清除率；ORAC 试验；脂质过氧化；H_2O_2 诱导的 HepG2 细胞氧化损伤模型	脱脂的紫苏籽蛋白酶解产物	籽
抗过敏	Anti-DNP-IgE 诱导大鼠过敏反应和复合物 48/80 诱导大鼠过敏反应	蒸馏提取物	叶
	卵清蛋白致敏的哮喘小鼠；轻度季节性过敏性结膜炎患者	迷迭香酸	叶
	透明质酸酶抗过敏活性测试	黄酮类物质	叶
抗炎	LPS 诱导的小鼠 RAW264.7 细胞模型；DDS 诱导的小鼠结肠炎模型	紫苏叶提取物	叶
	反流性食管炎 Wistar 大鼠模型	α-亚麻酸	籽
抗菌	鼠伤寒沙门氏菌、肺炎克雷伯菌、大肠埃希菌、金黄色葡萄球菌、枯草芽孢杆菌、八叠球菌、酵母菌、霉菌	乙酸乙酯提取物、正己烷提取物；醇提物、水浸液、水煎液；紫苏水提物；紫苏籽油	梗、叶、籽
	口腔致龋性链球菌、牙龈牙周卟啉单胞菌	木犀草素	籽
	灰绿曲霉；粪肠球菌 R612-Z1	紫苏精油	—
抗肿瘤	人肝癌 HepG2 细胞	紫苏叶提取物	叶
	人白血病 U937 细胞	α-亚麻酸	籽
	人结肠癌 DLD-1 细胞	紫苏异酮	叶、梗、籽

续表

生理活性	评估方法或模型	提取方法或可能活性成分	来源部位
抗肿瘤	肝癌细胞 Huh7 以及 Huh7-HBx，肺癌细胞 A549	紫苏异酮	—
	U251、A549、HCT116、MGC-803 和 HepG2 细胞	紫苏籽粕蛋白酶解产物	籽
抗抑郁	LPS 诱导的类抑郁小鼠模型	紫苏醛	—
	强迫游泳（FS）和 CMS 联合诱导的抑郁症小鼠模型	紫苏醛	叶
	慢性不可预见性刺激（CUMS）诱导抑郁小鼠模型	紫苏精油	叶
抗衰老	紫外线照射的人类皮肤成纤维细胞和 Skh-1 无毛小鼠	紫苏叶提取物	叶
	D-半乳糖致衰老大鼠模型	紫苏籽油	籽
降血糖、降血脂	Caco-2 细胞小肠葡萄糖吸收模型	紫苏叶提取物	叶
	2 型糖尿病患者	苏子油微胶囊	籽
	紫苏油高脂饮食大鼠模型；大鼠高脂血症模型；糖尿病小鼠	紫苏油	籽
抗肥胖	高脂饮食诱导小鼠模型	紫苏叶乙醇提取物	叶
	高脂饲料诱导肥胖小鼠模型	紫苏叶提取物	叶

4.1.3.2 香味料保健产品发展情况

早在 1997 年，国内就有以大蒜素为主要功效成分的保健食品问世。目前，国家市场监督管理总局批准备案的涉及大蒜提取物的保健食品共有 74 个（图 4-3），主要具有调节血脂、增强免疫力、抑制肿瘤的功效。2013 年国内就有以姜黄素为主要功效成分的保健食品问世。目前，国家市场监督管理总局批准备案的涉及姜黄的保健食品共有 32 个，具有增强免疫、降血脂和化学性肝损伤的辅助保护等功能。

河南气候条件兼宜南北方植物生长，芳香植物资源丰富，有药用价值的亦有不少。河南是传统的中药材生产大省，依托省内大量中药材种植基地，省内拥有宛西、羚锐、太龙等知名中药现代化企业。省内以中药为主的功能性食品、食疗产品发展迅速。如好想你股份有限公司、怀山堂生物科技股份有限公司、漯河休闲食疗企业和郑州依莱恩生物科技有限公司等公司均向功能性食品、食疗产品、化妆品和消毒用品转型发展与升级,很好地发挥了河南农业大省优势,实现了农副产品深加工的食疗化和养生化。依托本地优势资源,结合中药发展经验,整合国内外先进技术,积极创新,在香味料药用产品开发和市场拓展方面取得了一定进步。

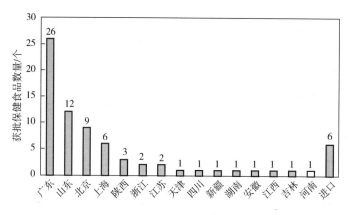

图 4-3 国内批准的各省涉及大蒜提取物的保健食品数量

需要指出的是目前我国从事植物提取的企业超过 2000 家,多数企业规模较小,技术及管理水平较低,生产销售的品种少,行业集中度低。以精油类产品为例,中国精油以功效使用直接出口的量很少,出口以初级原料为主。而日本、西欧从我国大量进口初级原料,利用其技术优势进行加工处理后,再制成药品、高档美容护肤品及保健品出口到世界各地,附加值大大增加。

除了上述技术方面共性问题外,河南药用芳香植物种植还存在以下几个方面的情况:一是部分具有药用价值的芳香植物基地化种植范围不大,如荆芥作为具有河南特色的植物,目前基本以散户种植为主,缺乏大规模的种植基地;二是药品,特别是保健品对于原料的绿色种植技术要求较高,药品和保健品对原料的质量要求更高,因此对于种植过程中的农家肥使用以及加工原料的农药残留等方面相较于一般香味料有更高的要求。因此推动河南药用价值香味料发展,需要在集约化、绿色化、标准化种植方面加大投入。

4.2 河南食用香味料资源高效利用共性技术需求分析

《香精香料行业"十四五"发展规划》指出我国香精香料行业"十三五"期间行业年均复合增长率为3%，提出了"十四五"期间行业年均增长率2%以上的发展目标，这低于同期国内生产总值增长速度，表明国内香精香料行业已经进入转型发展阶段。在这一背景下，紧紧抓住产业转型升级和绿色发展的主线，充分利用供给侧结构性改革的机遇，以技术创新为引领，推动产业结构合理化、产品构成多元化、产品品质优质化发展，是香味料产业现阶段实现转型升级的必然途径。与域外先进地区、企业相比，河南香味料产业规模呈现上游大、下游小的格局，企业实力与国内外先进企业存在较大差距，先进技术、装备应用水平和推广程度有待提升。在河南香味料产业发展现状以及香味料原料高效利用技术途径归纳的基础上，借鉴域外先进地区、企业发展经验，结合河南本地实际情况，对香味料产业链条主要关键技术环节进行梳理。结果表明，河南香味料产业发展过程的共性技术问题主要体现在三大方面，即原料基地建设、产业化加工技术以及风味创制技术方面，这里对相关的需求以及存在的问题进行归纳，以便形成针对性技术对策。

4.2.1 原料基地建设技术需求

当前，河南香味料原料基地建设取得了一定的发展，资源保障和利用水平有所提升。但大宗香味料原料市场供应逐步饱和，香味料产业对原料特色化和品质优质化的要求日渐提高，顺应这一变化带来的需求，香味料原料基地建设重点也将逐步从扩量转变为提质，技术创新与应用在这一过程中将起到关键支撑作用。

河南农业发展处于全国中段水平，香味料原料基地与先进地区相比存在基础农业技术上的差距，从域外香味料原料基地发展的情况看，基地建设正倾向于"全质、高效、高值、绿色"转型发展，提高产量、保证品质是转型发展中必须保证的关键技术指标，这需要优良的品种、标准化的种植技术和先进的质量检测技术予以保障。

4.2.1.1 品种改良技术

种子是农作物品质的基础。在特定的产区内，种子对作物品质的贡献率约占70%～80%，而年际环境和栽培措施的作用仅占20%～30%[21]。因此，对于提高香味料原料质量来说，繁育优质的品种是基础且关键的一环。良种繁育一直是国内外芳香植物研究的一项重要工作，更是原料基地建设中一项带有全局性、超前性、战略性的基础工作。采用选择育种、杂交育种、倍性育种、诱变育种以及基于生物技术的细胞工程育种与分子育种等获得优良品种，可使目的性状在遗传上得到改良，提高作物生长能力、生长速度，增强种子抵御自然灾害和病虫害的能力。

西安植物园自2009年开展鸢尾种质资源调查工作，陆续从浙江、云南以及意大利佛罗伦萨等地引种了一批香料用鸢尾。连续3年进行品种特征、特性观察，引自意大利佛罗伦萨地区的德国鸢尾表现出较强的抗病性、抗逆性，长势良好，且根状茎中鸢尾酮含量较高，符合育种目标。随后进行分株扩繁、开展无性系测定、区域化试验。2016年1月经过陕西省林木品种审定委员会会议审定，正式定名为"德香鸢尾"[22]。

薄荷属植物是异花授粉，可利用不同薄荷属植物的花粉进行人工授粉，产生新的薄荷品种，但该方法获得的品种性状不稳定，体细胞杂交可以克服远源杂交不亲和的障碍。椒样薄荷（主要含薄荷酮、薄荷醇）和留兰香（主要含香芹酮）体细胞杂交技术成功培育出新的薄荷品种[23]，这种薄荷的精油中主要含香芹酮（50%～64%），与留兰香成分基本相同。

中国科学院植物研究所在芳香植物分子育种、杂交育种、辐射育种和组培育种等方面开展了一系列工作，培育出具有中国知识产权的新品种。其中，选育的"京薰1号""京薰2号"和"京薰3号"3个适应性强、优质高产、便于机械化栽培收获的薰衣草国审良种，在新疆伊犁河谷地区大面积种植。从太空辐射品种"太空蓝"的后代中经过实生选育，得到适应夏季高温高湿环境的薰衣草新品种"洛神"，2021年通过农业农村部新品种保护实审[24]。

20世纪50年代以来，我国断断续续进行了花椒良种发掘和培育研究。20世纪80年代初，我国从日本引进了"日本无刺花椒"，试栽于河北、河南等地，后又引入四川、陕西等地。但是"日本无刺花椒"麻香味不足、产量不高、抗寒性弱，一直未能在我国推广栽培。重庆荣昌从1998年开始无刺花椒品种的选育工作，通过品种比较试验、区域试验，历时近20年，从野生竹叶花椒中选育出"荣昌无刺花椒"新品种，花序和果序长、果粒大、结果期早、产量高、抗病虫害能力强，适于大面积推广[25]。贵州省林业科学研究院联合贵州省各地政府2008年起开展了全省花椒种植资源调查、收集和良种选育工作,经过9年的研究,选育了一批丰产、优质、抗性强的贵州本土顶坛花椒良种,于2017年通过贵州省林木良种委员会认定[26]。陕西杨凌采用"嫁接+生物技术改造+优选"改造高产优质有刺花椒,经过定向筛选,培育出了无刺花椒新品种[27]。

以河南的花椒种植基地为例,目前品种主要依靠良种引进,多为川、陕品种,以陕西韩城的"大红袍"为主要栽培品种。此外,部分产区也开展了一些良种培育工作,但总体上仍局限于传统的选择育种这一方式,如安阳的"林州红"和三门峡的"宝香丹"(表4-5)。"林州红"花椒是林州市林业局通过引种"大红袍",利用10年时间选育出的优良花椒品种。该品种树势紧凑、果梗较短、果穗紧密、果色红紫、味道麻辣、高产稳产,2008年通过河南省林木品种审定委员会审定为优良品种。选择育种是一种优中选优的方式,简单易行,适合群众育种。与现代育种技术相比,这种方式不能有目的地创造变异,对品质和抗性的改进提高潜力有限。

表4-5 河南12个地市花椒主要栽培品种统计[3]

地区	主要栽培品种
郑州	大红袍、狮子头、黄盖、六月红
开封	无认定品种
洛阳	大红袍、南强3号、无认定品种
平顶山	大红袍、麻椒、狮子头、无刺花椒等
焦作	大红袍
鹤壁	大红袍、二红袍、小红袍
新乡	大红袍
安阳	大红袍、林州红、枸椒、无刺花椒、六月红、无刺凤椒
三门峡	大红袍、四川麻椒、无刺梅花椒、枸椒、风选一号、狮子头、宝香丹、南强1号
南阳	大红袍
驻马店	大红袍
济源	大红袍

近年来全国花椒产业规模已经趋于饱和,只有提供更低耗、更高产、更优质的花椒品种,花椒基地才能稳步持续发展。河南花椒主产区应在现有基础上提质增效,在良种培育和品类创新方面增加投入,深入研究现代育种技

术，提升育种科技水平，争取在花椒生物育种方面取得突破，提高花椒功能成分含量，拓展花椒多用途价值，促进河南花椒产业持续健康发展。在良种培育方面，河南花椒基地要做好以下工作：①进一步进行本地种质资源发掘、保护和新品种定向培育；②对适合本地种植和发展的外域品种进行引种、驯化和规模化种植；③通过特有品种与优势品种的优化增加产品种类、提高产品品质。

4.2.1.2 标准化种植技术

科学有效的种植方式是香味料原料生产的核心内容，只有提高种植技术水平，才能打造高质量、高产出、高附加值、高性价比和高风险抵御能力的原料品牌。实现栽培技术和田间管理的规范化，对保证芳香植物质量和产量稳定具有重要意义。田间栽培工作主要包括整地、基肥配比、种子处理、播种、移栽等技术内容；田间管理主要包括灌溉、施肥、病虫草害防治等技术工作。这些工作通常技术要求相对较低，长期以来，科技投入较少，农户在实际执行过程中也相对粗放，标准化程度也较低。

近年来，国内优势香味料原料基地都在加大种植过程中的科技投入，推广先进的种植技术和种植模式，通过种植的规模化、专业化、科学化、标准化，提升香味料原料基地的收益和市场竞争力。新疆伊犁形成了薄荷的标准化栽培技术：秋植为主、春植宜早；轮作换茬，精细整地；选好种根，合理密植；重施基肥，氮磷钾配合；去杂保纯，松土除草；适量灌水，适时化控；防病治虫，初花收割；扫尽落叶，适时蒸油。由于薄荷油含量与生育期有关，且受气象因素影响，因此适时收割是获得丰产的一个重要环节[28]。福建福州对三种唇形科香料植物的标准化栽培技术进行了研究，考察了绿薄荷、迷迭香、百里香栽培过程中栽培基质、浇水量、施肥量和光照条件对植物的影响，确定了三种芳香植物的标准化种植条件[29]。福建三明永安通过调节栽培季节、肥水管理、植株调整等栽培措施，形成了黄椒高品质标准化栽培技术，提高了黄椒的辣度和香味物质含量。夏播秋收、种植后期适当控水有利于提高黄椒辣度[30]。重庆九叶青花椒基地结合西南山区土壤、气候条件，研发了花椒树体更新修剪、快速压枝促花、缓控平衡施肥、断枝整体采收、残枝覆盖免耕等关键技术，集成了轻简高效、绿色环保的覆盖免耕标准化种植技术体系，改变了传统花椒的种植模式，实现了九叶青花椒良种良法配套，成倍提高了椒园管理效率和花椒产量[31]。江西生姜基地借助有机肥，利用与其他作物套种、间作、轮作方式增加土壤肥力，改善土壤结构，形成了标准化的施肥方案[32]。

在标准化种植技术的研究实践过程中，各原料基地还形成了生产技术标准和技术规范，对基地建设发展起到了积极的推动和示范作用。云南省地方标准DB53/T 896—2018《烟用香料植物生产技术规程》规定了5种香料植物的种植技术规程：菊苣标准化种植的主要关键点为产地环境、播种方式、种植密度、施肥方式、病虫害防治及适宜采收期；椒样薄荷标准化种植的主要关键点为产地环境、种植密度、施肥方式、病虫害防治及适宜采收期；葫芦巴标准化种植的主要关键点为产地环境、种植密度、施肥方式和病虫害防治；德国洋甘菊标准化种植的主要关键点为产地环境、种植密度、施肥方式和适宜采收期；罗马春黄菊标准化种植的主要关键点为产地环境、种植密度、施肥方式和病虫害防治。四川汉源形成了T/HYXHJA 002—2020《汉源花椒种植技术规范》，规定了汉源花椒种植的环境条件、建园、土肥水管理、整形修剪、病虫害防治、采收等技术内容。海南可可基地研究了修枝整形、施肥管理、保护栽培、病虫害防治等一整套标准化种植技术，形成了地方标准DB46/T 126—2008《可可栽培技术规程》。

河南的原料优势产区也积极开展高质高效标准化生产示范，大面积推广标准化种植技术。开封大蒜基地注重生产过程管理，加强测土配方施肥技术、病虫害综合防控技术等的示范推广，同时加大农机农艺融合技术研究推广，完善了机械化播种和采收技术，提高了生产效率和产品品质[4]。信阳茶叶基地在引进、繁育无性系茶树良种的基础上，通过苗期管理技术、有效灌溉施肥技术、综合修剪采养技术等一系列高产栽培技术的实施，建立了多品种优质高产无性系良种茶园，对周围茶区形成了良好的实验示范影响[33]。罗山花椒基地针对5~6月份易发生大规模花椒病虫害的问题，利用鱼藤、苦参、苦楝、辣椒等植物的杀虫成分，达到了替代化学农药有效防治病虫害的效果[32]。在标准化基地建设的过程中，河南优势产区充分利用当地的自然条件，采用先进的科学技术和管理方法，制定了合理的方案，进一步改善了种植模式，同时形成了一系列的地方标准，使得原料基地的生产逐渐有规可循，有据可依。DB41/T 859—2013《香葱种植技术规程》、DB41/T 1811—2019《蓝莓栽培技术规程》、DB41/T 2049—2020《艾栽培技术规程》、DB41/T 2058—2020《藿香栽培技术规程》、DB41/T 2059—2020《蒲公英栽培技术规程》、DB41/T 2060—2020《小茴香栽培技术规程》、DB41/T 2061—2020《迷迭香栽培技术规程》等一批科学、合理、具有可操作性的技术规程在指导芳香植物标准化种植方面起到了积极作用。

然而与国内较为成熟的原料基地相比较，河南原料基地的种植标准化程度整体上仍处于较低水平。一方面，现有农业从业人员科学技术水平较低，对标准化种植重视程度或积极性不够，农业技术推广服务不到位等问题，导致标准化种植技术普及率和采纳率偏低；另一方面，种植规模小、种植方式分散、生产利润不大、资金紧缺等问题，使得标准化生产设施投入不足，导致标准化、规范化水平提升缓慢。比如，虽然河南大蒜基地的科技支撑能力不断增强，标准化种植技术水平不断提升，但目前仍多以农户家庭种植为主，生产机械化水平低，管理分散，制约了规模化种植；信阳茶区受地理条件的限制较大，经济发展相对滞后，茶农的综合素质有待提高，还不能充分利用先进的科学技术和管理方式，导致现有种植结构和种植模式相对落后；河南部分花椒产区栽培土壤环境不佳，椒农没有进行过系统培训，在农药和化肥的使用中存在使用方法不规范、超量使用等问题，造成了害虫的抗药性以及花椒农药残留超标、土壤肥力破坏等严重后果。

推广标准化种植技术，建立标准化种植基地，是提高产品品质的重要保障。河南原料基地要加大对农村教育的投入，增加农村从业人员的职业培训，提高农村技术、管理方面人员的素质，帮助他们掌握先进的生产技术。更重要的是，要进一步深入研究不同品种芳香植物的播种、施肥、灌溉、病虫防治、采收、初加工等环节的技术，形成标准化种植技术。可从以下几个方面进行研究：①芳香植物种植区域的土壤营养状况分析与评价；②芳香植物种子播前处理方法与优化；③不同施肥种类、时间和数量对产量、质量及有害残留物含量的影响；④芳香植物生长发育的规律和水分需求规律；⑤当地条件下合理灌溉和排水的技术措施和指标；⑥不同田间管理措施对提高品质和产量的作用；⑦主要病虫害、杂草规范化防治措施及安全性；⑧芳香植物适宜采收期的确定。在此基础上，制定芳香植物的标准化种植技术规程，加快标准化种植进程，形成更多、标准化水平更高的原料种植示范基地，促进河南香味料原料种植技术水平和产品质量水平的提高。

4.2.1.3 质量安全监测技术

原料质量安全是香味料质量安全的基础，加强原料质量安全监测是保证香味料质量安全的关键技术途径之一。芳香植物类原料总体上属于农产品，而农产品质量安全是世界各国政府和科学家共同关心的重大问题，也是一个极其复杂的系统工程，借助现代科学技术进行质量安全监测已经是现代农业持续健康发展的必由之路。质量安全监测主要涉及三方面的内容：减少有害残留，科学防治污染，提供预防措施；检测有害成分，作为评价依据，提供监管依据；跟踪追溯过程，快速技术响应，提供信息数据。

欧美国家在农产品质量控制过程研究方面起步较早，从维护消费者利益角度出发，逐步实施了对农产品生产、加工、流通、销售的全过程监管，同时对有关土壤污染影响植物生长及作物产量品质的研究给予特别关注，在此基础上相继制定了危害分析关键控制点（HACCP）安全质量保障体系、ISO 14000 环境管理体系等。日本则主要通过农产品生长环境控制、农产品质量安全管理、农产品认证认定、农产品身份证制度[34]等措施实施农产品全程质量控制。从世界发达国家对农产品的质量安全管理的经验看，尽管各国之间有所差异，但共同的特点是越来越重视对农产品实施"从农田到餐桌"的全过程管理，并且越来越重视产品源头的管理[35]。

为了适应消费市场日益提高的质量安全要求，现代信息技术在国内传统农业中的应用已逐步展开。通过传感器、应用软件以及移动平台对农业生产过程进行控制，实现农业的精准感知、远程控制、灾害预警以及智能化管理与决策，进而有效指导企业（农户）进行精确施肥、科学施药等。例如，病虫害是优质茶叶生产的重要威胁，据统计一般病虫害会导致茶叶减产 10%~20%，而大规模病虫害带来的损失更大。茶园规模扩大，农药限制使用，都加大了茶园病虫害防治的困难性。山东省农科院设计了茶园病虫害智能监测系统，通过摄像头、传感器和气象站的多方位监测，动态显示茶园视频图像和各环境因子的变化情况，从而对病虫害进行预测预警，为优质茶叶的生产提供技术支持[36]。宁夏农林科学院依托地理信息系统（GIS）、遥感（RS）、全球定位系统（GPS）、物联网（TOI）、移动互联网、数据库等现代农业信息技术，研发了宁夏枸杞病虫害网络化监测预警系统。该系统可以利用智能终端传感器采集病虫害数据，并通过 GPS 进行定位，再通过网络将数据传输到服务端，再次进行数据整合分析，对病虫害进行实时动态监测与早期预警，实现枸杞病虫害的"早预防、早发现、早防治"，保证了枸杞的质量[37]。

农药残留，杀虫剂、除草剂、消毒剂滥用，砷、铅等重金属超标直接影响香味料原料的质量安全，从源头上把好质量安全关，建立原料全过程的安全监控，控制污染源的产生，才能从根本上保证香味料的质量安全。HACCP 体系在消除原料污染安全隐患方面具有一定优势[38]。HACCP 的重点在于分析危害可能性，可用于控制芳香植物栽培的各环节，防止质量缺陷的发生，克服传统农业技术的不足。青岛崂山茶区建立了崂山绿茶的 HACCP 操作技术规范体系，对茶叶原料在生产过程中的农残危害性因素进行分析，确定了施用农药为关键控制点，通过实施标准化的农业防治、物理防治、生物防治和化学防治，使崂山绿茶的农残得到了有效控制[39]。

原料产品风险成分、特征成分高效检测是质量评价和产品溯源的重要技术途径之一。在农产品的相关检测中，按照检测对象的不同可以分为产地环境检测和产品检验。按照检验地点的不同，又可将产品检验分为实验室检测和临场快检。现阶段，市场对产品质量和溯源需求的快速响应正进一步提高临场检测在产品质量评价和溯源中的重要性，推动了快速检测技术，特别是快速无损检测技术的快速发展和应用推广，这对于种植过程的质量管控具有重要意义。例如中国农业大学、北京工商大学与西南大学建立了基于近红外光谱的花椒品质检测技术，用于花椒挥发油含量检测，满足了花椒育种与栽培过程中快速无损检测的需要[40]。重庆大学和西南大学建立了基于近红外光谱的花椒麻味物质快速检测方法，弥补了常规色谱分析耗时费工的不足[41]。西南大学建立了基于机器视觉和支持向量机算法的花椒外观品质检测方法，实现了对椒籽率、闭眼率、果皮率和果穗率等外观指标的客观检测[42]。四川理工学院研制出一种快速检测茶叶中铅含量的试纸，有成本低、简单快速、携带方便等优点，适用于茶叶重金属的现场检测[43]。江苏大学建立了 X 射线荧光峰值法测定茶叶中无机元素的方法，适用于茶叶无机元素的快速无损检测[44]。

目前，信息技术、危害分析技术及快速无损检测技术在河南香味料原料基地尚未得到较好的推广和应用。在田间环境和病虫害的监测预报方面主要还是依靠植保人员的田间调查、田间取样等传统方法，虽然真实性和可靠性较高，但耗时、费力，且存在代表性、时效性差和主观性强等弊端，这与目前规模种植的需求不适应。在种植过程中的质量安全评价方面未能面面俱到，主要危害原因和关键控制点欠清晰，质量管理水平提升和效率提升空间有限。在检测技术方面主要采用传统分析技术，快速无损技术普及率有待提高，相应的便携现场检测设备开发和利用程度有待加强。

香味料原料的质量安全是原料基地建设的基础，结合河南香味料基地建设和技术发展现状，加强原料种植过程中的全程质量控制可从以下几个方面着手：①利用信息技术为芳香植物种植提供有效的数据平台，建立农田管理、自然条件、病虫草害发展、产量的信息数据库，为生长差异分析提供决策的依据和方案，实现对种植过程的高效管理；②将 HACCP 技术体系运用到芳香植物的种植过程中，控制种植过程中化学、生物和物理危害，分析确定关键控制点，全面提升种植水平，有效确保质量安全，促进产业可持续发展；③深入开展快速无损检测技术临场检测的应用研究，积极应用适用于本地种植环境的快检技术和快检设备，提高质量安全检测的技术水平。

4.2.2 香味料产品开发新技术需求

市场对风味多元化、品质高端化香味料产品的需求，促使国际香味料企业特别重视产品的精深加工，一些新技术、新方法被逐渐应用到工业化生产中。例如，新兴技术中的超临界萃取技术和亚临界萃取技术等都已经在香辛料、药用植物等提取制备中得到广泛应用；分子蒸馏法在昂贵或稀有精油的制备方面已实现工业化应用；生物技术在天然植物预处理、合成香料的制备等方面也已逐步实现规模化应用，且取得了可喜的研究成果。

依托地方资源优势，河南各地兴起了一批香味料生产加工产业聚集群，消纳一部分香味料原料，实现了产业联动，提高了综合经济效益。但目前在河南香味料加工领域，企业规模偏小，加工制造水平不高，传统优势产品无序扩张、重复建设的现象较为普遍，像超临界萃取和亚临界萃取技术、分子蒸馏技术、生物技术等相对先进的工业化技术在河南香味料企业中的应用还很有限。随着环保监管和供给侧结构性改革推进，来自监管和市场的双重压力将促进行业重新洗牌，一批技术落后、生产力低下的企业将会被淘汰。开发或采用先进的加工技术，引入高水平加工装备，提升香味料产品精细化程度和品质将成为香味料加工企业提升市场竞争力的必然选择。

4.2.2.1 超临界萃取技术

超临界流体萃取技术是以超临界流体代替常规有机溶剂，利用流体在其临界点附近的某一区域内，与待分离混合物质具有异常相平衡行为和传递性能而进行的萃取分离技术。

超临界 CO_2 萃取技术以超临界流体 CO_2 为萃取溶剂，具有操作温度低、效率高、溶剂易分离等特点，在食品、医药、化妆品等领域均有广泛应用。早在 20 世纪 80 年代，美国、日本、德国就将其用于咖啡、啤酒花、烟草、茶叶等的工业化提取[45]。国内也将超临界 CO_2 萃取技术应用于生姜、大蒜、桂皮、八角茴香、胡椒等香辛料植物精油的提取，当归、川芎、枸杞、麦冬、沙棘、丹参等药用植物提取物的制备，以及番茄红素、β-胡萝卜素、小麦胚芽油、维生素 E 等的制备方面。采用这一技术获取的提取物在品质上具有一定优越性，比如产品的溶剂残留少、杂质成分少、风格特征鲜明等。表 4-6 所列是超临界 CO_2 萃取技术在国内外香味料企业的工业化应用情况。

表 4-6 国内外超临界 CO_2 萃取技术工业化应用情况

公司名称	超临界 CO_2 萃取产品	装置规模
Firmenich	植物提取物	
Synthite	植物提取物	
晨光生物科技集团股份有限公司	辣椒红、辣椒油树脂、花椒/藤椒油树脂/精油、黑胡椒精油/树脂、生姜提取物、孜然油	1500L×3（2条）
美晨集团股份有限公司	植物提取物	300L×2、1000L×2
湖南和广生物科技有限公司	生姜、桂皮等香辛料精油/油树脂等系列产品；迷迭香、沙棘果油、鼠尾草酸等抗氧化剂；石榴籽油、小麦胚芽油、燕麦油、蛋黄油等功能油脂；白芷、当归、川芎、苍术等中药用油；丁香蕾油、檀香精油、迷迭香精油等天然香料	100L×3、500L×3、750L×3 超临界 CO_2（逆流）萃取-精馏生产线
山西科林生物技术开发有限公司	沙棘籽油、蛋黄卵磷脂	250L×2
开平健之源保健食品有限公司	胡萝卜籽油、乳香油、川芎油、当归油、肉桂油、姜油、灵芝孢子粉、灵芝孢子油、五味子油、厚朴总酚、石榴籽油、酪蛋白磷酸肽	5L、24L×2、300L×2
芜湖天润生物技术有限公司	酒花浸膏、茶叶油树脂、青蒿素、番茄红素	1500L×3、3500L×3
武汉凯迪精细化工有限公司	天然维生素 E、植物甾醇、八角茴香油、小茴香油、丁香油、生姜油、辣椒油、花椒油、孜然油、肉桂油	
宁夏志诚生物食品有限公司	枸杞籽油、沙棘籽油、葡萄籽油、小麦胚芽油	
北京宝德瑞食品科技有限公司	沙棘籽油、沙棘果油、枸杞油、灵芝孢子油、花椒油、姜油及树脂、当归油、紫苏子油	500L×3

续表

公司名称	超临界 CO_2 萃取产品	装置规模
仲景食品股份有限公司	辣椒、藤椒、花椒等香辛料精油	400L×3
郑州雪麦龙食品香料有限公司	生姜精油/树脂、花椒油树脂、肉桂精油、辣椒精油/油树脂、大蒜精油、黑/白胡椒油树脂/油树脂、小茴香油树脂、八角茴香油、丁香花蕾油、肉豆蔻精油、五香精油、十三香精油、青花椒/藤椒精油	300L×3、600L×3、1500L×3
南阳汇萃植物制品有限公司	孜然精油、花椒精油、青花椒精油、生姜精油、八角茴香精油、肉桂精油、小茴香油树脂	600L×3

与国外、省外香味料企业相比，河南省内香味料企业在相关技术装备的应用方面存在以下几个问题。一是超临界萃取技术的普及度不高。省内300余家香精香料生产企业，将超临界萃取用于工业化生产的仅三家。二是工业化规模小。在生产规模上，芜湖天润生物技术有限公司拥有1500升、3500升两条生产线，是目前国内最大的超临界萃取生产线；除此之外，晨光生物、美晨集团均拥有1000升以上的生产线；而省内超临界萃取设备规模普遍较小，仅雪麦龙拥有一条1000升以上的生产线，仲景食品和南阳汇萃的生产线规模均较小。三是应用范围窄。从应用对象看，国内香味料企业主要将超临界萃取技术用于香辛料精油/油树脂、中药精油/提取物以及丁香花蕾油、檀香精油、迷迭香精油等天然香味料，河南省内三家企业均用于香辛料产品的制备，应用范围窄。四是生产过程仍相对粗放。从工业过程上看，省内的超临界萃取设备大多由三个萃取釜和两个分离釜组成，三个萃取釜之间采用并联方式，萃取方式仍属于单级萃取工艺过程，无法通过压力、温度的改变实现复杂体系中不同成分的定向分离，生产过程仍然相对简单、粗放，产品名称虽然为"精油"，但并未对其有效成分进行分离纯化，与进口高端精油产品相比，市场竞争力有限，产品质量仍然有很大提升空间。

湖南和广生物科技有限公司除单级超临界 CO_2 萃取生产线之外，还有一条容积为750升的超临界 CO_2 萃取-精馏生产线。与单级超临界 CO_2 萃取相比，该工艺适用于复杂体系的分离，精馏塔三段式加热，通过温度/压力的改变，调控馏出物的组成，实现不同组分的分离。例如：该公司生产的生姜系列产品如表4-7所示，各样品中姜辣素的含量差异较大，液体姜辣素中姜辣素含量高达52%，而芳香姜油中无姜辣素，为客户提供了更多选择。河南省内香辛料生产企业，生姜系列产品一般为油溶/水溶生姜精油/树脂，这只是将芳香植物原料在特定的温度、压力条件下进行萃取，得到的混合物除去水分即称为"精油"或"油树脂"，未进行进一步的精细化加工。显然，河南省内企业只实现了萃取的初级形式。而超临界 CO_2 萃取设备的优势在于，通过压力、温度的调节，改变物质在 CO_2 中的溶解性，从而实现在不同组分的梯度分离。由此可见，超临界萃取的技术优势在河南省内并没有得到充分的发挥。

表4-7　湖南和广生物科技有限公司生姜系列产品目录

产品名称	姜辣素含量/%
生姜全效提取液	0.15～0.25
液体姜辣素	48～52
姜油树脂	19～23
姜油	10～15
水溶姜油	3～5
芳香姜油	0

此外，河南省内企业的超临界萃取配套设施建设远落后于国外。馨赛德（Synthite）是超临界 CO_2 萃取的先驱，在配套设施方面，有旋转锥蒸馏塔（SCC）、Centritherm 薄膜技术等。与传统的蒸汽蒸馏塔不同，SCC 在低温下也可高效运行，可用于溶剂中香气回收、风味提取、精油提取。而 Centritherm 蒸发器的热接触时间仅一秒，可有效保护热敏性活性成分，是生产高质量热敏感、黏性或极高价值产品浓缩物的优选技术，馨赛德将其用于果汁、蔬菜浓缩物的制备。这些设备与超临界 CO_2 萃取联用，降低热加工过程中部分成分的热降解，通过对溶剂中低沸点香气成分的回收，实现植物自然风味重现。河南省内企业超临界 CO_2 萃取的配套设备多为分子蒸馏，且仅用于去除水分。

超临界 CO_2 萃取的极性低，对植物中低沸点风味物质的萃取率高，通过压力/温度的变化，实现萃取物与植物原料的分离、萃取物中不同组分的分离，是溶剂萃取法的有效补充。河南省内香味料企业应扩大超临界萃取技术的应用范围，深入挖掘其在复杂体系分离方面的应用，加强配套设施建设，与分子蒸馏、Centritherm 等多种技术联用，提高精加工水平，进一步提升产品附加值。

4.2.2.2 分子蒸馏技术

分子蒸馏技术是一种在高真空度下（0.133～1帕）进行目标组分分离的连续蒸馏过程，是目前分离制备目标产物最为温和的蒸馏方法。分子蒸馏过程中，待分离组分在远低于常压沸点的温度下挥发，各组分在受热情况下停留时间很短，特别适合于分离高沸点、易氧化、热敏性物质。该技术已在国外知名香精香料公司实现工业化应用，如芬美意、馨赛德等已将该技术用于稀有净油的提取或者精油/净油类产品的精制，以达到脱臭、脱色、提高品质的目的，通常所得产品色泽纯正，呈现优雅纯净而强烈的香气，产品品质大幅度提高。

国内在分子蒸馏技术方面也开展较多的研究，很多高校和科研院多配备了实验室级别的分子蒸馏设备，如清华大学、浙江大学、上海交通大学、大连理工大学、东华理工大学、北京理工大学、福州大学、中国农业科学院农产品加工研究所、中国农业科学院油料研究所、上海有机化学研究所等，河南省内的郑州大学、河南省科学院、郑州轻工业大学、中国农业科学院郑州果树研究所、河南省农业科学院棉花与油料作物研究所等。此外，中国石油化工股份有限公司大连石油化工研究院、宁波九胜创新医药科技有限公司、内蒙古伊利实业集团股份有限公司上海研发中心、苏州汉德创宏生化科技有限公司、银谷控股集团银谷玫瑰科技有限公司、南昌朵美生物科技有限公司广州研发中心、浙江新和成股份有限公司、威尔德（北京）香精香料有限公司等企业也拥有不同规模的实验室级设备。分子蒸馏在石油、润滑油精制、维生素E、石蜡以及液晶材料等方面的工业化应用也均已实现。如表4-8所示，香港ASB生物柴油公司RF8000-KD8000生产线，处理量高达15吨/小时；丹尼斯克（中国）有限公司用于单硬脂酸甘油酯的生产，处理量为3吨/小时；江苏和成化学材料有限公司、西安瑞联新材料股份有限公司、渭南高新区海泰新型电子材料有限责任公司等则将其用于液晶及光电单体材料的开发。

表4-8 分子蒸馏工业化应用情况（非香味料领域）

编号	企业名称	处理量	应用对象
1	北京八亿时空液晶科技股份有限公司	15～30L/h	液晶及光电单体
2	陕西蒲城海泰新材料产业有限责任公司	30～50L/h	液晶及光电单体
3	渭南高新区海泰新型电子材料有限责任公司	40～60L/h	液晶及光电单体

续表

编号	企业名称	处理量	应用对象
4	西安瑞联新材料股份有限公司	100~150L/h	液晶及光电单体
5	上海康鹏科技股份有限公司	30~50L/h	液晶及光电单体
6	江苏和成化学材料有限公司	15~30L/h	液晶及光电单体
7	中科院山西煤化所煤转化国家重点实验室	15~30L/h	石蜡
8	中国石油北京石油化工研究院重油加工研究室	15~30L/h	石蜡
9	香港ASB生物柴油公司	约15t/h	生物柴油
10	九三粮油工业集团有限公司	30~60L/h	维生素E
11	中粮天科生物工程（天津）有限公司	约1000L/h	维生素E
12	丹尼斯克（中国）有限公司	约3t/h	单硬脂酸甘油酯
13	浙江金诺康生物科技有限公司	约250L/h	海狗油
14	湖南有色郴州氟化学有限公司	40~60L/h	全氟聚醚

与其他领域的工业化应用相比，分子蒸馏技术在国内香味料领域的工业化应用还未大范围推广，但国内企业已经认识到其在香味料精加工方面的优势，并开始尝试应用。例如，湖南和广生物科技有限公司采用分子蒸馏技术制备高质量的香辛料精油；广西悦香天生物科技有限公司与北海森源林业有限公司共同组建年产量可达6000千克的沉香精油生产线；云南斯莫特生物技术有限公司、云南中烟工业有限责任公司、武汉黄鹤楼香精香料有限公司、云南瑞升烟草技术集团有限公司等将该技术用于烟草精油的工业化生产等。

河南省内香味料研究机构或企业对分子蒸馏也有一定的研究，但工程化、产业化水平还很有限，分子蒸馏在高端产品上的工业化还有待进一步开发。例如，如表4-9所示，河南省农业科学院棉花与油料作物研究所将分子蒸馏用于植物脂肪酸的制备，处理量为30~50升/小时；河南工业大学拥有5~10升/小时的分子蒸馏中试设备；河南省内以超临界萃取为主要技术途径的几大香辛料精油生产企业，均配备了分子蒸馏设备，但主要是作为薄膜蒸发器，以除去超临界萃取物中的水分或其他低沸点溶剂，未能体现其真正的价值。

分子蒸馏技术克服了常规蒸馏技术中蒸馏温度高、时间长的缺点，具有独特的优越性。但同时也有一定的局限性，例如：对原料的黏度有一定的要求；只能用于液体样品的分离，不能用于固体样品的提取等。因此，需要结合超临界萃取、亚临界萃取等提取方法，沉淀分离、液液萃取等初级分离方法，才能实现特定组分的有效分离。

表4-9 国内部分企业分子蒸馏工业化应用情况

编号	企业名称	处理量
1	石家庄利达化学品有限公司	10～20L/h
2	中国海洋大学国家海洋药物工程技术研究中心	10～20L/h
3	广东广业清怡食品科技有限公司	20～60L/h
4	山东天博食品配料有限公司	20～60L/h
5	福克斯食品有限公司	20～60L/h
6	深圳和鲜食品科技有限公司	20～60L/h
7	盘锦和田食品有限公司	20～60L/h
8	浙商大金华食品产业化研究院有限公司	20～60L/h
9	陕西功能食品工程中心有限公司	20～60L/h
10	云南瑞升烟草技术集团有限公司	20～30L/h
11	广西悦香天生物科技有限公司	2～3L/h
12	云南中烟工业有限责任公司	20～30L/h
13	云南斯莫特生物技术有限公司	1～1.5L/h
14	武汉黄鹤楼香精香料有限公司	20～30L/h
15	广东省金叶烟草薄片技术开发有限公司	15～30L/h
16	广州华芳烟用香精有限公司	5～10L/h
17	河南省农业科学院棉花与油料作物研究所	30～50L/h
18	河南工业大学	5～10L/h
19	南阳荟萃植物制品有限公司	GL-M300L 一套
20	郑州雪麦龙食品香料有限公司	20～40L/h

4.2.2.3 生物技术

生物技术因其绿色、健康、环保的优点，受到国内外香味料企业的广泛关注，通过生物技术制备高附加值天然等同香味料一直是香味料企业技术研发的重要方向。国际上，通过生物技术制备天然等同乙偶姻、苯乙醇、香兰素、丁二酮、癸内酯、2,3-丁二醇等均已实现了工业化生产。

采用生物技术进行香味料的生产，条件温和、原料来源广泛且可再生、专一性和选择性强、环境友好，不仅能制备一些化学方法无法合成的新物质，还为可持续发展提供了一种有效的途径。利用生物酶的高度专一性与选择性，通过微生物转化法或酶法可获得手性化合物，能有效克服化学合成法中需要以含手性的原料为反应底物，或是利用价格昂贵的手性催化剂获得手性源，抑或是对消旋体进行手性拆分，合成路线复杂，生产成本高，环境污染严重等问题。例如，市场上销售的γ-癸内酯主要是化学合成的无旋光活性的混合物，如日本 SODA 公司；而微生物发酵法可得到具有旋光活性的化合物，鲁能锁掷孢酵母（*Sporidiobolus ruinenii*）、鲑色锁掷酵母（*Sporidiobolus salmonicolor*）、解脂耶氏酵母（*Yarrowia lipolytica*）、香气掷孢酵母（*Sporobolomyces odorus*）等菌株均能利用蓖麻油、蓖麻油酸或蓖麻油酸甲酯生产γ-癸内酯，采用解脂耶氏酵母 As2.1405 菌株，样品纯度可达 98.3%，对映体过量 93.42%（ee）[46]。天然等同香料的市场价格远高于化学合成法获取的产品，例如，化学合成乙偶姻的市场价格约为 8 万元/吨，而天然等同乙偶姻高达 30 万元/吨；香兰素的价格为 12 美元/千克，而天然等同香兰素价格高达 1000～1500 美元/千克；苯乙醇与天然等同苯乙醇的价格分别为 3.5 美元/千克、1000 美元/千克。

上海爱普香料集团有限公司通过微生物发酵技术制备的天然等同香兰素在国际上具有一定知名度，香兰素最高发酵水平达到 15 克/升，质量转化率为 60%；德国哈尔曼及赖默股份有限公司利用土壤丝菌 DSM9992 菌株将阿魏酸转化为香兰素，产物浓度为 11.5 克/升；法国农业科学院使用丝状真菌黑曲霉和朱红密孔菌，以甜菜、甜菜渣为原料，制备的香兰素浓度达到 0.763 克/升。生物技术制备丁二酮的研究报道较多，但因发酵浓度太低无法工业化生产，市场上也有极少数量的发酵产品，但一般是其他发酵产品的副产物，因而价格昂贵。

河南省内从事合成香料的企业较少，涉及的化合物种类少，且合成方法多为化学合成法，尚无生物合成技术的工业化应用。河南省内合成香料落后的原因有几个方面。一是受仪器设备的限制，化学合成法多涉及高温、高压、强氧化剂、无水无氧等较为苛刻的实验条件，对设备的要求比较高，投资大。二是受环保因素的制约，化学合成法产生的"三废"问题较为严重，随着各地对环保要求的提高，无法达到环保要求的企业也随之消亡。开发和采用绿色技术，从源头上消除或减轻污染，节省资源和能源，是合成香料未来的发展趋势。与化学合成法相比，生物技术具有反应条件温和、选择性好、副产物少、环境友好等优点。在绿色环保、可持续发展战略的指引下，发展生物技术、实现绿色转型是香味料企业的重要技术途径。

4.2.3 风味创制关键技术需求

消费者对"吃得愉悦"的不断追求，要求人们持续解码传统食品风味，塑造潮流新奇风味。这需要借助先进的技术表征风味的构成特征、解析风味的形成机理、阐明风味的演变规律，揭示风味形成的深层次生物学原因，进而推动新的风味创制理念逐渐融入风味创制的过程中，提升风味创制的能力，逐步摆脱经验型、试错型的传统风味创制模式，促进风味的持续创新。

4.2.3.1 风味基础理论

人们对风味享受的追求，推动了风味理论的进步，使人们对风味的认知逐渐加深。2008年，ISO将风味（flavor）定义为"品尝某一物质过程中，由感知到的嗅觉、味觉和化学感觉综合而形成的一种复杂的感知。这种感知还受到其他因素包括触觉、温度、疼痛等的影响。"这涵盖了风味的物质构成与传递、风味与人体感官以及附属器官和组织的相互作用（例如受体、离子通道等）、风味产生的刺激在人体内的转化与传导，以及由于风味物质刺激产生的信号传递到大脑之后脑区对信号的响应与识别。因此，风味研究涉及物理化学层面的化学物质的构成与传递，分子生物学层面的物质与受体、通道相互的作用，神经生物学层面的化学刺激产生信号在人体转化、传递，脑科学层面的神经信号的响应与识别，以及心理物理学层面的影响与调控。得益于现代科技优势，国外风味研究人员较早介入风味相关的基础研究，在探索风味解析的技术手段、研究食品主要风味成分与调控、阐述风味物质相互作用机理机制、解析风味形成的生物学机制等方面进行了有益探索，提升了人们对风味的科学认知水平，推动了现代风味科学的发展。国内相关的研究总体滞后，基于新型风味理论的研究刚刚起步；河南尚缺乏有影响的专业团队，也未产生过有影响的技术成果。

而现代科学对风味的认知是从风味化学解析开始的，在这个过程中，大量的风味物质被识别并被尝试应用于风味创制。但一直以来，风味的化学解析主要是建立在以数学模型为纽带连接化学分析和感官评价的方法之上，直到2011年，德国食品化学家T. Hofmann首次提出了感官组学（sensomics）的概念，在这一概念下，风味的化学解析包括以下5个步骤：①感官活性为指导发现关键的风味成分，②对关键风味成分进行含量测定，③通过风味重组和缺失实验确定风味成分，④获得风味成分的名单，⑤重现风味。感官组学方法是一种从分子水平上解析风味化学构成特征的新思路，为阐明化学物质与风味特征之间的直接联系搭建了桥梁，是近10年来风味化学构成研究所采用的重要技术途径。这一分析理念在风味解析方面展现出来的优势一经报道即引起国内风味研究人员的关注，迅速被用于传统食品（如白酒）风味构成特征解析研究中，促进了新风味物质的发现，有效推动了很多传统风味的解码，提升了国内研究人员对传统风味食品风味构成的认知水平。

某一体系呈现的风味特征并非体系中风味物质的简单加和。1998年，Baker等[47]在测试水溶液气味的响应参数时，最早将这一现象定义为协同-拮抗作用。长期以来，风味研究人员尤其是从事风味创制的人员，凭借经验的积累去理解和把握这种相互作用对风味呈现造成的影响，并在实际中合理应用。21世纪初嗅觉受体基因超家族被发现，提出了分子振动理论和识别理论，这才为风味物质相互作用的分子机制和作用途径提供了初步的科学解释。但是不同类型风味物质之间相互作用的关系以及相互作用的规律仍未得到充分的认知。有限的研究总体上还主要是针对特定的体系，或者停留在宏观层面上。如Afzal等[48]发现切达奶酪中的三种支链醛（3-甲基丁醛、2-甲基丁醛和2-甲基丙醛）同时存在时能赋予奶酪强烈的坚果风味，Cameleyre团队[49]发现在含有3-甲基丁醇或丁醇的稀释酒精溶液中添加高级醇会使嗅觉阈值提高，Lee等[50]在研究中发现庚醛和（E,Z）-3,5-辛二烯-2-酮相互发生协同作用等；研究的方法也主要是阈值法、S形曲线法、风味活性值法和σ-τ图强度法等[51-53]宏观方法。从文献的数据看，相关的研究还比较分散，规律性的机制还未被发现，从分子层面的解释还存在困难。因此，这种停留在理论层面的解释虽然使得风味创制人员能更加深入地理解风味相互作用，并提示新从事风味创制的人员注意并利用风味物质的相互作用，但在实际的风味创制过程中，仍需借助经验进行运用。

实际上，某一体系的风味特征除了受风味物质之间相互作用的影响外，还受由其他物质构成的基质以及外界环境的影响，如体系中的蛋白质、糖类、脂类等。基质与风味物质的相互作用会导致风味物质表现出不同的物理化学特征，如相分配系数或迁移速率改变，从而影响风味物质的释放特征，并最终导致体系风味特征变化。为了充分理解风味形成的物理化学机制，以便实现有效的调控，近年来对风味释放的研究越来越受到重视，在功能强大的在线分析技术的推动下，风味释放的研究变得越来越活跃，实验也变得越来越复杂。但相关的研究结果并不一致，在很多方面尚未达成共识，如体系黏度对体系风味释放的影响。为了寻求对释放研究结果的更为合理的解释，研究人员将传质理论引入研究过程，通过构建数学模型，寻找其中的相关性，最终将这种不均性带来的影响归结为基于非比例关系的三个方面：①分配系数与总体传质系数；②分配系数与消耗和饱和的时间尺度；③分配系数与顶空香气浓度的峰值。围绕这些参数，研究人员建立了很多经验性的数学模型，并开始尝试用这些模型描述和研究许多相关情况，但这些研究的结果仍然不能有效地解释风味释放过程，对实际应用的指导意义仍有待进一步提高。

无论一个体系的化学构成如何，风味物质都必须通过与生物体感觉器官尤其是味觉、嗅觉等的作用引发化学感官效应，从而使生物体识别出这一体系的风味特征。对于生物体而言，它对风味物质的感知、风味信号在体内转化与传导以及脑区的响应与识别在一定程度上是固定，甚至是程序化的。对于一个生物类群而言，也是如此，比如人类，即便个体之间存在很大的差别，但在统计学意义上，人类本身的感知也是近似不变的，即使它在不停地进化。这就意味着，一旦阐明了风味物质与人体的相互作用过程、相互作用的信号转化与传导过程以及脑区的响应与识别等体内生物学机制，将大幅提高人们对化学感官效应及品质的深层认知及调控能力，推动人们对风味认知的跨越式提升。从风味创制的角度，这将帮助风味创制人员有效把握消费者风味需求，开发工程化风味创制技术，创制高品质风味产品。然而，风味形成的生物机制是复杂的，风味物质所引发的嗅觉、味觉、化学感觉等化学感官效应背后蕴藏着的复杂科学机制尚不清楚，风味信息与相关认知决策行为的神经生物学机制还有待进一步揭示。

4.2.3.2 风味重构技术

经济发展、人口流动等因素正促使传统的地方风味食品从原产地逐渐向外扩散，并呈工业化趋势，这种趋势加速了传统饮食向规范化、标准化方向的发展。

为了适应传统饮食标准化发展的需求，有研究人员对传统风味配方进行简单整理，寻求可以规范化的途径，但由于缺少更为科学的归纳，实际应用中仍然千差万别。国外研究人员依托在线食谱和风味成分，在食材搭配方面进行了探索，也希望能够固化传统风味特征。如 Ahn 等[54]基于 56489 份世界各地的食谱、381 种食材及其对应的 1021 种风味成分，提出了食物搭配假说

（food-pairing hypothesis）。该假说以食材间共有风味成分为基础，采用图形模型，构建了食物搭配的风味网络。食物搭配假说对于北美、西欧传统食品以及牛奶、黄油、香草等共有成分较多的食材搭配关系上能给予一定的合理解释，对于相关风味的重现具有一定指导意义，但对共有成分较少的东亚主要食材，如葱、姜、芝麻等无法给予合理的解释。同时，中式食品烹饪过程复杂，厨师烹制技艺的差异也导致同样的食品在不同的地域、不同的餐馆，风味差异明显。

为了满足发展的需要，以川菜为代表的地方菜肴通过对香味料的系统整合，逐步实现了从菜肴风味到香味料风味的转变，一定程度上重现了川菜鲜辣的主体风味，弥补厨师炒制不规范、味道不统一等缺点。川菜的发展实践表明，开发能充分体现传统菜肴或食品风味特征的香味料产品是传统食品规范化、标准化、工业化生产的关键之一，这要求人们必须在深度解析传统风味构成的基础上实现对传统风味重构，这种需求迅速推动了传统食品风味研究的热潮，加速了传统风味的解码。

2014 年，德国食品化学家 T. Hofmann 团队[55]系统分析了 1980—2013 年间 5642 篇含有"odor analysis"和"flavor analysis"术语的食品领域研究文献，从中筛选出 119 篇对样本关键气味成分整体构成进行了严格定性定量分析和感官贡献评判的报道。这些研究涵盖了包括各类酒精饮料、肉制品、鱼和海鲜、谷类和烘焙品、乳制品、脂肪和油籽、果蔬、蘑菇、香料、可可和巧克力、咖啡、茶、酱油、香醋、蜂蜜等在内的 227 类不同食品样本，T. Hofmann 团队使用各气味成分的含量与阈值之比定义该成分的风味活性值（OAV），以在 227 个食品样本内至少有一个样本中的 OAV≥1 为标准定义食品关键性风味成分（KFO），共筛选出 226 个 KFO。在这 119 篇研究报道中，有 81 项研究通过使用 KFO 进行香气重组获得了与对应食品样本高度相似的气味特征，说明这些经过定性验证、定量测定和感官评价的 KFO 成分集合代表性地反映了大多数食品气味特征的关键性化学基础。这些结果使国内的研究人员意识到借助关键风味成分重现特征风味的价值，迅速成为国内研究的热点，一些科研单位尤其是河南省外的高校也逐渐形成了从事风味解码研究的专业团队，如江南大学、北京工商大学、中国农业大学、南昌大学，很多国内传统风味食品、地方特色风味食品风味被解码，并尝试重构。

风味重构一直是解析风味构成、提升风味品质、重现天然风味的重要技术途径。但风味的形成是一个复杂的物理化学过程。正如前文所述，风味物质与风味物质之间、风味物质与风味载体之间存在复杂的相互作用。因此，风味的重构并不是香原料的简单组合，而是不同风味成分之间复杂相互作用的结果，是一种将不同香原料协调搭配后能够将不同维度的风味特征进行重现的过程。这不仅需要有效掌握风味构成的化学物质基础，还要有效地掌握风味物质之间的相互作用、影响风味物质释放的因素和调控手段。

但现阶段国内风味相关的研究总体滞后，基于新型风味理论的研究刚刚起步，传统风味的解码方兴未艾，对风味相互作用、风味释放等的理解还非常有限。这致使风味解析与重构技术的发展相对滞后，品质稳定的高端香味料产品的开发不足，难以满足现阶段食品产业发展的需求。这要求研究人员必须持续推动风味基础理论研究，有效开展风味解码，将错综复杂的风味物质进行整理归类，从种类繁多的风味食品及原料中抽丝剥茧，形成数据充足、清晰明了的风味物质数据库，加速实现风味重构技术的跨越式发展，开发重现天然风味的高品质香味料产品，满足传统风味食品规范化、标准化、规模化、工业化发展需求，有效实现饮食文化的去区域化发展，这有助于将河南特色的饮食文化推向全国，走向世界一流市场，打造中国特色、河南特色的"豫香"特色品牌。

4.2.3.3 风味创制技术

在经济全球化浪潮的影响下，我国消费者的消费观念正坚定地朝着远离原先略显保守的方向发展，无论是结合了西式风味的食物还是传统饮食，消费者都在以更加开放的心态尝试甚至接受。除了关注营养健康，消费者越发注重饮食风味带来的感官享受。消费者对食品"吃得愉悦"的追求，使得食品企业的创新越发重视新颖愉悦的风味和品质高端化，进而要求香味料行业能够创制出风格更为新奇、时尚的香味料产品，重塑食品价值。这对风味创制以及创制技术人员提出更高的要求。

自从风味创制以调香的名义作为一个学科开始，风味创制人员就从未停止对不同风味之间相互影响的基础规律的探索，提出了一系列指导风味创制的学说。如杰里克（Jellinek）根据人们对气息效应的心理反应，将香气分为具有动情效应的碱气、抗动情效应的酸气以及具有麻醉性效应的甜气、兴奋性效应的苦气四类，上述四类香气中的两对呈对立关系（图4-4）。在此基础上，对四类香气之间的过渡气息进行了阐述。1959年，我国调香师叶心农将香气分为8个花香香韵（4个正韵、4个双韵）和12个非花香香韵，并分别构建了花香香韵和非花香香韵辅成关系。林翔云在杰里克、叶心农工作基础上，结合实践经验，提出了自然界气味关系图[56]。该关系图在二维空间布局自然气味，力图实现"对角补缺、临近补强"的目的，即为了加强某种香气，在图中该香气所在位置附近寻找"加强物"；为了消除某种异味，在该香气所在位置的对角寻找将其掩盖的香料。上述学说力图在最大范围内通过二维图形构筑自然界气味的辅成环渡关系，这些关于风味创制的理论学说均是基于风味创制经验，对于宏观理解风味关系和把握风味创制主要方向有重要指导价值。但风味感知的过程是一个复杂的物理化学过程，这些经验性的理论在实际中存在较大限制。

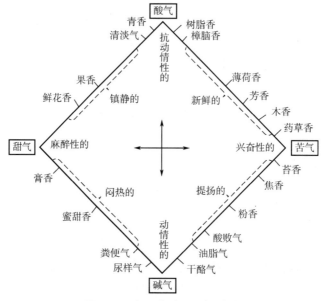

图 4-4　杰里克（Jellinek）分类法

一方面，风味之间并非简单的线性量化关系，风味之间组合仅用二维关系难以充分表征；上述风味之间关系的建立主要基于对实践经验的总结，未建立起科学的研究方法进行有效的表述。这就要求在实际应用中，针对某一特定对象与领域，构建更为贴合实际应用场景的风味关系。例如，SCAA 依据咖啡风味特点，结合实际经验，制定了咖啡风味轮，并与 WCR 合作进行修订。风味轮中的风味特性一般采用日常生活中见到的物品进行描述，便于使用者理解与掌握，WCR 编写的《咖啡感官词典》明确了风味轮中的每种风味的定义与资料来源，二者可以良好搭配使用。这种基于实际应用场景的风味轮实现了对产品风味轮廓细化的定量描述，为产品风味精准定位提供了依据，便于产品风味特征的定向调控，具有典型的个性化特征，但对于新奇风味创制本身并没有特别大的指导意义。

另一方面，基于经验风味理论形成的风味创制技术主要以经验的形式存在，以师父带徒弟的方式传递和积累，很大程度上束缚了风味创制人员技术水平的提升，拉长了高品质风味创制的周期，抑制了风味创制的效率。然而，现代都市对高品质快节奏生活方式的追求加速了风味饮食的高频涌动，异彩纷呈的高品质风味要求高效的风味创制技术，基于经验的风味创制和这种需求存在较大差距。国外研究机构和香味料企业尝试将人工智能融入风味创制过程中，开发基于人工智能的风味创制技术。例如，2018年德之馨与IBM合作开发基于人工智能驱动的风味创造系统，利用机器学习功能，生成新的风味配方。2020年，美国国际香精香料公司与ScenTronix Inc.合作，研发人工智能系统Algorithic Perfumery用于风味创制。2021年，奇华顿出于开发风味智能创制系统的需要，收购了法国科技公司Myrissi，只为得到Myrissi创建的由超过25000份消费测试结果组成的"气-色映射"数据库。人工智能辅助研究人员进行风味创制，可以缩短风味创制的周期，推动了风味创制技术朝数字化方向发展，这种数字化的风味创制技术需要实现风味表征的数据化、风味原料的标准化、风味相互作用的规律化、风味调控的模式化、风味演变的模型化，要求研究人员必须对经验风味理论进行数据化表述。

风味的创制并不是简单地将各种化学或者物理材料混合到一起的各种香味的大杂烩，如同一幅画并不是各种颜色的大杂烩一样。尽管有大量理论研究的支持，但对于风味，至今人们仍难以用化学的解释和科学的分类进行清晰的界定，也不能用一个数学方程式准确地描述它的化学和物理属性。风味创制一直被认为是一种获得感官享受的科学和艺术结合的过程，如同绘画或作曲一样。即便是在人工智能充分辅助的情况下，风味创制人员的技艺水平仍至关重要。如同画家对红黄蓝三原色以及作曲家对音符的心灵融汇，风味创制人员需要对风味的基本单元融会贯通，但事实上，对于风味的基本单元还没有得到有效的科学解释，风味创制人员仅能靠自己对一些规律的理解，不断试错。风味创制也被认为是一门极富创造性与想象力的艺术，要求风味创制人员具有一定的艺术修养，具有广泛的创造想象力和特殊的感官记忆力，而这通常需要日积月累的训练，就像钢琴家从不间断地练习各种音阶一样。同时，风味创制是香味料开发的技术核心，在香味料产业链条中也居于核心枢纽地位。既要对上游香味料原料提出形态、风味、质量等要求，又要顺应下游满足消费者或食品加工企业的特定需求。在这一背景下，培养优秀的风味创制技术人员成为开发高品质香味料产品的关键所在。

但无论是风味创制基础理论，还是创制技术方面，国内都刚刚起步，河南尚没有相关的研究深入开展，甚至基于经验的风味创制技术也很欠缺，多数香味料企业没有自己的风味创制技术人员，工业化食品必需的关键风味还主要依赖省外企业甚至国外企业，香味料产品风味特色的塑造还主要依靠传统经验甚至传承的配方，一些虽已成为驰名品牌，但仍只能处于大众市场。如河南省王守义十三香调味品集团有限公司通过对传统配方优化改进，研制出由八角茴香、小茴香、花椒、高良姜、橘皮、黑胡椒、肉豆蔻、肉桂、干姜、山楂、甘草、砂仁、丁香、白芷等香味料复合而成的固态香味料，这些产品适用于菜品的烹调和腌制，馅类、面类及风味小吃调制等场景。2021年，逍遥镇胡辣汤制作技艺作为一种小吃制作技艺，被列入第五批国家级非物质文化遗产代表性项目名录。郑州方中山食品有限公司以胡辣汤配方为基础，研制出"方中山"牌方便型胡辣汤全味粉包；河南省周口市西华县逍遥镇先后研制开发出方便水冲式胡辣汤、胡辣汤全味粉等八大系列46个品种的汤料。这些香味料试图还原胡辣汤的风味，事实上在风味特征上仍有很大区别，市场有限。

4.2.4 绿色生产的技术需求

绿色发展是我国的基本国策，更是实现香味料产业可持续发展的必由之路。国内外知名香料企业积极创新绿色低碳技术，打造智能化、清洁化的绿色工厂，促进产业群零碳排放和绿色转型，提升了产品的内在品质，也显著提高了产品的附加值。相较之下，河南食用香味料企业多处于产业链前端和价值链低端，存在资源利用水平相对不高、生产方式相对粗放、科技投入相对不足、环境保护意识相对薄弱等问题，这些已成为企业可持续发展的重要制约因素。为促进河南食用香味料产业的长足发展，必须践行绿色发展理念，从原料种植、加工生产、尾端排放等环节打造出绿色低碳产业链，不断提升产品的附加值和竞争力。

4.2.4.1 绿色种植技术

有绿色种植才有金色收获。河南作为农业大省，农业种植技术的创新和发展对于经济社会的发展具有重要的作用，而绿色种植技术的推广和应用，在提升农产品质量和资源利用效率等方面发挥着重要的作用。绿色种植技术并不仅仅是生产高质量的农产品，其本质上是一种环保高效的可持续发展的种植方式。

与发达国家相比，我国农业生产的环保意识仍较淡薄，农药使用不当、农残超标、微生物超标是我国香味料在国际市场上受挫的主要原因。近年来，国内香料领域对绿色种植的重视程度越来越高，香原料大省云南省于2021年12月颁布了团体标准 T/YNBX 038—2022《云南天然香料绿色种植规程》，该标准的技术内容包括种植区选取、栽培、田间管理及病虫害防治，对不同生长时期施肥方法、主要病虫害的药剂防治方法以及生产中禁用的化学农药进行了规定，规范了香原料种植的每个具体环节。

作为香原料的出口大省，河南一直面临着极为苛刻的绿色贸易壁垒。例如，茶叶病虫害的威胁是一个比较突出的问题，严重影响茶叶优质高产，需要进行防治。而茶园过量和不合理施用化学农药防治病虫，会造成环境污染、生态恶化和茶叶农药残留增加，严重影响了河南省茶叶的出口。河南省农业厅（现河南省农业农村厅）2018年颁布了地方性标准 DB41/T 1694—2018《茶园化学农药减施技术规范》，将植物检疫、农业防控、物理防控、生物防控、生态调控、诱导免疫等措施应用于茶叶病虫害防控，以替代化学防控措施，减少化学农药使用量。在茶叶生产过程中，减少化学农药用量，改善茶园生态环境，对保障茶叶高质高效生产，实现茶产业绿色可持续发展具有重要的意义。

农药和化肥的使用不规范、杀虫剂与杀菌剂超量使用是目前河南芳香植物种植中最普遍的问题，造成了害虫的抗药性以及产品农药残留超标、土壤肥力破坏等严重后果，这些问题极大地制约了芳香植物产量与品质的提升。通过推广绿色种植技术，减少农药化肥的使用量，不仅能够提升芳香植物的质量及其市场竞争力，同时实现资源节约、环境保护与可持续发展。

4.2.4.2 绿色加工技术

提升安全生产水平、减小环境影响程度是香味料企业持续发展的基础。20世纪90年代提出的"绿色化学"概念提供了方法与工具，节约能源、淘汰有害原材料、在生产排放之前减降废物是绿色化学的宗旨。随着香味料行业的迅速发展，人们对于香味料产品的质量安全与生产过程的绿色环保有了更高的要求。开发和采用绿色技术，从源头上消除或减轻污染，节省资源和能源，生产环境友好的产品将成为香味料工业发展的主要趋势。

以香兰素为例，作为全球产量最大的合成香料（年产量可达 2.0 万吨，其中我国约占 80%以上），提高其绿色生产水平具有重要意义。国内外生产合成香兰素的主要工艺为亚硝基法与乙醛酸法两种。亚硝基法是香兰素生产的传统工艺，但是该法的产品质量不稳定，收率低，采用剧毒的对硝基-N,N-二甲基苯胺作氧化剂，生产过程三废严重，且生产成本高。乙醛酸法在产品收率、生产成本与三废等方面均优于亚硝基法。21 世纪初，国内生产企业逐步转向国际上主流的愈创木酚-乙醛酸法路线。该方法的最大优点是反应温和，收率较高，催化剂（氧化剂）可再生，废水可生化降解。生产工艺过程会伴随大量氧化亚铜生成，利用沉降离心机、碟片离心机和精密过滤机组合的多级分离方法，可以回收反应过程中的氧化铜与氧化亚铜颗粒，降低香兰素的生产成本，降低污染。利用该方法，嘉兴市中华化工有限责任公司建成了全球规模较大、技术较先进的年产 1 万吨香兰素的生产车间，累计生产 11 年，生产香兰素 10 万吨，实现销售 120 亿，产品纯度达到 99.9%，全球市场占有率达到 60%。相关技术先后在山东得邦等五家企业得到推广应用，该技术获得 2010 年中国轻工总会科学技术进步奖，2013 年中国专利优秀发明奖[57]。

由于基础研究薄弱、技术创新不足，国内有相当一部分的大宗合成香料的生产仍使用生产效率较低的传统制备工艺，在资源利用、能源消耗、环境污染及产品质量等方面存在不足。据相关调查统计，历史上有很长一段时间我国的香味料出口受到限制，原因是有害物质超标，这些主要是由化学生产工艺存在缺陷导致的。河南香味料产业要实现可持续发展，必须加强对原有大宗香味料产品生产工艺的研究，以绿色环保生产工艺取代现有传统生产工艺，实现高效率、高质量、低能耗和对环境的保护。

4.2.4.3 绿色排放技术

香味料生产过程尾端产生的大气、水和固体等污染物造成了环境污染，随着我国香味料工业的发展，环境保护与治理技术正同步发展。2000 年前，只有少数规模较大的企业开始注重生产废水的末端治理，多数企业还处于生产废水随意排放的状态。随着全社会环境保护意识的提升和技术进步，香味料生产企业应用先进的技术设备，逐步加强尾端污染物排放控制，产生了良好的社会效益。

芬美意香料（张家港）有限公司按照最高的环保标准和环保技术，实现了零填埋废弃物，所有液体排放物经净化之后回收，工艺废气、中转站废气、废水处理站废气经收集后通过滤尘装置、水浴洗涤器、浓缩转轮、蓄热式热氧化系统等设施进行处理后排放，实验室废气经过一套活性炭吸附装置处理后排放。新和成股份采用多级厌氧、耗氧生物处理技术、气浮净化技术对废水进行处理，并开发了中水回用零排放技术减少废水排放；引进德国杜尔蓄热式热氧化系统、加拿大低温等离子、RCO 燃烧装置、萃取吸附等技术处理固体废弃物；并对无组织废气进行全面收集，实现废气处置减量化、资源化、无害化。爱普香料拥有专业的污水处理系统和污泥压滤装置，设有生产污水、初期雨水、事故应急等废水收集系统，做到雨污分流；采用加拿大低温等离子废气处理装置、水喷淋+活性炭吸附、碱吸收+臭氧催化氧化、碱吸收+紫外光解+活性炭吸附、三级碱吸收+活性炭吸附污水尾气处理等装置或工艺处理废气。

相比较而言，河南省内的香味料企业多为中小企业，整体实力较弱，缺乏技术与资金优势，难以引进较为完备和先进的污染物处理设备，加之环保观念淡薄，缺乏规范化管理等，污染排放仍是亟待解决的问题。为了企业能够长期持续健康发展，必须积极引进先进的绿色排放技术，同时加大科技投入，推行绿色环保工艺技术，从源头上减少三废的产生。

4.3 河南食用香味料资源高效利用技术对策

2021 年 5 月，习近平总书记视察河南时，指出"地方特色产业发展潜力巨大，要善于挖掘和利用本地优势资源，加强地方优质品种保护，推进产学研有机结合，统筹做好产业、科技、文化这篇大文章。"从河南食用香味料产业现状出发，以目前存在的共性技术需求为指引，通过平台建设、技术研发与推广、产业上下游联动、产学研联合等方式，助力生产特色化、规模化、标准化、绿色化的高品质食用香味料产品，有效提升面向不同食品对象、紧跟时代潮流、适应市场需求的系列化复合风味产品创制研发能力，不断提升河南食用香味料技术水平，进而实现河南食用香味料产业从"大"到"强"

的转变。

4.3.1 强化基础研究,提升创新源动力

针对我国食用香味料行业基础研究薄弱和部分领域缺失的现状,充分利用郑州大学、河南工业大学、河南农业大学等河南省内高校和中国烟草公司郑州烟草研究院、河南农科院等科研院所的相关学科研究和人才资源,积极引进国内外在香味料科技研发方面有领先优势的研究机构、科技企业、研发团队,构建食用香味料基础研究大平台。在具体研究方面,系统分析风味物质特征,完善风味物质数据库,发展高灵敏检测技术,实现食品和食品原料等复杂背景中风味物质的定性和定量分析;根据化学结构和风味特征对风味物质进行科学分类,通过感官评价探索不同类别风味的相互作用规律;通过风味物质与受体的相互作用、神经信号传导和脑科学研究,探究风味形成的神经生物学原理;深入研究香味料的化学组成,结合文献和应用报道等探索香味料中具有生理和药理活性的关键成分。这些基础研究领域的学科建设和科研攻关,有助于完善风味科学基础理论,促成风味解码,推动新型风味创制技术的形成和发展,为香味料的特色资源开发、精细化加工、高水平创制、高端化生产等提供支撑;同时培养一批风味科学专业人才,为河南省食用香味料产业的发展提供创新源动力。

4.3.2 提升科学种植水平,打造优势特色原料基地

根据河南地区的气候类型与生态条件,因地制宜,科学规划,建设河南优势特色原料基地。抓住花椒、茶叶、大蒜等重点品种生产历史久远、质量优良、知名度高的优势,形成特色香料种植区和种植带,打造标准化、专业化水平较高的食用香味料原料基地。建设良种繁育基地和标准化种植基地,提高机械化作业水平,推广化肥农药减量使用、病虫害绿色防控、大数据监测预警等高产高效的科学种植技术。加大芳香植物资源的发掘、品种选育和规模化种植的科技投入,构建"芳香植物新品种创制与引种驯化技术平台"与"优势品种标准化种植技术平台"。加强规划布局,通过政策引导,鼓励大集团大企业和下游加工企业整合前端原料种植资源,逐步形成规模化种植、集约化经营的开发模式,提高原料开发利用水平及产品附加值。

4.3.3 提高精加工水平，丰富产品结构，打造行业领先地位

针对河南省食用香味料精加工水平低、产品结构单一、企业技术水平落后、行业地位低等现状，大力引进国内外成熟的先进技术，掌握新技能，提高香味料的绿色制备和精细化加工水平，强化产品品质风格，提高产品附加值，实现产品结构优化。运用对挥发油富集有显著作用的超临界萃取技术、分子蒸馏技术制备高品质精油类产品；积极探索高效绿色的生物技术获得高附加值天然等同香味料；对旋转锥蒸馏塔、Centritherm 薄膜蒸发、冷萃法、共萃法等技术进行集成应用，以最大化地保留或增强原料原有风味。充分利用原料资源，通过多级萃取、多级分离等方法，实现原料的全方位利用，获得化学组成不同、功能各异的系列香味料产品，降低成本的同时满足不同行业的需求。深入挖掘市场潜力，整合资源力量，跨行业、跨领域进行业务升级与优化，形成规模经济，促进企业向多元化经营模式转变。

4.3.4 坚持绿色发展理念，促进香味料产业转型升级

坚持绿色发展理念，改变单纯追求发展速度和利润最大化的现状，促进河南香味料产业转型升级。将可持续发展作为企业发展的战略基点，将塑造竞争优势的重点放在创建技术创新型、资源节约型、环境友好型企业上来。积极开发利用绿色低碳技术，广泛采用新技术、新工艺和新装备，加快淘汰落后产能，围绕节能减排开展技术创新，推动技术进步。推广绿色种植技术，实施测土配方施肥、病虫害生物防治，减少农药化肥使用，大力发展生态种植业与绿色有机无公害产品，提升香味料原料质量及其市场竞争力。推动绿色化学技术创新、传统工艺改造创新，开展重点产品工艺改造，开发和采用环境友好工艺，大幅减少三废，提高香味料产品品质，突破绿色贸易壁垒，实现高效生产、资源节约、环境保护与可持续发展。

第5章
河南食用香味料产品质量安全与标准化现状分析

　　食品安全是全面建成小康社会的重要基础，是以人民为中心的发展思想的具体体现，是满足人民群众美好生活需要的基本要求。以习近平同志为核心的党中央高度重视食品安全工作。党的十八大以来，习近平总书记对食品安全工作作出一系列重要指示批示，为做好食品安全工作指明了前进方向、提供了根本遵循。河南省深入贯彻落实习近平总书记重要指示批示精神，大力实施食品安全战略，加强食品安全治理，守住了不发生重大食品安全事件的底线。全省食品安全形势持续稳定向好，总体呈现出基础强化、特色突出的良好态势。

　　现阶段，居民物质生活水平日益提高，食品消费的主导价值已由营养属性向感官属性转变，甚至呈现感官属性主导消费的趋势。食用香味料能有效赋予食品风味特色，增加食品消费时的感官享受，是现代食品工业和日常饮食消费中不可或缺的重要原料之一。2021年3月13日，新华社公布《中华人民共和国国民经济和社会发展第十四个五年规划和2035年远景目标纲要》（以下简称《规划纲要》）。《规划纲要》进一步提出严格食品安全监管，强调加强食品全链条质量安全监管。因此，强化食用香味料产品质量安全是未来严格食品安全监管的重要内容。

　　标准是产品质量的基础，是规范质量监管的依据，是提高产品质量的保障。标准化的过程实际上是确保质量安全的过程，而质量管理则可理解为贯彻标准的实践。《规划纲要》强调，未来在国家层面上加强和改进食品安全监管制度，完善食品安全法律法规和标准体系；加强食品安全风险监测、抽检和监管执法等。但是，食用香味料种类多而分散，为标准的制定和实施带来困难，导致产品质量标准不完善，准入门槛较低，产品质量安全与标准化问题相对突出。在这一背景下，实施食用香味料产业标准化成为现阶段贯彻食品安全监管的重要技术内容。高标准也有利于促进技术进步，形成产品市场竞争优势，因此强化监管并推动食用香味料产品标准化也将有力促进食用香味料产业健康发展，从而助推食品产业升级。

食用香味料在属性上归为食品和食品添加剂的范畴，因此，掌握食品和食品添加剂的相关法律法规和河南食用香味料产业标准化现状，是科学制定河南食用香味料产品质量安全与标准化发展的基础。

5.1 国内外食用香味料质量安全监管的基本特征

国外食品安全监管体系建设起步较早，形成了多个系列的较为完善的法规体系，以及通常认为安全的食用香味料名单。我国也从国情出发，参考国外经验，建立了食品安全监管体系，这一监管体系也适用于食用香味料的监管。不同食品质量安全监管体系存在差异，为了便于参照和借鉴，这里对我国以及重要国际组织和国家（包括国际食品法典委员会、欧盟、美国、日本、韩国）的监管体系进行了梳理和比较。

5.1.1 国内外食用香味料质量安全监管的法规依据

总体上，国内外均将食用香味料融入食品安全监管体系之下。无论是国外还是国内的监管体系，总体上都涵盖管理机构、法律法规、术语定义、使用要求、生产经营与标识、安全评估、质量规格与名单、检测检验等板块。

5.1.1.1 中国

（1）管理机构

《中华人民共和国食品安全法》（以下简称《食品安全法》，该法规最新的一次修订是 2021 年）第五至第十二条明确了食品安全的监管体系和分工，包括了国务院有关部门、各级地方人民政府和相关部门、食品行业协会、新闻媒体、社会组织和消费者等多方力量。

国家市场监督管理总局负责食品安全监督管理和综合协调。国家卫生健康委员会负责食品安全风险评估，会同国家市场监督管理总局等部门制定、实施食品安全风险监测计划。下属的食品安全标准与监测评估司具体负责组织拟订食品安全国家标准，开展食品安全风险监测、评估和交流，承担新食品原料、食品添加剂新品种、食品相关产品新品种的安全性审查。此外，部分食用香料被纳入危险化学品范畴，国家安全生产监督管理部门负责危险化学品安全监督管理综合工作，国家质量监督检验检疫部门负责核发危险化学品生产企业的工业产品生产许可证，并依法对产品质量实施监督以及进口检验。

各级人民政府、社会组织、食品生产经营者和新闻媒体应当开展食品安全法律、法规以及食品安全标准和知识的普及工作，增强消费者食品安全意识和自我保护能力。县级以上地方人民政府对本行政区域的食品安全监督管理工作负责，依照《食品安全法》和国务院的规定，确定本级食品安全监督管理部门、卫生行政部门和其他有关部门的职责。新闻媒体对食品安全违法行为进行舆论监督。消费者协会和其他消费者组织对损害消费者合法权益的行为，依法进行社会监督。任何组织或者个人有权举报食品安全违法行为，对食品安全监督管理工作提出意见和建议。

（2）法律法规

《食品安全法》是国内从事食品和食品添加剂的生产经营者和安全管理者必须遵循的基本法规，也适用于食用香味料行业。国务院发布的《中华人民共和国食品安全法实施条例》（该条例最近的一次修订是2019年）规定了我国食品安全标准的制定、监督和管理体系。

原国家卫生和计划生育委员会发布的《食品添加剂新品种管理办法》和原卫生部发布的《食品添加剂新品种申报与受理规定》是我国食品添加剂新品种管理所遵循的法规，适用于新食品添加剂的审批和食品添加剂使用条件（使用范围、使用限量等）的变更。

国家市场监督管理总局发布的《食品生产许可管理办法》《食品生产许可审查通则》和《食品生产经营日常监督检查管理办法》，原卫生部发布的《食品添加剂生产企业卫生规范》等法律法规共同构成了我国食品添加剂生产经营的监管体系。国家卫生健康委员会2021年发布的《食品安全风险评估管理规定》适用于国家和省级卫生健康行政部门组织开展的食品安全风险评估工作。

(3) 术语定义

在我国，食品用香料被归为食品添加剂的一类进行监管。根据 GB 2760 附录 D，食品用香料为"能够用于调配食品香精，并使食品增香的物质"。在 GB 2760—2014《食品安全国家标准 食品添加剂使用标准》附录 E 的食品分类系统中，食用香味料包括的食品类别有：酱及酱制品、香辛料类、复合调味料、其他调味料。

根据 GB 29938—2020《食品安全国家标准 食品用香料通则》，食品用香料为"添加到食品产品中以产生香味、修饰香味或提高香味的物质"，包括食用天然香味物质、食用天然香味复合物、食品用合成香料、食品用热加工香味料、烟熏食用香味料，一般配制成食品用香精后用于食品加香，部分也可直接用于食品加香。食品用天然香料为"通过物理方法或酶法或微生物法工艺，从动植物来源材料中获得的具有香味物质的制剂或化学结构明确的具有香味特性的物质，包括食品用天然香味复合物和食品用天然单体香料"。食品用天然香味复合物为"通过物理方法或酶法或微生物法工艺从动植物来源材料中获得的具有香味物质的制剂（由多种成分组成）"。食品用天然单体香料为"通过物理方法或酶法或微生物法工艺从动植物来源材料中获得的化学结构明确的具有香味特性的物质"。食品用合成香料为"通过化学合成方式形成的化学结构明确的具有香味特性的物质"。

GB 30616—2020《食品安全国家标准 食品用香精》还作出了以下定义：食品用热加工香味料为"为其香味特性而制备的一种产品或混合物。它是以食材或食材组分经过类似于烹调的食品制备工艺制得的产品。食品用热加工香味料中必定含有非酶褐变产物"；食品用香精为"由食品用香料与食品用香精辅料组成的用来起香味作用的浓缩调配混合物（只产生咸味、甜味或酸味的配制品除外，也不包括增味剂）。食品用香精可以含有或不含食品用香精辅料。通常不直接用于消费，而是用于食品加工"；食品用香精辅料为"为发挥食品用香精作用和（或）提高其稳定性所必需的任何基础物质（例如抗氧化剂、防腐剂、稀释剂、溶剂等）"。

(4) 使用要求

我国对食用香味料的使用有严格的要求，具体体现在相关的食品安全国家标准中。

GB 2760 附录 B 中明确了没有加香必要，不得添加食品用香料、香精的 28 类食品名单，同时规定了食品用香料、香精的使用原则：一般配制成食品用香精后用于食品加香，部分也可直接用于食品加香；食品用香料、香精在各类食品中按生产需要适量使用，食品是否可以加香应按相关食品产品标准规定执行；用物理方法、酶法或微生物法从食品制得的具有香味特性的物质或天然香味复合物可用于配制食品用香精；具有其他食品添加剂功能的食品用香料，在食品中发挥其他食品添加剂功能时，应符合本标准的规定；食品用香精可以含有对其生产、贮存和应用等所必需的食品用香精辅料，辅料应符合相关标准的规定，在达到预期目的的前提下尽可能减少使用品种和使用量，且食品添加剂类辅料不应在最终食品中发挥功能作用。

GB 29938 进一步规定了 GB 2760 中允许使用且无单独质量规格标准或相关公告规格的食品用香料。在通用要求方面，还规定了食品用天然香料生产加工过程中允许使用的 17 种提取溶剂名单，要求在达到预期目的的前提下应尽可能降低溶剂使用量；收录了 4 种海产品来源的食品用天然香料；规定了食品用天然香味复合物生产中使用的酶制剂和菌种应符合的要求，食品用天然复合香料起始原料应是可作为食品的动植物来源材料；确定了 4 种食品用天然单体香料的含量要求和检测方法；确定了食品用天然香料中的重金属和砷的安全限量值和检测方法。在食品用合成香料要求方面，该标准规定了 1255 种食品用合成香料的含量要求和检测方法。

GB 30616 进一步规范食品用香精的使用。其中规定了原料要求、感官要求、理化指标、微生物指标、标签和其他。原料是指食品用香料、食品用热加工香味料的原料和工艺、食用酒精、植物油、食品用香精辅料。感官是指色泽和状态、香气、香味，本标准规定了感官要求和检验方法。理化指标包括相对密度、折光指数（折射率）、水分、过氧化值、粒度、原液稳定性、千倍稀释液稳定性、重金属（以 Pb 计）含量、砷（以 As 计）含量、甲醇含量，本标准规定了液体香精、乳化香精、浆膏状香精、固体（粉末）香精（又分为拌和型和胶囊型）中的具体数值和检验方法。微生物指标包括菌落总数、大肠菌群，本标准规定了乳化香精、浆膏状香精、固体（粉末）香精（又分为拌和型和胶囊型）中的具体数值和检验方法。标签的要求是按照 GB 29924—2013《食品安全国家标准 食品添加剂标识通则》进行标示。凡因含有食品用热加工香味料而无法检测相对密度和折光指数的液体香精，其产品标签上应标示本产品含有食品用热加工香味料。其他要求是指根据工艺需要，食品用香精中可以使用 GB 2760 中允许使用的着色剂、甜味剂和咖啡因，但加入的品种和添加量应与最终食品的要求相一致。

(5) 许可名单与安全评估

我国对食品用香料采用许可名单进行动态管理。《食品安全法》明确规定，食品添加剂应当在技术上确有必要且经过风险评估证明安全可靠，方可列入允许使用的范围。现行的 GB 2760 规定了允许使用的 393 种食品用天然香料名单和 1477 种食品用合成香料名单。对于合成香料，GB 2760 还规定：①凡列入合成香料目录的香料，其对应的天然物（即结构完全相同的对应物）应视作已批准使用的香料；②凡列入合成香料目录的香料，若存在相应的铵盐、钠盐、钾盐、钙盐和盐酸盐、碳酸盐、硫酸盐，且具有香料特性的化合物，应视作已批准使用的香料；③如果列入合成香料目录的香料为消旋体，那么其左旋和右旋结构应视作已批准使用的香料；④如果列入合成香料目录的香料为左旋结构，则其右旋结构不应视作已批准使用的香料，反之亦然。

食品用香料新品种的增加，应当向国务院卫生行政部门提交相关产品的安全性评估材料。对符合食品安全要求的，准予许可并公布。根据《食品添加剂新品种管理办法》（2017 修订本）的规定，食品添加剂新品种是指：①未列入食品安全国家标准的食品添加剂品种；②未列入国家卫生计生委公告允许使用的食品添加剂品种；③扩大使用范围或者用量的食品添加剂品种。

申请食品添加剂新品种生产、经营、使用或者进口的单位或者个人应当提出食品添加剂新品种许可申请，并如实提交以下材料：①添加剂的通用名称、功能分类、用量和使用范围；②证明技术上确有必要和使用效果的资料或者文件；③食品添加剂的质量规格要求、生产工艺和检验方法，食品中该添加剂的检验方法或者相关情况说明；④安全性评估材料，包括生产原料或者来源、化学结构和物理特性、生产工艺、毒理学安全性评价资料或者检验报告、质量规格检验报告；⑤标签、说明书和食品添加剂产品样品；⑥其他国家（地区）、国际组织允许生产和使用等有助于安全性评估的资料。申请食品添加剂品种扩大使用范围或者用量的，可以免于提交前款第 4 项材料，但是技术评审中要求补充提供的除外。申请首次进口食品添加剂新品种的，除提交上述 6 类材料外，还应当提交以下材料：①出口国（地区）相关部门或者机构出具的允许该添加剂在本国（地区）生产或者销售的证明材料；②生产企业所在国（地区）有关机构或者组织出具的对生产企业审查或者认证的证明材料。

根据《食品添加剂新品种申报与受理规定》的规定，食品添加剂新品种的通用名称应当为规范的中文名称或简称以及英文名称。功能分类应当为现行食品添加剂国家标准规定的类别。用量应以 g/kg（g/L）为单位，使用范围可以参考现行食品添加剂国家标准中的食品范围。申请人可以将科研文献、研究报告、第三方提供的证明文件、试验性使用效果的研究报告等资料作为证明技术上确有必要和使用效果的资料或者文件。安全性评估资料中的质量规格检验报告应当按照申报资料的质量规格要求和检验方法，对 3 个批次食品添加剂进行检验的检验结果报告。

国家卫生健康委员会组织医学、农业、食品、营养、工艺等方面的专家对食品添加剂新品种技术上确有必要性和安全性评估资料进行技术审查，并作出技术评审结论。根据技术评审结论，国家卫生健康委员会决定对在技术上确有必要性和符合食品安全要求的食品添加剂新品种准予许可并列入允许使用的食品添加剂名单予以公布，并按照食品安全国家标准的程序，将公告允许使用的食品添加剂的品种、使用范围、用量制定公布为食品安全国家标准。

安全评估需按照规定的程序进行。GB 15193.1—2014《食品安全国家标准 食品安全性毒理学评价程序》规定了食品安全性毒理学评价的程序，适用于评价食品生产、加工、保藏、运输和销售过程中所涉及的可能对健康造成危害的化学、生物和物理因素的安全性，检验对象包括食品及其原料、食品添加剂、新食品原料、辐照食品、食品相关产品（用于食品的包装材料、容器、洗涤剂、消毒剂和用于食品生产经营的工具、设备）以及食品污染物。在"对不同受试物选择毒性试验的原则"中提到，对于香料，凡属世界卫生组织（WHO）已建议批准使用或已制定日许摄入量者，以及香料生产者协会（FEMA）、欧洲理事会（COE）、国际香料工业组织（IOFI）四个国际组织中的两个或两个以上允许使用的，一般不需要进行试验；凡属资料不全或只有一个国际组织批准的，先进行急性毒性试验和遗传毒性试验组合中的一项，经初步评价后，再决定是否需进行进一步试验；凡属尚无资料可查、国际组织未允许使用的，先进行急性毒性试验、遗传毒性试验和 28 天经口毒性试验，经初步评价后，决定是否需进行进一步试验；凡属用动、植物可食部分提取的单一高纯度天然香料，如其化学结构及有关资料并未提示具有不安全性的，一般不要求进行毒性试验。

（6）生产经营与标识

《食品安全法》明确规定，国家对食品生产经营和食品添加剂生产实行许可制度。从事食品生产、食品销售、餐饮服务，应当依法取得许可。生产食品相关产品和食品添加剂应当符合法律、法规和食品安全国家标准。食品生产经营者应当按照食品安全国家标准使用食品添加剂。要求生产经营企业建立健全食品安全管理制度，建立并执行从业人员健康管理制度，建立安全自查制度。国家鼓励生产经营企业符合 GMP 要求，实施 HACCP 体系，提高质量安全管理水平。

经营者应根据《食品生产许可管理办法》和《食品生产许可审查通则》的规定，申请食品添加剂生产许可，应当具备与所生产食品添加剂品种相适应的场所、生产设备或者设施、食品安全管理人员、专业技术人员和管理制度。县级以上地方市场监督管理部门对申请材料进行审查，对申请做出回应，对符合条件的申请人依法办理食品生产许可证，并标注食品添加剂，有效期 5 年。

《食品生产经营日常监督检查管理办法》规定了日常监督检查食品生产经营活动的机构、事项、要求和法律责任。具体事项囊括了食品生产环节、食品销售环节和餐饮服务环节。

《食品添加剂生产企业卫生规范》规定了食品添加剂生产企业选址、设计与设施、原料采购、生产过程、贮存、运输和从业人员的基本卫生要求和管理原则。凡从事食品添加剂生产的企业，包括食品香精、香料和食品工业用加工助剂的生产企业都必须遵守本规范。

生产经营的食用香味料产品均应有明确的标识。GB 29924 适用于食品添加剂和食品营养强化剂的标识，不适用于保护食品添加剂的储运包装标签的标识。名称方面，标准要求食品用香料需列出 GB 2760 和国家主管部门批准使用的食品添加剂中规定的中文名称，可以使用"天然"或"合成"定性说明；食品用香精应使用与所标示产品的香气、香味、生产工艺等相适应的名称和型号，且不应造成误解或混淆，应明确标示"食品用香精"字样。除了标示上述名称外，可以选择标示"中文名称对应的英文名称或英文缩写"等。食品用香精还可在食品用香精名称前或名称后附加相应的词或短语，如咸味香精等。食品用香精的成分或配料表方面，其中的食品用香料应以"食品用香料"字样标示，不必标示具体名称；辅料用"食品用香精辅料"字样标示；食品添加剂应按 GB 2760 等规定标示具体名称。

GB 7718—2011《食品安全国家标准 预包装食品标签通则》适用于直接或间接提供给消费者的预包装食品标签。不适用于食品储运包装标签、散装食品和现制现售食品的标识。标准规定，使用食用香精、食用香料的食品，可以在配料表中标示该香精香料的通用名称，也可标示为"食用香精""食用香料""食用香精香料"。关于香辛料、香辛料类或复合香辛料作为食品配料的标示，有如下规定：①如果某种香辛料或香辛料浸出物加入量超过 2%，应标示其具体名称；②如果香辛料或香辛料浸出物加入量不超过 2%，可以在配料表中标示各自的具体名称，也可以在配料表中统一标示为"香辛料""香辛料类"或"复合香辛料"；③复合香辛料添加量超过 2%时，按照复合配料标示方式进行标示。

(7) 质量规格与检测检验

根据《食品安全法》的要求，国内食品添加剂的质量规格纳入食品安全国家标准范畴，每一种我国允许使用的食品添加剂都有对应的食品安全国家标准，且每个产品都必须符合其质量标准规定的指标要求。我国食用香味料的产品标准基本是每种食用香味料各为一个独立标准，各自有相应的技术要求和对应的检测方法。标准主要是规定了食用香味料的生产工艺、感官要求、理化指标等技术要求，并对上述技术要求规定了相应的检测方法，这些检测方法均为强制执行。

在标准的制定过程中，食用香味料的主要技术指标和检验方法通常以我国食用香味料生产和使用的实际情况为依据，同时参考国际和其他国家为食用香味料制定的质量规格标准和检验方法。

食用香味料产品的标准遵循两个原则：①已有食品安全国家标准或相关标准的食品用香料品种，其质量规格应符合相应标准，尚无食品安全国家标准或相关标准的食品用香料应当按照 GB 29938 执行；②根据食品用香料技术要求，如果 GB 29938 不能满足实际需要，确有必要另行制定单个品种的食品用香料标准的，将按照食品安全国家标准制定和修订程序制定。GB 2760 许可的 393 种天然香料和 1477 种合成香料中，在 GB 29938 中有明确要求的为 4 种天然香料和 1255 种合成香料。此外，41 种天然香料和 200 种合成香料已有现行有效的食品安全国家标准，348 种天然香料和 22 种合成香料尚无强制性产品标准。归为食品的香味料产品标准有：GB 2718—2014《食品安全国家标准 酿造酱》、GB 31644—2018《食品安全国家标准 复合调味料》。

食用香味料的检测从属于食品检测范畴。为保证食品安全，防止有害成分的带入，根据检测指标，检测标准主要分为三大类：①理化检验标准，主要是 GB 5009 系列标准，该系列标准包含了密度、水含量等常规理化指标和生物毒素、重金属、农药等污染物质的检测标准。其中 GB/T 5009.1—2003《食品卫生检验方法 理化部分 总则》规定了食品卫生检验方法理化部分的检验基本原则和要求；②食品微生物学检验标准，为 GB 4789 系列标准，其中 GB

4789.1—2016《食品安全国家标准 食品微生物学检验 总则》规定了食品微生物学检验基本原则和要求；③食品用香料中主要成分或有效成分的检测标准。其中含量测定的通用标准是 GB/T 11539—2008《香料 填充柱气相色谱分析 通用法》或 GB/T 11538—2006《精油 毛细管柱气相色谱分析 通用法》。有些许可香料则有单独的检测标准，例如玫瑰醇、香叶醇、*dl*-香茅醇、橙花醇等香料中总醇含量的检测标准是 GB/T 14455.7—2008《香料 乙酰化后酯值的测定和游离醇与总醇含量的评估》；乙酸异龙脑酯中总酯含量的检测标准是 LY/T 2397—2014《乙酸异龙脑酯》。

(8) 进出口

《食品安全法》第六章"食品进出口"对食品和食品添加剂的进口做了规定。境外食品生产企业、出口或代理商、进口商应向国家出入境检验检疫部门备案，境外食品生产企业应当经国家出入境检验检疫部门注册。进口的食品添加剂应当符合我国食品安全国家标准，应当经出入境检验检疫机构依照进出口商品检验相关法律、行政法规的规定检验合格，应当按照国家出入境检验检疫部门的要求随附合格证明材料。进口食品添加剂新品种应当向国务院卫生行政部门提交相关产品的安全性评估材料，符合食品安全需求的才准予进口，并由出入境检验检疫机构进行检验。我国明确规定了进口的食品添加剂应具有符合我国法律法规和标准的中文标签和中文说明书，境外出口商、境外生产企业应当对标签、说明书的内容负责。

此外，为了规范食品添加剂的进出口，我国还专门制定了《进出口食品添加剂检验检疫监督管理工作规范》。该规范对于食品添加剂的进口做了更加具体的规定，如允许进口的条件、中文标签的内容和要求、报检应提供的资料、检验检疫要求、检验检疫不合格的标准和处理方式、分港卸货、进口企业建立质量信息档案等。除了进口外，该规范还对食品添加剂的出口提出了具体要求。出口的食品添加剂应符合进口国家或者地区技术法规、标准及合同要求。进口国家或者地区无相关标准且合同未有要求的，应当保证出口食品添加剂符合中国食品安全国家标准、食品安全地方标准或企业标准。规范对出口食品添加剂的包装、标签、说明书有具体要求，并要求出口企业应当向产地检验检疫机构报检，检验合格的才准予出口。出口企业应当建立质量信息档案并接受检验检疫机构的核查。出口食品添加剂被境内外检验检疫机构检出有质量安全卫生问题的，检验检疫机构核实有关情况后，实施加严检验检疫监管措施。

5.1.1.2 国际食品法典委员会

（1）管理机构

1963年联合国粮农组织（FAO）和世界卫生组织（WHO）分别通过了成立国际食品法典委员会（CAC）的决议，以应对食品制造或加工过程中广泛使用化学物质引起的国际性卫生问题，并规定CAC承担制定统一协同的国际食品标准以及行为准则，保护消费者健康并确保食品贸易中的公平贸易实践等责任。CAC成员资格面向对国际食品标准有兴趣的FAO和WHO所有成员国和准成员国开放，自CAC创建以来，已有180多个成员国，覆盖全球99%的人口。

食品添加剂法典委员会（CCFA）是CAC的技术附属机构之一，是负责制定食品添加剂标准的一般主题委员会，其职责为：制定或认可各项食品添加剂允许的最大使用量；编制食品添加剂优先清单，供FAO/WHO食品添加剂专家联合委员会进行安全性风险评估；指定各种食品添加剂的功能类别；为CAC推荐食品添加剂特性和纯度技术规格；讨论食品中食品添加剂的分析方法；讨论并制定相关主题的标准或法规，如食品添加剂在销售时的标签。

香料及厨用植物委员会（CCSCH）是CAC于2014年成立的机构，其职责为针对干燥和脱水的香料与厨用植物，包括其整品、研磨以及挤压或碾压状态制定世界性标准。

FAO/WHO食品添加剂专家联合委员会（JECFA）源于1955年瑞士日内瓦召开的第一次FAO和WHO的联合食品添加剂会议。其主要任务是作为独立的专家委员会，评价化学添加剂的技术和管理以及在食品中的安全性，为FAO、WHO两个组织及其成员国政府，以及CAC提供科学建议。

（2）法规体系

CCFA发布的涉及食用香味料的法规标准主要有CXG 36《食品添加剂的类别名称和国际编号系统》、CODEX STAN 192《食品添加剂通用法典标准》、CAC/GL 66《食品用香料使用指南》等。CXG 36《食品添加剂的类别名称和国际编号系统》于1989年发布，最近一次修订于2021年。该编码系统将食品添加剂划分为27类，但不包括食品用香料。CODEX STAN 192《食品添加剂通用法典标准》（GSFA）于1995年发布，最近一次修订于2021年。GSFA是国际食品添加剂管理的核心标准之一，在其附件B的食品分类系统中，与食用香味料相关的类别有：12.2 香草，香辛料，调味料；12.6 酱料和类似产品；12.9 大豆调味品。CAC/GL 66《食品用香料使用指南》于 2008 年发布,该指南对食品用香料的组成和使用原则等做出规定,由范围、定义、使用食品用香料的一般原则、可能需要某些风险管理措施的香料物质及天然香料复合物成分、卫生、标识、JECFA 对食品用香料的评估和它们的质量规格 7 部分组成。

(3) 术语定义

根据 CAC/GL 66—2008《食品用香料使用指南》的定义,食品用香料是指加到食品中以赋予、修饰改变或提高食品香味的产品,但不包括只有甜味、酸味或咸味的物质。它可以由食用香味物质、天然食用香味复合物、食品用热加工香味料或烟熏食用香味料及其混合物组成,也可以含有符合一定条件的非香味的食品配料。食用香味物质是指化学结构明确的物质,包括化学合成的和源自动植物材料的。天然食用香味复合物是指经物理工艺(例如蒸馏和溶剂提取)、酶工艺或微生物工艺从动植物原料中得到的含有天然食用香味物质的制剂,包括精油、果汁精油、提取物、蛋白水解物、蒸馏物或者任何经焙烤、加热或酶解的产物。烟熏食用香味料是指未经处理的木材经热解、干馏或经过热蒸汽处理得到的烟雾,经水提取或经蒸馏、冷凝、分离得到的水相复杂混合物,其主要香味成分是羧酸类化合物、羰基化合物和酚类化合物。非香味的食品配料是指可以加到食品用香精中的食品添加剂和食材等食品配料,是溶解、分散或稀释食品用香料所必需的,或者是生产、储存、处理和使用食品用香料所必需的。

(4) 使用要求

GSFA 附录 C 提供了现有商品标准对应的食品(法典标准编号和标准名称)在食品分类系统中的归属。其中与食用香味料相关的 CAC 产品标准有 CXS 326—2017《黑、白、青胡椒标准》、CXS 327—2017《孜然标准》、CXS 328—2017《干百里香标准》等。

CAC/GL 66—2008 中规定,使用食品用香料的一般原则为:①在食物中使用食品用香料不应导致其摄入量达到不安全的水平;②食品用香料的纯度应适合用于食品,最终食品中不可避免的杂质的存在不应对健康构成不可接受的风险;③食品用香料的使用仅在其赋予或改变食品风味的情况下是合理的,这样的使用不应使消费者对食品的性质或质量产生误导;④食品用香料应在 GMP 的条件下使用,包括在食品中使用的食品用香料,应保持在满足起香味作用的最低用量;⑤食品用香料可以含有非香味的食品配料,后者的品种和使用量应保持保证食品用香料质量和安全的最少使用种类和最低使用量,且按照 GSFA 的规定使用。

对于可能具有潜在健康风险的食用香味物质和天然食用香味料复合物成

分，例如香草和香辛料，CAC可能会根据JECFA的评估提出具体风险管理措施的建议，以确保对消费者的保护。为避免成员国的风险管理措施与CAC的冲突，前者应补充到现有的CAC风险管理指南中，并参考相关的JECFA评估结果。

(5) 生产经营与标识

制备和处理食用香味料时应符合食品卫生法典委员会（CCFH）发布的CXC 1—1969《食品卫生通则》和其他相关法典中有关章节的要求，整个食品链相关的食品经营者要遵循良好卫生规范（GHP），并采用HACCP体系。食用香味料应遵守遵循CCFH发布的CAC/GL 21—1997《食品中微生物标准建立和应用原则和指南》建立的所有微生物标准。

食用香味料的标识应遵从食品标识法典委员会（CCFL）发布的CXS 1—1985《预包装食品标识通用标准》和CCFA发布的CXS 107—1981《销售的食品添加剂标识通用标准》。

对于预包装食品中的标识，食用香味料应按照含量顺序标示配料名称。对于香草和香辛料，CXS 1—1985要求食品中不超过2%的香辛料或香辛料提取物及其混合物、香草或部分香草及其混合物，在配料表可以合并标示为"香辛料""混合香辛料""香草""混合香草"，可加上"天然""等同天然""人造"等限定词或其组合。对于其中的食品用香料则不要求具体名称，而是统称为香料或香精，可加上"天然""等同天然""人造"等限定词或其组合。

对于销售的食用香味料，食品法典要求产品标签或标识上的表述或说明要显示产品的真实属性，不得采用虚假、误导欺骗或其他可能方式导致混淆消费者或购买者对食用香味料真实属性的认知。对于零售的食用香味料，应标识名称、成分配料表、保存和使用方法、净含量、生产相关信息、原产地、批次、保存期和其他需要标识的信息。对于非零售的食用香味料，如果盛放于非零售用的容器中并仅准备用于进一步的工业处理，可仅在容器上标识名称和截止使用日期，其余标识内容可记录于与销售有关的文件中。

(6) 安全评估、质量规格和名单

1995年JECFA第44次会议制定了一个安全评价食品用香料的新方法，纳入了一系列指标，以便以一致和及时的方式同时评价大量食品用香料。自第46次会议起，JECFA将化学结构相同的食品用香料按组用第44次会议确定的方法进行评价。食品用香料的质量规格收录在FAO《食物与营养文章汇编（52）》（FNP52）的第 4 次及之后的增补本中，也被录入在线数据库。但网络版中只有当前的质量规格，不包括已被 JECFA 取消的质量规格。FAO 网站可查询截止至 2020 年第 89 次会议中已评价的 2242 种食品用香料的质量规格。

另外具有食品添加剂功能的香料可以有两个质量规格。例如，乙酸是香料，但也是食品酸度调节剂，作为酸度调节剂的乙酸的质量规格可以在综合汇编或网络版食品添加剂质量规格中找到，作为香料的乙酸的质量规格可以在网络版香料质量规格中找到（见 JECFA No.81）。

在 WHO 网站上，JECFA 数据库已包含截至第 89 次会议（2020 年 6 月）的所有更新，数据库包括 2246 种食品用香料（还有其他食品添加剂、污染物和天然毒素、兽药残留）的化学信息、日容许摄入量（ADIs）或日耐受摄入量（TDIs）、最近报告和专著以及规格数据库的链接、JECFA 评估的历史记录。其中有 2162 种食品用香料的评估结果为"当前摄入量/暴露量不造成安全问题"。其他的评估结果有多种：有些是因为需要额外数据导致评估未完成，如 4-乙酰基-2,5-二甲基-3(2H)-呋喃酮、2-甲氧基吡啶；有些是缺少日常摄入量/暴露量数据而无法评估，如 2-丁醇、黄樟素和异黄樟素；有些评估结果为不可使用，如邻氨基苯甲酸肉桂酯、乙酰胺、氢氰酸；有的被认为是食品而非食品添加剂，如姜黄、藏红花；有的因为潜在毒性导致评估程序不适用，如呋喃类和糠醇类；还有的是临时接受使用，如烟熏香料；有的是不限制使用，如柠檬酸。

（7）检测检验

质量规格中涉及的检验方法包括鉴定方法、主要成分检测方法、杂质检测方法以及取样方法。由于相关方法可能会被世界各国所采用，因此多为基本方法，在不同水平的实验室内是通用的。这些检测方法的信息已纳入《食品添加剂质量规格汇编（第 4 卷）》。其中食品用香料的特定检测方法有酸值、含量测定、沸点、酯测定、熔点（熔程）、折光指数（折射率）、溶解度、乙醇中溶解度、密度等。

总之，CAC 及下属机构制定的食用香味料使用通则、风险管理、卫生要求、标识要求、风险评估结果、质量规格、检验标准等，虽然对于会员国没有法律上的强制约束力，但为各国政府制定自己的食用香味料安全标准提供了良好的范本和大量可借鉴的资料。各国政府食品监管机构可采用法典质量规格用于执法工作，以确保国际贸易中的食用香味料符合一致同意的标准。

在 WTO 成立以前，CAC 的标准、准则和建议（以下简称标准），各国政府可以自愿采纳，WTO 成立之后，CAC 的标准虽然名义上仍然是非强制性的，但由于《实施卫生与植物卫生检疫措施协定》（SPS）和《贸易技术壁垒协定》（TBT）已赋予 CAC 标准以新的含义，因此 CAC 的标准已成为促进国际贸易和解决贸易争端的依据之一，同时也成为 WTO 成员维护自身贸易利益的合法武器。随着 WTO 框架下 SPS 和 TBT 在国际贸易中发挥越来越大的作用，建立在风险分析基础之上的 CAC 标准（包括推荐性标准和导则）的性质和作用已经发生了实质性的变化，也就是说，CAC 标准已经由原来的推荐性标准演变成一种为国际社会所广泛接受和普遍采用的食品安全性管理措施，成为国际食品贸易中变相的强制性标准。CAC 已制定了 8000 个左右的食品标准，主要涉及农药、兽药残留物限量标准，添加剂标准，各种污染物限量，辐射污染标准，感官、品质检验标准，检验、分析方法，取制样技术、设备、标准，检验数据的处理准则，安全卫生管理指南等十几个方面。CAC 标准已成为衡量一个国家食品措施和法规是否一致的基准。

5.1.1.3 欧盟

（1）管理机构

欧盟健康与食品安全总局（DG SANTE）隶属于欧盟委员会，是主管食品安全和公共健康的机构，主要职责是：监控欧盟成员国、地区和地方政府对于欧盟制定的食品安全和公共健康法律法规的执行情况；制定政策时倾听各利益相关方的意见；根据需要参考法律法规提出建议，支持成员国和地方政府采取行动。欧盟各成员国和地方各级政府负责根据欧盟法规监管本国、本地区的食品和食品添加剂。

欧洲食品安全局（EFSA）成立于 2002 年，是独立于欧盟其他部门的机构，在食品安全方面向欧盟委员会、欧洲理事会和欧盟成员国提供科学建议。主要任务是开展食品安全风险评估和风险信息交流，就直接或间接影响食品和饲料安全的立法和政策提供科学建议以及科学技术支持，而不进行风险管理工作，后者由欧盟委员会和各国政府机构进行。EFSA 的科学建议主要来自科学专家组和科学委员会。EFSA 有 10 个独立的科学专家组，负责大部分食品安全评估工作，其中食品用香料的安全性评估工作由食品添加剂和食品用香料专家组（FAF）负责。科学委员会的任务是支持跨领域专家组的工作，重点是在欧盟范围内尚未确定方法的领域开发统一的风险评估方法。科学委员会的成员是由专家组的主席们加上6位独立的科学家组成的。委员会和专家组成员均是 EFSA 遵循包括外部评估在内的详细选择程序公开遴选的具有风险评估经验的专家，每三年一任。

(2) 法规体系

欧盟主要的法律手段包括法规（regulation）、指令（directive）、决定（decision），它们的区别主要在于法律效力。其中，法规具有普遍效力，它可以全面且直接适用于所有成员国。指令也具有约束性，要求成员国必须实现法律规定的目的，但是如何实现这一立法目的则由成员国自行选择形式和方式。决定只对特定人具有约束性。

2002年欧盟发布的《食品安全白皮书》确立了食品安全法规体系的基本原则与基本架构，是欧盟食品安全法律体系的核心和基础。《食品安全白皮书》提出了完善欧盟"从农田到餐桌"的一系列食品安全保证措施的改革计划，内容涵盖食品安全原则、食品安全政策体系、食品安全管理机构、食品法规框架、食品管理体制、消费者信息沟通、食品安全的国际合作等。根据《食品安全白皮书》的安排，欧洲议会和欧盟理事会共同发布的 (EC) 178/2002《食品法的一般原则和要求》，该法规主要内容包括：制定食品法律的总体原则和要求，包括建立欧盟共同的原则和责任，建立提供强大科学支撑的手段，建立有效的组织安排和程序来控制食品和饲料安全；建立欧洲食品安全局；制定处理直接或间接影响食品和饲料安全事件的程序。

2008年12月16日，欧洲议会和欧盟理事会共同发布规定了食品添加剂、食品酶和食品用香料共同授权程序的法规(EC)1331/2008；同时分别通过(EC)1332/2008、(EC) 1333/2008 和 (EC) 1334/2008 法规分别对食品酶、食品添加剂和食品用香料中允许使用种类的清单与使用标准加以规定。这是一次具有标志性意义的事件，欧盟将食品用香料从食品添加剂大类中独立出来进行管理，更有针对性。法规（EC）1334/2008 由正文和附录组成。正文现有6章27条，分别对法规主题、范围和定义，食品用香料、具有香味性质的食品成分和源材料允许使用的一般条件，允许使用的食品用香料的统一清单，标识标准与规范，程序性规定及其实施，过渡和最终条款等内容进行了规定。

其他与食品用香料相关的法规还有：(EU) 1321/2013，单独规定了烟熏食用香味料的具体使用要求和许可名单；(EU) 2019/1381，关于食品链中欧盟风险评估的透明度和可持续性法规，同时修订了 (EC) 178/2002 和 (EC) 1331/2008；(EU) 234/2011，为 (EC) 1331/2008 授权程序的执行法规，先被欧盟委员会执行法规（EU）562/2012 修订关于在某些特定情况下减少提交毒理学数据以及在特定条件下将食品酶分组的可能性的条款，后被欧盟委员会执行法规（EU）2020/1823 修订以符合（EU）2019/1381 的要求。另外，法规（EC）2232/96 和（EC）1565/2000 中列举的且尚未经（EC）872/2012 评估和（EC）1331/2008 程序授权的一些食品用香料物质仍旧可以使用。

（3）术语定义

（EC）1334/2008 第 3 条规定了食品用香料的相关定义：明确可以沿用（EC）178/2002 和（EC）1829/2003 中的定义，但本法规也有单独的定义。例如，食品用香料是指本身并非直接作为被消耗的产品，而是为了赋予或修饰食品香气与味道而添加入食品的物质，主要包括以下类别：食用香味物质、食用香味制品、食品用热加工香味料、烟熏食用香味料、香味前体物或者其他食品用香料及其混合物。具有香味性质的食品配料是指非食品用香料的食品配料，将它加入食品中的主要目的是增加或修饰食品的香味，对某些在食品中存在的天然的不受欢迎物质有明显贡献。原材料是指用于生产食品用香料或具有香味性质的食品配料的来源于植物、动物、微生物或矿物的材料。对于有大量证据表明至今一直用于食用香料香精生产的原材料，在本法规中被视为食品。食品用香料可以含有由法规（EC）1333/2008 批准的食品添加剂和/或起技术功效的其他食品配料。

法规（EC）1333/2008 附录 2 的 D 部分，列出了食品分类系统，共 18 个食品类别，香辛料、酱料属于第 12 类。

（4）使用要求

欧盟的食品标准由欧洲标准化委员会（CEN）负责制定。通过 CEN 制定和发布了许多有关食品安全的技术标准，形成了一个完整而详细的标准体系，涵盖了食品安全的所有方面和"从农田到餐桌"的所有环节，包括食品用香料。另外，根据 SPS，所有成员国都有义务将国际标准转化为国内或地区性标准，以破除自由贸易的技术壁垒。因此欧盟在制定食品标准时，已经大部分接纳了 CAC 标准。

法规（EC）1334/2008 第 4 条规定了使用食品用香料或具有香味性质的食品配料的通用条件，即依据可获得的科学证据，它们对消费者的健康不存在安全风险，且它们的使用不会误导消费者。第 5 条规定任何人都不得将不符合本法规的食品用香料或含有不符合本法规的食品用香料和/或具有香味性质的食品配料的食品投放市场。第 6 条和第 7 条对附录中某些名单的使用条件做了具体限制。

(5) 许可名单及质量规格

欧盟对食品用香料实行许可名单制度，只有列入许可名单的食品用香料才被允许在食品中使用。(EC) 1334/2008 附录 1 列举了允许使用的食品用香料和原材料的欧盟名单。A 部分为食用香味物质，共 17 大类 2516 项。列表包括 FL 号、化学名称、CAS 号、JECFA 号、CoE 号、纯度要求、使用限制、备注、评估机构等信息。本部分还规定了 4 种特殊情况：①列入名单的香料，若其铵盐、钠盐、钾盐、钙盐和盐酸盐、碳酸盐、硫酸盐具有香料特性，应视作已批准使用的香料；②列入名单的香料为消旋体，那么其左旋和右旋结构应视作已批准使用的香料，列入名单的香料为左旋结构，则其右旋结构不应视作已批准使用的香料，反之亦然；③最大使用量是指在食品中或食品上的标示含量，对于干燥或浓缩食品等需要根据标签上的说明进行复原的情况，要根据最小稀释倍数来重新计算最大使用量；④当某香味料物质允许在某复合食品的一种配料中使用，且该复合食品不在许可使用类别内时，或当某香味料物质存在于一种食品中，且该食品单独被用作制备符合法规要求的复合食品时，允许该香味料物质存在。B~F 部分分别为食用香味制品、食品用热加工香味料、香味前体物、其他食品用香料、原材料等名单，但收录很少，这是因为该法规第 3 条将食用香味制品、食品用热加工香味料、香味前体物、原材料又分为食品源的和非食品源的两类，前者只要符合法规第 4 条的通用条件即可用于食品，不必经过风险评估和批准；后者则需要按照法规 (EC) 1331/2008 中规定的程序进行风险评估和批准。

(EC) 1334/2008 附录 2 为传统食品制备工艺清单。附录 3 规定了禁止加入食品的物质名单，例如芦荟素、胡薄荷酮等，以及当它们天然存在于食品用香料和具有香味性质的食品配料中时，在复合食品中的限量标准。附录 4 规定了不能用于生产食用香料和具有香味性质的食品成分的原材料，以及限定使用条件的原材料。附录 5 规定了食品用热加工香味料的制备条件和使用限量要求。

法规 (EC) 1334/2008 并非一成不变，而是经历了 26 次修订，最新一次为 2021 年 10 月 10 日。例如附录 1 中 A 部分的欧盟许可名单最早来自欧盟委员会执行法规 (EU) 872/2012（为第 2 次修订）；E 部分仅有焦木馏出物一种，为欧盟法规 (EU) 2018/1246（第 20 次修订）所添加。

许可名单的更新可以由欧盟委员会或申请者发起，经通用授权流程实现。按照现行法规（EC）1331/2008 对食品添加剂、食品用酶和食品用香料的统一安全评估程序的新要求和（EC）1334/2008 的具体规定，如果要申请使用一种食品用香料或原材料，申请者需向欧盟委员会提交正式申请，其中应载明使用目的以及科学安全数据，如申请被受理，委员会将会正式要求 EFSA 对其进行安全评估。新的食品用香料或原材料通过安全评估后，最终由欧盟委员会通过法律规定将其列入许可名单，同时应当在名单中说明鉴别和使用的具体条件。当已批准的食品用香料的生产方法或原料明显不同于 EFSA 安全评估时，生产者或使用者应当在该香料上市销售前提交资料以便 EFSA 重新评估。当出现新的证据或技术信息会影响香味物质的安全评估时，生产者或使用者应当立即告知欧盟委员会，由欧盟委员会采取必要的措施。

（EC）1334/2008 第 8 条规定食用香味制品、食品用热加工香味料（遵从生产条件，且其中某些物质的最高含量符合附录 5 的要求）、香味前体物和具有香味性质的食品配料，只要符合第 4 条，则不必经过评价和批准便可用于食品。但如果欧盟委员会、成员国或 ESFA 对这样的食品用香料或具有香味性质的食品配料的安全性有所怀疑，EFSA 也将对其进行风险评估。

（EC）1334/2008 第 9 条规定了要求进行评价和批准的食品用香料和原材料为：食用香味物质、食用香味制品、食品用热加工香味料（通过加热部分或全部属于定义中规定的配料得到的，且符合附录 5 中条件）、香味前体物、其他食用香料和非食品的原材料。

此外，欧盟还有一套专门用于烟熏食用香味料的法规。（EC）2065/2003 建立了用于或拟用于食品的烟熏食用香味料的安全评估和授权使用的程序，后来（EC）627/2006 修订了其中关于主要烟熏产品的质量标准，涉及取样、鉴别和表征的分析方法验证。法规（EU）1321/2013 规定了烟熏食用香味料的具体使用要求。经过 EFSA 安全评估，共有 10 种烟熏食用香味料被批准使用，法规的附件 1 中提供了具体的名单，包括编号、名称、授权持有者和地址、描述、特征、在特定食品或食品类别中的使用条件、授权起止日期（均为 2014.01.01—2024.01.01）。当批准的烟熏食用香味料用于食品内部或表面时，其用量应符合本法规中的限量需求；合并使用时，每种烟熏食用香味料的限量应按比例缩减。倘若烟熏食用香味料被批准用于加工肉制品、加工鱼制品、加工水产品，且加香方式是熏烟室熏制时，此过程需要遵循 GMP。根据指令 2009/39/EC，此类香味料不能用于婴儿配方奶粉、婴儿食品等。

（6）生产经营与标识

欧盟没有针对食用香味料生产经营的专门要求，而是与食品生产经营的要求相同。(EC) 178/2002 要求食品生产经营者必须保证所从事的食品生产经营活动符合相关食品法律法规的要求。(EC) 852/2004《食品卫生条例》规定食品生产经营者对食品安全负主要责任。

欧盟要求食品生产经营企业执行 GMP、HACCP 等管理程序，并建立良好的产品追溯体系和召回流程。欧盟食品安全监管的具体事务是由各成员国政府负责的。(EC) 852/2004 和 (EC) 882/2004 规定各成员国可建立食品生产经营者的注册制度，并公布经过注册或许可的食品生产经营者名单。但不同成员国对此制度的执行不尽相同，注册制度不一定要对企业的生产条件进行许可。

针对欧盟由各成员国组成的特点，欧盟委员会建立了快速预警系统（RASFF），对由食用香味料直接或间接引起的人体健康风险进行通报。快速预警系统网络由各成员国、欧盟委员会、EFSA、第三方国家或相应的国际组织组成。

食用香味料的标识分为自身的标识和在食品配料表中的标识两方面的内容。(EC) 1334/2008 第 15 条规定了标识不销售给最终消费者的食品用香料的通用要求。包装或容器上应标明"食品用香料"或特定的名称、描述，标明"供食品使用"或"限用于食品"或更为具体的描述，以及此条规定的其他相关信息。(EC) 1334/2008 第 17 条规定了标识拟销售给最终消费者的食品用香料的要求：包装上应该有"用于食品"或"限用于食品"字样，或一种更为特殊的使用于食品的说明，且该说明必须易见、清晰并不可擦掉。

(EC) 1334/2008 第 16 条规定了使用"天然"这一术语来描述一种食品用香料的特定要求：如果一种食品用香料仅由食用香味制品和/或天然食用香味物质组成，则可用；"天然食用香味物质"只能用来描述香味成分全是天然香味物质的食品用香料；如果一种食品用香料成分全部或 95%以上源自食品/食品类别/植物/动物材料，"天然"这个术语才能与这些原材料结合起来使用，读作"天然'食品/食品类别/资源'食品用香料"；只有香味成分部分来自香味易被识别食品/食品类别/资源材料，方可使用"带有其他天然香味料的天然'食品/食品类别/资源'食品用香料"；如果一种食品用香料的香味成分来自不同的原材料，且原材料均不能反映该食品用香料的香气或滋味，那么只可以使用"天然食品用香料"这个术语。

(7) 进出口

欧盟没有专门针对食用香味料进出口的法规,而是遵循食品的进出口要求。

根据(EC)178/2002 的规定,进口到欧盟市场的食品(含食品用香料)应符合食品法规的相关要求或欧盟认证及欧盟与出口国的相关条约要求。食用香味料的进口商应确保食用香味料在各经营环节的可追溯性。当食品经营者认为或有理由相信其进口的食品不符合食品安全要求时,应立即从市场上召回该食品,并通知相关成员国的主管部门。由欧共体出口或转口的食用香味料应符合欧盟的法律法规或进口国的要求。当欧盟或欧盟成员国与第三国有双边协议时,从欧盟或该成员国出口到该第三国的食用香味料应符合双边协议的规定。

RASFF 系统也用于进出口食品安全管理。如果某成员国的主管部门在边境决定对进口食品进行退货,该成员国应在 RASFF 系统中通知欧盟委员会,后者应立即通知欧盟境内的各边境及该食品的原产国。当在预警系统中的食品已被出口到第三国,欧盟委员会应将相关预警信息提供给第三国。

5.1.1.4 美国

(1) 管理机构

美国是世界上最早使用肯定性名单的方式管理食用香味料的国家,隶属于美国卫生部的食品与药品管理局(FDA)是美国监管包括食用香味料在内的食品添加剂的负责机构,确定名单的立法基础工作由 FEMA 进行。

美国的食品法规管理体系由立法、行政和司法部门共同负责:立法部门(美国国会和各州议会)负责制定相关法律,行政部门包括 FDA、食品安全检验局(FSIS)、联邦环境保护署(EPA)、各州和地方政府食品安全机构等负责执行并贯彻实施上述法律,司法部门负责对执法监管过程中产生的争端做出裁决。

(2) 法律法规

1938 年实施的《食品、药品和化妆品法》(FD&C),1958 年实施的《食品添加剂修正案》和 2011 年实施的《食品安全现代化法案》(FSMA)是 FDA 监管食品生产经营的基本法案。FD&C 赋予 FDA 管理食品、药品、医疗器械和化妆品的权利。FSMA 强化了 FDA 对于进口食品的监管。

FDA 遵照相关法律制定的美国联邦法典(CFR)第 21 卷,是 FDA 管理食品和药品的主要法规依据。CFR 共 50 卷,第 21 卷为食品和药物行政法规,其修订版一般于每年 4 月 1 日发布。除了每年印刷出版的纸质版以外，CFR 的电子版本（e-CFR）会在政府出版办公室的官网上更新。

(3) 术语定义

21CFR 中规定了食品相关的术语定义，其中包括和食用香味料相关的通用要求和术语。§170.3（n）将食品分为 43 类，其中第 26 类为"香草、种子、香辛料、调味料、混合物、提取物和食用香味料，包括所有天然和人工香辛料、混合物和香料"。§170.3（o）将食品添加剂功能分为 32 类，其中第 12 类食用香料及辅助剂为"添加并赋予或辅助赋予食物味道或香气的物质"。

21CFR§101.22 中规定，香辛料是指任何整体、破碎或磨碎的芳香植物物质，但传统上被视为食物的物质除外，如洋葱、大蒜和芹菜，其在食品中的重要作用是调味而不是营养，名副其实，并且没有去除任何挥发油或其他调味成分的任何部分。人工香料是指其功能为赋予风味的任何物质，它不是来自香辛料、水果或果汁、蔬菜或蔬菜汁、食用酵母、香草、树皮、芽、根、叶或类似的植物材料、肉类、鱼类、家禽、蛋类、乳制品或其发酵产品。天然香料是指精油、油树脂、香精或提取物、蛋白质水解物、馏出物或任何烘烤、加热或酶解的产品，其中包含来自香辛料、水果或果汁、蔬菜或蔬菜汁、食用酵母、草本植物、树皮、芽、根、叶或类似植物材料、肉类、海鲜、家禽、鸡蛋、乳制品或其发酵产品的香味成分，其在食品中的重要功能是调味而不是营养。

(4) 许可名单与安全评估

美国对于香辛料和食用香料是按照 GRAS 进行管理的。§170.30 对符合 GRAS 的条件进行了描述，指出"GRAS 物质必须是有资质的科学家依据科学程序（或在 1958 年 1 月 1 日之前有普遍使用历史）对该添加剂在预期使用条件下进行的一个安全性评估，评估结果是对该物质安全性的肯定，并且得到普遍认同"。GRAS 不像食品添加剂那样必须在上市销售前获得 FDA 的批准，而是生产商、个人和机构自行确定，向 FDA 通报 GRAS 物质是自愿行为。FDA 主要评估通报中的信息或其他可获取的信息是否能充分确认该物质为 GRAS。若 FDA 未对通报质疑，该物质被列入 GRAS 通报清单。

21CFR 法典中涉及具体的食用香味料名单主要在 172 和 182 部分。§172 规定的是允许直接添加供人类食用的食品添加剂。其中 A 部分规定了食品添加剂允许使用的食品范围、使用限量及质量规格标准、为保证食品添加剂的安全使用应注意的事项等。F 部分为食用香料及相关物质。§172.510 列举了

130 种许可的天然食用香味物质和与香料一起使用的天然物质。它们在食品中安全使用的条件是：①实现预期物理或技术效果的最小使用量，且符合 GMP；②以合适的形态（植株部位、流体或固体提取物等）使用，含有名单中的一个或多个，单独使用，或与通常认为食品中安全的、以前批准的或在本部分监管的食用香味物质和辅助剂联合使用。§172.515 列举了 720 种许可的合成食用香味物质和辅助剂。它们在食品中安全使用的条件是：①实现预期物理或技术效果的最小使用量，且符合良好生产规范；②含有名单中的一个或多个，单独使用，或与通常认为食品中安全的、以前批准的或在本部分监管的食用香料和辅助剂联合使用。§172.520~§172.590 还单列了 9 种产品，其中可用作食用香料的有 6 种。§182 为 GRAS 物质，其中§182.10 列举了 83 种香辛料、其他天然调味料和食用香料，§182.20 列举了 160 种精油、油树脂（无溶剂）和天然提取物（包括馏出物），§182.40 列举了 5 种与香料、其他天然调味料和食用香料结合使用的天然提取物（无溶剂），§182.50 列举了 5 种特定其他香辛料、调味料、精油、油树脂和天然提取物，§182.60 列举了 21 种合成食用香味物质和辅助剂。

另外可能与许可名单相关的部分包括：§184 被确认为 GRAS 可直接加入食品的物质，如乙酸、海藻酸、苯甲酸等，其中 60 种可以用作食用香料和辅助剂；§189 为禁止在食品中出现的物质，例如§189.130 香豆素；§181 为先前批准的食品配料，指在 1958 年之前经 FDA 或美国农业部（USDA）确定为安全的物质。

FEMA 在食用香料许可名单上做了大量基础性的工作。FEMA GRAS 名单是目前世界上最庞大、接受度最广的许可香料物质名单之一。1959 年，FEMA 启动 GRAS 计划，以评估 1958 年《食品添加剂修正案》中描述的风味成分安全性和 GRAS 状态。评价结果得到 FDA 认可后，以肯定的形式公布，并冠以 GRAS 称号。FEMA GRAS 计划是运行时间最长、获得最广泛认可的行业 GRAS 计划。

进入 FEMA GRAS 名单的食用香料需经过特定的评估程序。FEMA 提出了 FEMA GRAS 评估的四个要素，即：进行安全评估的专家必须是具有资格的权威科学家；评估应按照科学程序或 1958 年 1 月 1 日之前在食品中普遍使用原则进行；评估在预期的使用条件下进行；评估结果须得到普遍认同。

目前只有 FEMA 的成员才能申请 FEMA GRAS 认证。而申请时需要提交的数据有：香料物质的物理和化学信息以识别其结构和保证其纯度；文献数据的检索结果（除有关申请物质的资料以外，也可以是该物质的结构类似物的）；基于在特殊食品中香料物质的建议使用量和/或依据由美国香料制造商提供的年销售量而得出的香料物质的暴露量；毒理学数据，包括了一般毒性、致癌性、遗传毒性、发育和生殖毒性、免疫和神经毒性的试验数据；代谢和药物动力学数据。

专家小组在完成了对以上数据的评估之后，可以得出三类不同的结论：在预期的使用条件下，该香料物质为GRAS；或者该香料物质的安全性处于待定（HOLD）状态，需要提供额外数据再做评估；或者该香料物质不是GRAS的，通知申请人并要求其撤销申请。每个经专家组评价为安全的食用香料都有一个FEMA编号，编号从2001号开始，2021年5月公布的FEMA GRAS 31已达4992号，即允许使用的食用香料共有将近3000种。FEMA GRAS网站给出了每种FEMA GARS香料的GRAS名单文件以及用于快速参考的FEMA号、CAS号、JECFA号或CFR号，同时可能提供香气特征、JECFA编号和安全性评价链接、科技文献综述（SLR）链接等信息。

FEMA专家小组通过明确评估对象、严格考虑评估要素、限定申请主体范围以及总结应用科学的评估方法，实现了对食用香料物质安全性的科学评价。但是无论是FEMA GRAS名单还是评估方法都不是一成不变的。随着科学技术的发展，新的信息与资料更切合实际，FEMA对香料物质安全性的评估方法也在不断完善发展中，定期重新评估FEMA GRAS名单物质，从而保证了结果的科学性和有效性，这是得到公众普遍认同的一个关键因素。

尽管FEMA GRAS这个概念是由FEMA提出来的，是FEMA特有的，但是这个概念背后包含的对香料物质安全性评估的要素和方法却不是特有的。FEMA GRAS评估的四大要素与FDA评估食品添加剂的GRAS状态考虑的要素是一致的。FEMA GRAS名单不仅适用于美国，而且已在世界上产生了广泛的影响。FEMA的评估方法代表了全球公认的对于香料物质的安全性评估的方法，EFSA和JECFA对香料物质的评估方法与FEMA的评估方法在本质上是一致的。

（5）质量规格与检测检验

21CFR§130食品标准（通用）规定了制定、审查食品标准的一般程序和要求，以及食品中的添加剂纳入食品标准的情况。

《食品用化学品法典》（FCC）是美国食品化学品的质量与纯度方面的标准，包含各论和附录两大部分。各论一般论述某种单一成分，并提供有关化学式、分子量、CAS号、功能、定义、包装、储藏和标签要求，以及INS编号、红外光谱和化学结构的信息。此外还有若干涵盖一组物质的"族系"各论，其中包括"酶制剂""食物淀粉"和"香料油树脂"。此外，检测项目中包括一系列检测方法和合格标准。各论还指明美国药典（USP）标准物质标准或执行检测所需的其他材料。FCC的附录包含物理检测、化学检测、特定检测和仪器使用的分步操作指南，以及为利益相关人提供的有用信息，比如"食品成分生产规范"。

自1966年出版以来，FCC提供超过1200篇各论，涉及食品级化学品、加工助剂、食品、香料、维生素和功能性食品配料等，为验证和判定食品成分的质量提供了必要的标准和分析方法，在保护商业和公共卫生方面发挥关键作用。FCC虽然在美国出版，但得到了全球的监管机构、制造商、供应商和其他食品成分使用者的公认。在某些国家，FCC标准可能作为生产或进口食品成分的法定要求。

（6）生产经营与标识

FDA要求食品（包括食品添加剂）生产企业向FDA注册登记公司设备的相关信息，并不对生产企业的设施进行审批。在监管方面，FDA制定了合规项目，该项目文件详细说明了FDA各分支机构应如何在规定领域对美国国内企业参与的生产、存储和食物运输进行食品安全检查。FSMA要求食品生产商评估其本身安全风险，制定并执行预防污染的有效措施，并有计划采取必要补救措施。依据FSMA的授权，FDA要求生产企业实施GMP和HACCP。在必要情况下，FDA可要求企业召回产品，并将受污染的食品迅速撤离出市场。

21CFR§101.22中规定了食品中香辛料、食品用香料等的标签要求。其中辣椒粉、姜黄、藏红花或其他同样是色素的香辛料，应声明为"香辛料和色素"，除非声明为它们的通用或常用名称。用于生产或加工而非消费的香料的包装上，除了已确定鉴别标准的食用香味料，香料应按下列方式标识：①如果香料由一种成分组成，则应标明其通用名或常用名；②如果香料由两种或两种以上成分组成，可以标明每种成分的通用名或常用名，也可以声明"本产品中包含的所有风味成分均被FDA批准"，任何未包含在法规中的香味成分和任何非味性成分，应单独列在标签上；③如果香料中含有纯天然香料，则应标记为如"草莓味""香蕉味"或"天然草莓味"的形式；如果香料同时含有天然香料和人造香料，则应标记为如"天然和人造草莓味"；如果香料仅含有人造香料,则必须标记为如"人造草莓味"。该部分还规定了香料、人工香料、天然香料、天然调味品等术语。

添加食用香味料的食品标签中,配料应根据实际情况标注"香辛料""天然香料""人工香料"或其组合形式;任何用作食品成分的焦木酸或其他人工烟熏香料都可以声明为人工香料或人工烟熏香料。

(7) 进出口

美国没有专门针对食用香味料进出口的法规,一般需遵循食品进出口要求。法律中有关食品进出口的内容主要由美国海关和边境保护局(CBP)和FDA共同监管执行。进口时,CBP判定由FDA负责安全审核的产品,会转交FDA判定是否符合美国法律法规规定。除此,只要生产、储存或进口产品的机构在FDA已注册并事先申报该进口货单,则进口商不需要向FDA申请事先审批。出口时,FDA可以出具出口证书,但法律不强制要求FDA主动对食品和食品添加剂出具证书,出口商是主体责任人,可根据需要向FDA申请。

5.1.1.5 日本

(1) 管理机构

日本对于食用香味料的管理主要涉及厚生劳动省、内阁府食品安全委员会以及消费者厅。食品安全委员会独立进行风险评估,并指导厚生劳动省和有关部门采取必要的安全应对措施。厚生劳动省下属的医药生活卫生局主要负责食品加工和流通环节的安全监管及进口食品管理。消费者厅负责收集有关消费者的行政信息,指导政府关于消费者的相关工作,并统筹管理消费者事务。

(2) 法律法规

目前日本对于食品添加剂管理的法律法规主要有《食品卫生法》《食品卫生法实施规则》《食品安全基本法》《食品标识法》等。

《食品卫生法》是日本保障食品卫生安全的根本法律,是日本厚生劳动省制定管理食品和食品添加剂法规政策最重要的法律依据。2018年修订的《食品卫生法》包括总则、食品和添加剂、器具和容器包装、展示和广告、食品添加剂公定书、监控指导、检查、注册检验机构、销售、杂项规则、处罚共11章正文和附则。《食品卫生法》明确了厚生劳动省大臣负责食品卫生的管理,规定厚生劳动大臣有义务制定食品添加剂的生产、销售、使用等方面和使用限量的标准,其下属的食品标准审查课负责食品添加剂相关标准的制定。

2007 年修订生效的《食品卫生法实施条例》列出指定食品添加剂名单，并对食品添加剂的标签要求、审批过程、进口申报、产品检验等作出了详细规定。规定对其认可的出口国官方实验室的检验结果虽然视为与日本检疫站出具的结果等同，但对进口食品添加剂成分规格的检验必须按《食品卫生法》指定的检验方法进行。

日本参议院 2003 年通过的《食品安全基本法》针对食品安全问题，规定了一系列确保措施，明确政府、企业和消费者的责任义务，从而确保食品和添加剂的安全性。其核心内容包括：①确保食品安全——消费者至上、基于科学的风险评估、从农场到餐桌可溯性全程监控；②地方政府和消费者的参与——食品行业机构对确保食品安全负首要责任，消费者应接受食品安全方面的教育并参与政策的制定过程；③协调政策原则——在决定政策之前应进行风险评估，以必要的危害管理和预防措施为重点，风险评估员和风险管理者协同行动以促进风险信息交流；④建立食品安全委员会。

（3）术语定义

根据日本《食品卫生法》第 4 条，食品添加剂是指在食品生产过程中或以加工、保存食品为目的，通过添加、混合或浸润等方式在食品中使用的物质，这显然包涵食用香味料的范畴。日本的食品添加剂按功能则可分为酸度调节剂、甜味剂、护色剂、乳化剂、抗氧化剂、香料、防腐剂、膨松剂、增稠剂等 30 多类。按使用习惯和管理要求可分为 4 类：指定添加剂、既存添加剂、天然香料和一般饮食添加剂。天然香料指那些从动物或植物，或动植混合物中提取的用于增加食品香味的添加剂。

（4）使用要求

厚生劳动省 2014 年更新的日本《食品添加剂使用标准》，对各食品添加剂的使用范围和使用限量进行了明确规定。各指定食品添加剂必须按照标准规定的使用范围和使用量在食品中添加使用，并符合相应的使用限制条件要求。其中食品用香料有 111 种，使用限制均为"仅限加香使用"，对于使用食品类别和使用限量没有要求，这些品种在各类食品中使用时，一般遵循按生产需要适量添加的原则。

（5）许可名单与安全评估

在《食品卫生法》和《食品安全基本法》等法律的基础上，日本通过设立肯定列表的制度来管理食品添加剂，共包括了 4 个列表：

① "指定食品添加剂列表"。指定食品添加剂指对人体健康无害的，被

指定为安全的食品添加剂，包括部分已有使用标准的食品添加剂和部分尚未制定使用标准的食品添加剂。指定添加剂经由厚生劳动省的风险评估和分析等一系列程序后，方可审批为指定添加剂。目前共472种（截至2021年1月15日）。指定添加剂列表还包括了符合按照官能团分类的18类合成香料，共3252种，并且规定，除非标注，否则不论CAS号码，都必须包含光学异构体。

②"既存食品添加剂列表"。既存食品添加剂指在食品加工中使用历史长，被认为是安全的天然添加剂。不包括合成香料，大多为天然植物提取物。2020年2月26日日本厚生省更新后的既存添加剂名单共357种。名单内的品种不受《食品卫生法》的约束，因此继续允许针对这些食品添加剂的经销、制造、进口等营销活动。

③"天然香料列表"。根据日本厚生劳动省2015年公布的名单，共613种。

④"一般饮料食品添加剂列表"。一般饮料食品添加剂指既可以作为食品，又可以作为食品添加剂使用的添加剂，例如甘草粉、红米色素、姜黄等物质，基本没有食品用香料。根据日本厚生劳动省2015年公布的名单，共106种。

指定添加剂和既存添加剂的数量是确定的，且都有明确的列表规定其使用范围和用量。天然香精和一般添加剂一般不受《食品卫生法》限制，但在使用管理中要求标示其基本原料的名称。

进入许可名单的香料和添加剂需要按照一定的程序进行认定。2016年日本厚生劳动省发布的《食品用香料认定指南》分为目标、基本方针、认定程序、申请认定需要的文件等内容。认定的基本方针是安全、有效性或必要性。申请食用香味料的认定需提交所需材料给厚生劳动省食品标准审查课。需提交的申请材料包括：总览文件、来源和详细研制过程、在其他国家的使用情况、理化性质和质量规格标准、有效性资料、安全性文件。当申请扩大已指定食用香味料的使用范围时，或申请已指定食用香味料的对映体时，或存在其他理由时，部分材料可以免于提交。另外，应提交对食用香味料的质量、安全性、有效性产生怀疑的文件，无需考虑文件的可靠性。收到申请后，厚生劳动省请求食品安全委员会评估食用香味料对人类健康的影响，收到评估结果后交由下属的医药生活卫生局进行讨论，根据讨论结果决定是否指定。必要时，食品安全委员会和医药生活卫生局会要求申请人提供额外的信息以完成评估和审议。

食品用香料的健康风险评估由日本食品安全委员会负责。食品安全委员会 2016 发布的《食品香味物质健康评估导则》(GAFSFH) 对于风险评估的内容和流程进行了详细规定。评估时，首先评估香味物质的遗传毒性；只有香味物质无遗传毒性时，才会根据估计的摄入量评估其一般毒性。遗传毒性的评估参考其结构或代谢相关物质的遗传毒性研究结果：某种物质是否是相关物质可通过相关物质组来判断；通过目标物质和相关物质的（定量）结构-活性关系预测的 Ames 试验结果暂时作为辅助评估材料；也将 JECFA 等在目标物质和相关物质采用的结构警报信息暂时用作额外的辅助材料。通常用毒理学关注阈值（TTC）方法评估目标物质的一般毒性：根据目标物质的化学结构和估计的代谢途径，将其划分为I类、II类或III类，将估计的摄入量与该类别的人体暴露阈值相比较。暂时通过推导最大化摄入量（MSDI）方法估计摄入量。

(6) 生产经营与标识

日本《食品卫生法》规定了食品添加剂生产经营的规程，厚生劳动省负责安全监管。生产经营食品添加剂需要取得生产许可，具体要求包括：生产对象为符合厚生劳动省规定允许生产经营且质量规格符合要求的食品添加剂；综合卫生管理生产过程的生产或加工方法及卫生管理方法符合厚生劳动省规定的标准；生产者提出申请，在申请书中附上经综合卫生管理生产过程生产或加工的视频的试验结果相关资料及其他资料；获得生产许可后如果对批准的内容进行变更，须提交变更申请。厚生劳动省的日常监督检查如发现下述行为，可取消部分或全部生产许可：批准涉及的生产或加工方法及其卫生管理方法不再符合厚生劳动省规定的标准；批准获得者擅自更改批准涉及的部分内容；厚生劳动省要求国外生产获批者提交必要报告时，报告没有提交或报告内容有虚假；厚生劳动省认定有必要对国外生产获批者的生产或加工的设备、办公室、仓库、其他场所进行食品、账簿、书信及其他物件检查时，检查遭到拒绝、妨碍或回避。

食品添加剂的标识应当遵循内阁府消费者厅制定的《食品标识标准》。消费者厅基于《食品标识法》制定了《食品标识标准》，对食品、食品添加剂等进行标识规定，以达到规范市场、维护消费者权益的目的。食品添加剂原则上应使用物质名称进行描述，但也可以用简略名、用途名等进行标识。但对于食品用香料的标识没有单独要求。

(7) 质量规格与检测检验

在日本厚生劳动省颁布的《食品添加物公定书》(JSFA) 中，对日本的食品添加剂产品规格、制造标准和确保质量的方法进行了强制规定。现行的是 2018 年发布的第九版，共分为通则、一般检验方法、试剂/溶液和其他标准品、成分规格和保存标准、生产标准、使用标准和标识标准 7 章。通则部分列出了合规性测试应遵守的规格和标准，包括单位的使用、不同温度的定义等，并对一些描述做了解释，如澄清度。成分规格包括名称、CAS 号、结构式、分子式、定义、成分含量、性状、识别方法、折光指数（折射率）、密度、pH、纯度试验、水含量、干燥失重、高温失重、定量方法等内容。事实上，此公定书涉及的食品用香料并不多，有使用标准的食品用香料仅有 158 种。由于日本国内的食品香精市场有限，许多香精以外销为主。对于这部分香精他们执行的是进口国的法规。

（8）进出口

日本没有针对食品添加剂的出口做出特别规定，出口应符合进口国的相关要求。日本进口的食品添加剂须符合《食品卫生法》等日本相关法律法规的要求。厚生劳动省的检疫所负责进口食品和相关产品的进口申报工作。进口时应提交《食品等进口申报单》和产品的原材料、成分或生产工序说明书等相关文件，必要时还要提交卫生证明和检查单等。检疫所的检查员将审查这些文件，必要时还会检查进口食品和相关产品以确认其规格标准或安全性。审查和检查结果符合《食品卫生法》规定的，才能向海关进行进口申报，提交报关文件和检疫所发行的《食品等进口申报结束证明》。

5.1.1.6 韩国

（1）管理机构

韩国 2013 年成立食品药品安全部（MFDS），其前身是 1998 年 2 月成立的韩国食品药品监督管理局（KFDA），是负责食品、药品、医疗器械和化妆品的安全性，食品和制药工业发展，促进公众健康的政府机构。旨在评估和提高食品安全，对食品添加剂、药品、化妆品、医疗器械和辐射、毒理学安全性进行监督。

（2）法律法规

2011 年实施的韩国《食品卫生法》包括总则、食品和食品添加剂、器具容器和包装、标签、食品等的公典、检查等、营业、烹调等、食品卫生审议委员会、食品团体等、纠正令和撤销许可等行政制裁、补则、处罚原则共 13 章 102 条。《食品卫生法施行令》规定了《食品卫生法》所委任的事项及其施行所需的事项，《食品卫生法施行规则》进一步规定了《食品卫生法》及其施行令施行所需的事项。

MFDS 颁布的《食品法典》（2021 修订）规定了各种食品的标准和规范。包括一般规定、一般食品的通用标准与规格、标识和售卖给婴幼儿和老年人的食品的标准和规格、长货架期食品的标准和规格、每一类食品的标准和规格、预加工食品的标准和规格、取样和处理方法共 7 章。

依据《食品卫生法》相关条款，MFDS 于 2020 年 7 月 10 日颁布了《食品添加剂法典》，对食品添加剂的管理做了详细规定，建立了生产、加工、使用和存储食品添加剂的标准和规格。全文包含通则、食品添加剂和混配制剂、食品接触表面的消毒溶液的标准和规格、常规测试方法、试剂/测试液/体积标准溶液和标准溶液、重新检验期限共 6 章和 4 个附件。

（3）术语定义

《食品法典》第 5 章列举了 24 类食品，其中与食用香味料相关的食品类别有：13-3 咖喱；13-5 香辛料产品。咖喱是指"用香辛料制成的咖喱粉，制造过程可添加食品或食品添加剂"。香辛料产品是指"通过简单处理香辛料植物（包括辣椒、大蒜和姜）的叶、茎、水果或根，或将这些香辛料植物与食品或食品添加剂混合后进行处理，得到的用于增强其他食品的香气和滋味的产品"，不包括咖喱和辣椒粉、辣椒丝。

《食品卫生法》第 2 条对食品添加剂定义为"在制造、加工或保存食品的过程中，添入、混合于食品的物质，或用于浸泡食品的物质，此情况包括用于对器具、容器、包装进行杀菌、消毒处理而可能间接染至食品的物质"。

根据《食品添加剂法典》的分类，食品添加剂根据功能分为了 32 种，食用香味料为其中一种，定义为"赋予食品独特香味或强化食品生产过程中损失的原始香味的食品添加剂"。

《食品添加剂法典》中对于天然香料物质的定义为：附表中的 273 种天然产物和其他生产加工符合《食品法典》第 2 章"一般食品的标准和规格"第 1 条"食品添加剂标准"的食品原料等原材料，通过萃取、蒸馏、微生物或酶处理等方式加工得到的用于增加或强化香气的精油、提取物和油树脂（排除香辛料油树脂，其规格单列）。

（4）使用要求

《食品添加剂法典》第 2 章"食品添加剂和混配制剂"包括了生产制备标准、使用的通用要求、储存和分配标准、食品添加剂规格、每种食品添加剂的限定使用量共 5 部分。第 5 部分规定了每种食品添加剂的限量要求，其中对于食用香味料的使用要求为仅用作调味料。

(5) 许可名单

《食品添加剂法典》对于许可使用的天然香料原料和合成香料物质分别建立名单。其中许可使用的 273 种天然产物原料可用于生产天然香料物质，只列举了生产工艺，未对从每种天然原料得到的最终产品形态列出具体名单。另外，这些材料之间的简单混合不会引起任何化学变化，且可以加入水、乙醇和植物油以保持品质。对油树脂类的纯度要求是残留的溶剂异丙醇不得超过 $50×10^{-6}$，己烷不得超过 $25×10^{-6}$。《食品添加剂法典》中列举了 2589 种合成香料物质的通用名称和其他名称，且其中两个及以上的不发生化学变化的简单组合也视为合成香料物质。这些合成香料物质可以添加水、乙醇、丙二醇、三乙酸甘油酯、甘油进行稀释、溶解和分散等。这些合成香料物质应遵循第 4 部分已列举的标准和规格。

(6) 生产经营与标识

MFDS 建立了食品安全管理制度，以提供更安全的食品：在制造阶段，经营者必须首先提交食品制造和项目制造报告，进行自我质量检查以确保产品安全，并采用 HACCP 系统，以先发制人的方式保护食品免受任何危险风险；在配送阶段，对食品进行收集和检验，加强食品安全配送，运行食品追溯系统，跟踪有害食品的配送路线，同时运行有害食品销售预防系统；在消费阶段，对虚假或夸大广告进行监控，并运行消费者食品卫生防护系统。

为了向消费者提供更准确的食品信息，MFDS 执行《食品等的标签和广告法》及实施令、实施细则等相关法规，要求标注食品和食品添加剂（包括进口的）的名称、含量及原料名称、企业名称和地点、消费者安全注意事项、生产日期和保质期、其他必要信息。MFDS 于 2019 年发布的《食品等的标签标准》对各类食品标签中的食品添加剂有详细规定，其中明确规定了食品添加剂中含有的天然香料或合成香料应标示为"天然香料"或"合成香料"，另外也可以加上香料的名字，例如"天然香料（香草提取物）""合成香料（草莓香料）"等。

(7) 质量规格与检测检验

韩国《食品卫生法》第 7 条"关于食品或食品添加剂的标准及规格"中规定，对于以销售为目的的食品添加剂，应具有关于制造、加工、使用、烹调、保存方法的标准和关于成分的规格；尚无标准和规格的食品添加剂（直接用于食品上的化学合成品添加物除外），只有经食品安全检查机关的审查，才能获得标准和规格；已定下标准和规格的食品添加剂必须按照标准进行制造、进口、加工、使用、烹调、保存；用于出口的食品添加剂应遵循进口国家的标准和规格。

《食品添加剂法典》第二章第 4 部分列举了食品添加剂的规格，包括化学信息、含量要求、外观和感官描述、鉴定、纯度、检验方法和储存条件等。该部分最后单列了天然香料物质和合成香料物质。第四章列举了气相色谱、折光指数、重金属限量、pH、杀菌作用等 37 种测试方法。

对于尚未建立标准和规格，或已有标准和规格但无检测方法的食品添加剂，《食品添加剂法典》中规定，应参考 CAC、FCC、美国材料试验协会（ASTM）、美国分析化学家协会（AOAC）等组织制定的检测方法；如果这些方法不可行，则应参考其他法律法规规定的检测方法，或国际接受的官方检测方法，或国外主要流通的检测方法，或 MFDS 许可的检测方法。

（8）进出口

韩国进口食品安全管理体系以《进口食品安全管理特别法》及实施令、实施细则等系列法规和 MFDS 发布的标准规范为基础，实现进口到配送全周期安全管控。该系列法规中的"进口食品"是个宽泛的概念，包括了进口食品、食品添加剂、器具、容器和包装等产品，进口安全管理要求基本一致。在进口食品添加剂的主动安全控制方面，任何向韩国出口产品的外国食品企业都必须在 MFDS 备案，并且 MFDS 进行现场检查以核实外国食品企业的卫生状况并证明符合条件的企业为一个"良好的外国食品企业"。进口者需要向 MFDS 登记外国制造机构的名称、地点和生产项目等事项后才能申报进口。经营单位以销售或经营为目的进口（包括代办进口申报）食品添加剂的，应当办理进口申报，并对进口食品添加剂的安全、质量等负责。对首次申报进口的食品添加剂，MFDS 按照有关规定进行严查；对于注册为优秀进口商的进口食品添加剂，MFDS 可以省略全部或部分进口食品添加剂的检查。法规对海外制造企业的现场检查、国际食品生产企业食品安全认证、优秀进口企业注册、海外卫生评价机构的指定等进口前管理事项，经营者注册和继承、卫生教育、应注意的事项等进口销售管理，进口申报、检查等通关管理，流通追溯和管理等配送阶段管理以及改正、撤销登记等行政处罚做出了详细规定。《食品卫生法施行规则》附表 4 中规定，进口食用香料，含组合香料及单一成分的单离香料，须申报并送食品卫生检查机关检查。

对于食用香味料的出口,《进口食品安全管理特别法》及实施令、实施细则规定,出口商申请卫生证明书、自由销售证明书、分析证明书等文件以证明出口食品添加剂的卫生、生产加工管理、规格标准等信息时,MFDS 应确认事实并签发这些文件。MFDS 还可提供国外标准和标准信息作为支持,例如向外国政府提供有关出口食品安全管理体系的信息。

5.1.2 国内外食用香味料质量安全监管体系的差异比较

对国内外食用香味料相关监管体系的梳理显示,国际上已经形成多个较为完备的食品安全监管体系。食品安全监管体系构架相互借鉴的痕迹日趋明显。我国食品安全监管体系构建的原则与国际上基本一致,均以风险评估基础之上的质量安全为依据,以最大限度地确保食品安全为底线。国际上,食用香味料总体上均归属于食品或食品添加剂相关法律法规监管的范畴之下,食用香味料中香精香料部分作为食品添加剂进行管理,香辛料、调味料部分作为食品进行管理。目前,各体系虽基本构架趋同,但实际中存在一些差异。就食用香味料而言,主要体现在食用香味料的分类、许可、新品管理、检验检测、生产经营与标识以及进出口管理方面。这提示,国内食用香味料企业在参与国际市场竞争中,应针对不同管理体系,深度研读相应管理要求,适应和满足相应的监管。

5.1.2.1 分类差异

国内外均将香辛料、调味料、酱料等归为食品的一个类别。

我国将食品用香料作为食品添加剂的一类进行管理,在 GB 2760 中规定,食品用香料、香精不包括只产生甜味、酸味或咸味的物质,也不包括增味剂。根据来源,食品用香料分为天然香料和合成香料两大类。

食品用香料在 CAC 和欧盟的分类中不属于食品添加剂。在 CXG 66—2008《食品用香料使用指南》中,其范围限定为"可能由食用香味物质、天然食用香味复合物、食品用热加工香味料或烟熏食用香味料及其混合物组成,也可含有符合一定条件的不含食品用香料的食品配料"。在欧盟(EC)1334/2008 中规定,食品用香料主要包括以下类别:食用香味物质、食用香味制品、食品用热加工香味料、烟熏食用香味料、香味前体物或者其他食品用香料及其混合物,可以含有由法规(EC)1333/2008 批准的食品添加剂和/或起技术功效的其他食品配料。

美国 21CFR 将食品添加剂分为 32 类,其中包括了食品用香料。法典将食品用香料及辅助剂一起定义为"添加并赋予或辅助赋予食物味道或香气的物质",这和我国的定义有所不同。21CFR §172 列举许可名单时将食品用香料及辅助剂分为天然的和合成的两类,这与我国 GB 2760 的做法一致。

日本和韩国也都是将食品用香料作为食品添加剂的一类进行管理。韩国《食品添加剂法典》将食品用香料定义为"赋予食品独特香味或强化食品生产过程中损失的原始香味的食品添加剂",日本《食品卫生法》和实施条例中并未明确定义食品用香料,只是定义天然香料为"从动物或植物,或动植混合物中提取的用于增加食品香味的添加剂。"

5.1.2.2 许可名单差异

对于香辛料、调味料等食用香味料,国内外均按照食品安全法规进行监管,而不采用许可名单的方式。

各国对食品用香料大多采用许可制,有些还规定了禁用和限用香料名单。我国和美国、日本、韩国的许可名单均包含了天然香料和合成香料,JECFA 和欧盟评估的香料基本是合成香料,很少涉及天然香料。

我国对食品用香料的使用实行许可制。GB 2760 列举了许可使用的 393 种天然香料和 1477 种合成香料名单,其中 99 种天然香料和 33 种合成香料无 FEMA 编号。

CAC 对各国使用食品用香料只有建议名单,依据的是 JECFA 的评估结果和 CXG 66—2008《香味料使用指南》。截至 2020 年第 89 次会议,JECFA 共评估了 2246 种食品用香料,绝大多数为合成香料。其中有 2162 种食品用香料的评估结果为"当前摄入量/暴露量不造成安全问题"。JECFA 评估名单中明确标注了合成香料的顺反异构、旋光异构、是否为相应的盐等,这一点和我国的许可名单不同。

欧盟对食品用香料的使用既有许可名单,也有限用名单。(EC) 1334/2008 的附录 1 中列举了许可名单,共 2516 项合成香料物质和 1 项其他食品用香料。附录 3 明确了 15 类禁止加入食品的香味物质,及当这些香味物质天然存在于食用香味料或具有香味性质的食品配料中时,限定的最大含量。烟熏食用香味料的许可名单单列在 (EU) 1321/2013 中,共 10 种,且标注了授权的许可期限。

美国 21CFR 中将许可使用的食品用香料分为两大类，分别为列在§172 的 130 种天然香料和 720 种人工香料，以及§182 的 274 种 GRAS 香料。FEMA GRAS 名单中包括近 3000 种香料，没有全部在 21CFR 中出现。

日本对食品用香料也是采用许可制。指定食品添加剂有个单独的合成香料列表，共 18 类 3252 种，且默认包含光学异构体；天然香料列表中现有 613 种。

韩国也将天然香料与合成香料分别建立许可名单。《食品添加剂法典》列举了 273 种天然香味料的原材料和加工方式，以及 2589 种合成香料物质，且规定合成香料中两个及以上的不发生化学变化的简单组合也视为合成香料物质。

5.1.2.3 新品种管理差异

我国对于食品添加剂新品种的管理，适用范围不包括质量规格的改变。新品种申请流程中包含研制现场及生产现场核查和公开征求意见环节。未规定技术审查的次数，可多次提交补充材料，期限为收到补充资料意见后 1 年内。要求提供安全性评估资料，并描述需提交的文件，缺乏完整的风险评估资料要求，侧重于安全性评估。申请改变已批准的食品添加剂使用条件时，明确可豁免提交的资料项目。

CAC 对于潜在食品用香料的管理主要是根据摄入量和毒理学数据进行安全评估，质量规格和安全评估结果是新品种管理的前提。

欧盟食品用香料许可名单的更新可以由欧盟委员会或申请者发起，并通过 EFSA 安全评估。不仅适用于新的食品用香料或原材料品种的申请，还应该在许可名单中说明对新品种的鉴别和使用的具体条件。新品种的申请也包括了已批准的食品用香料的生产方法或原料明显不同于 EFSA 安全评估的情况。因此欧盟食品用香料质量规格的建立和改变也需要新品种申请的程序进行。

美国对食品添加剂新品种的管理也包括了质量规格的建立与改变，申请流程不包含研制现场及生产现场核查。未规定技术审查的次数，可多次提交补充材料，期限一般为收到补充资料意见后 90 天内。风险评估资料要求明确，如规定了具体的毒理学安全评价项目、环境影响评估资料等。申请改变已批准的食品添加剂使用条件时，未明确可豁免提交的资料项目，但要求提交拟申请修订部分的完整信息。

日本对食品添加剂新品种的管理分为申请者主动申请和厚生劳动省自主批准两种。申请流程上日本与我国大同小异，部分区别在于日本申请流程未提及现场核查，但要求提交全面详细的申报资料，经多方评审并公开征求意见。

韩国对食品添加剂新品种的管理包括了质量规格、标准的建立和使用限量的改变。

5.1.2.4 质量规格与检验检测差异

我国食用香味料的质量规格和标准以食品安全国家标准的形式存在,理论上 GB 2760 许可的每种食品添加剂对应一个食品安全国家标准,但目前 1870 种食品用香料中,尚有 348 种天然香料和 22 种合成香料无强制性产品标准。国标也规定了每种香味料含量的检测方法标准。

JECFA 认为只有当产品的成分与质量状况与安全评估数据所针对物质的成分与质量状况无明显差异时,该物质的安全评估数据才有效,因此在风险评估之初就制定了食用香味料的产品质量规格和检验方法,但产品标准主要是各种食品和香辛料、调味品,无食品用香料的标准。

欧盟(EC)1333/2008 和(EC)1334/2008 规定了各种许可的食品添加剂和食品用香料的产品规格,但产品标准和检测方法主要参考 CAC 和 CEN 的标准。

美国食用香味料的规格标准应参考 21CFR 中食品添加剂相关法规和 FCC 中的规格要求,其中 FCC 还规定了多种物理、化学检测方法和仪器。

日本食用香味料的规格标准和检验方法基本都列在《食品添加剂公定书》中,通则提供了食品添加剂产品的检测项目和方法,各论中明确了具体食品添加剂的检验项目和方法。食品中食品添加剂的检测方法为强制性的《食品中添加剂的分析方法》,不直接采用国际方法。

韩国香辛料产品的标准、规格和检验方法列在《食品法典》中,食品用香料的规格标准和检验方法基本都列在《食品添加剂法典》中。

5.1.2.5 生产经营与标识差异

我国对食品添加剂的生产实行生产许可制度,同一工厂中生产的每种产品均需经过生产许可审查。但对于 GMP 和 HACCP 体系只是推荐,而非强制。

CAC 着重要求了生产食用香味料的卫生条件。整个食品链相关的食品经营者要遵循 GHP,并采用 HACCP 系统。

欧盟、美国、日本和韩国没有针对食用香味料生产的专门要求,而是与食品生产经营的要求相同。欧盟要求食品生产经营者采用 HACCP 系统并建立产品追溯体系和召回流程,各成员国可建立食品生产经营者的注册制度,注册制度不一定要对企业的生产条件进行许可。美国要求登记生产经营设备的相关信息，但不审查生产条件和产品，要求企业强制执行GMP和HACCP。日本对食品添加剂的生产实行生产许可制度，许可主要以工厂的综合卫生管理生产过程为核查对象。韩国要求食品生产经营者获得许可，强制执行HACCP。

在食用香味料的标识方面，国内外规定均包括两个方面：食用香味料产品的标签；添加了食用香味料的预包装食品的标签。我国、CAC、欧盟、美国和韩国对于"天然"等限定词的使用有明确要求。日本对食用香味料的标识没有特别规定，大体遵循食品添加剂的标识要求。

5.1.2.6 进出口管理差异

国内外对于食品的进出口都有明确的管控要求。

我国专门制定了《进出口食品添加剂检验检疫监督管理工作规范》，此外，《食品安全法》第六章"食品进出口"中也有相关规定。美国、日本和韩国没有专门针对食品添加剂进出口的法规，而是遵循食品的进出口要求。CAC和欧盟将食用香味料从食品添加剂中分离出来进行单独管理，但没有专门针对食用香味料进出口的法规，而是和食品添加剂一样，遵循食品的进出口要求。

总之，构建国家层面上的质量安全标准体系是国际上保证本国食品安全和贸易通行的做法。对国际上不同的质量安全标准体系比较的结果显示，总体上，欧盟体系复杂而严密，食品安全法规标准是以各项法规来规范，内容从框架性法规到特殊性法规，从基础标准到产品标准，体系严密，分工合作；坚持以预防为主、以风险分析为基础，对食品生产全过程进行控制。美国通过健全的监测预警技术，严格的安全性评估和审批制度等一系列法规标准来实现对食品生产全过程的控制；其食品安全法规与标准体系健全，注重与国际接轨，拥有强大的技术支撑，所建标准高且严。日本食品安全法规与标准数量较多，形成了一套比较完善的法规与标准体系；法规与标准分工明确，相互协调；并坚持以风险管理、评估和交流为基础，对食品生产全过程进行控制；充分发挥行业团体、专业协会和企业的积极作用，全民共建食品安全法规与标准体系；门槛多且高。CAC的主要工作是通过其分委员会和其他分支机构来完成的。委员会通过分别制定食品的横向（针对所有食品）和纵向（针对不同食品）规定，建立了一套完整的食品国际标准体系，以"食品法典"

的形式向所有成员国发布。

5.2 国内食用香味料质量安全与标准化发展态势

2016年8月26日,中共中央政治局召开会议,审议通过"健康中国2030"规划纲要。"健康中国2030"规划纲要是今后推进健康中国建设的行动纲领。坚持以人民为中心的发展思想,牢固树立和贯彻落实创新、协调、绿色、开放、共享的新发展理念,坚持正确的卫生与健康工作方针,坚持健康优先、改革创新、科学发展、公平公正的原则,以提高人民健康水平为核心,以体制机制改革创新为动力,从广泛的健康影响因素入手,以普及健康生活、优化健康服务、完善健康保障、建设健康环境、发展健康产业为重点,把健康融入所有政策,全方位、全周期保障人民健康,大幅提高健康水平,显著改善健康公平。

食品安全是国计民生之根本。"健康中国2030"规划纲要中强调:完善食品安全标准体系,实现食品安全标准与国际标准基本接轨;加强食品安全风险监测评估,全面推行标准化,建立政府监管、行业自律和社会监督相结合的监督管理体制等一系列有关食品安全及管理的问题。在健康中国大背景下,2017年,国务院发布了《"十三五"国家食品安全规划》(以下简称《规划》),指出,要坚持最严谨的标准、最严格的监管、最严厉的处罚、最严肃的问责,全面实施食品安全战略。对食品从农田到餐桌提出全程控制、全链条监管的要求,严格落实食品生产、经营、使用、检测、监管等各环节安全责任。《规划》实施以来,全国上下深入贯彻落实食品安全工作部署,坚持以人民为中心的发展理念,实施食品安全战略,从严按照党政领导食品安全责任制和"四个最严"要求,全面落实《中共中央国务院关于深化改革加强食品安全工作的意见》,深化机制改革,突出全程严管、赋予保障、靶向治理、高标引领、共治共享,全面营造高质量食品安全体系,大力推动产业发展与标准化融合,促成了当前我国食品安全形势总体保持稳中向好态势。

5.2.1 全面营造高质量安全监管新形势

在国际上,CAC将食品安全定义为:食品中不含有有害物质,不存在引起急性中毒、不良反应或潜在疾病的危险性。FAO 强调，食品安全就是要确保任何人在任何时候、任何地方都能得到能够满足生存和健康所需要的食品。WHO 将食品安全定义为：对食品按其原定用途进行制作和食用时不会使消费者受害的一种担保。它主要是指在食品的生产和消费过程中没有达到危害剂量的有毒、有害物质或因素的加入，从而保证人体按正常剂量和以正确方式摄入这样的食品时不会受到急性或慢性的危害，这种危害包括对摄入者本身及其后代的不良影响。我国《食品安全法》第一百五十条，将食品安全定义为：食品无毒、无害，符合应当有的营养要求，对人体健康不造成任何急性、亚急性或者慢性危害。从国内外对食品安全的定义可见，食品安全包括数量安全、质量安全和营养安全 3 个层次，数量安全解决的是吃得饱的问题，质量安全解决的是吃得放心的问题，营养安全解决的是健康提升的问题。质量安全是营养安全的前提和基础，构建高品质食品安全标准体系是保证食品安全的重要技术途径。食用香味料作为食品产业的上游产业，在这一背景下，国内对食用香味料质量安全的监管必将日渐强化。

5.2.1.1 食用香味料质量标准体系已经形成

到目前为止，我国基本形成以《中华人民共和国食品安全法》为基本法，以《中华人民共和国产品质量法》《中华人民共和国农产品质量安全法》《食品生产加工企业质量安全监督管理实施细则（试行）》《中华人民共和国标准化法》《食品标识管理规定》等为主体，以地方政府规章制度、司法解释为补充，其他法律如《中华人民共和国消费者权益保护法》《中华人民共和国刑法》与其相配合的食品安全法律法规体系。

食品安全标准体系作为我国食品安全法律法规体系的重要组成部分，有着至关重要的作用。《食品安全法》第二十六条规定了八个方面的标准制定范围：①食品、食品添加剂、食品相关产品中的致病性微生物，农药残留、兽药残留、生物毒素、重金属等污染物质以及其他危害人体健康物质的限量规定；②食品添加剂的品种、使用范围、用量；③专供婴幼儿和其他特定人群的主辅食品的营养成分要求；④对与卫生、营养等食品安全要求有关的标签、标志、说明书的要求；⑤食品生产经营过程的卫生要求；⑥与食品安全有关的质量要求；⑦与食品安全有关的食品检验方法与规程；⑧兜底条款：其他需要制定为食品安全标准的内容。围绕这八个方面，2014 年原国家卫计委印发《食品安全国家标准整合工作方案（2014—2015 年）》提出的食品安全国家标准体系框架如图 5-1 所示。

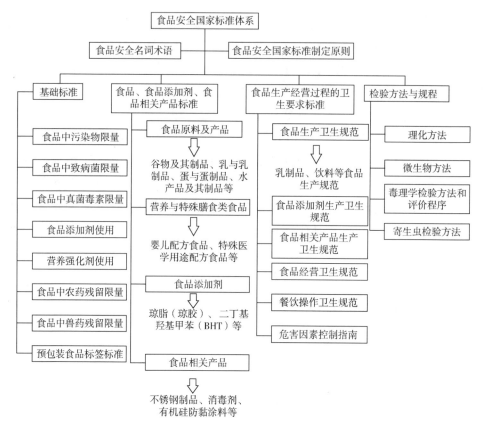

图 5-1　食品安全国家标准体系框架[58]

这一框架基本涵盖了食品从"农田到餐桌",从一般人群到婴幼儿等特殊人群的食品质量管理的各个环节技术要求,包含通用标准、产品标准、生产经营规范标准和检验方法标准等,以此为基础,我国基本形成了符合国际通行做法和我国国情的食品安全国家标准体系。2017 年,原国家卫生与计划生育委员会对食品安全国家标准目录和食品相关标准清理整合结论进行的通报显示,在此体系下共包含食品安全国家标准 1224 项,包括通用标准 11 项、食品产品标准 64 项、特殊膳食食品标准 9 项、食品添加剂质量规格及相关标准 586 项、食品营养强化剂质量规格标准 29 项、食品相关产品标准 15 项、生产经营规范标准 25 项、理化检验方法标准 227 项、微生物检验方法标准 30 项、毒理学检验方法与规程标准 26 项、兽药残留检测方法标准 29 项、农药残留检测方法标准 106 项、被替代和已废止（待废止）标准 67 项，如图 5-2 所示。

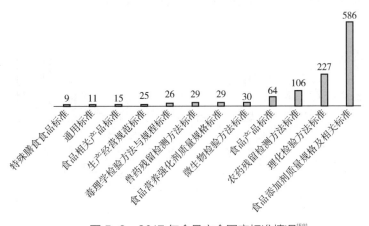

图 5-2　2017 年食品安全国家标准情况[58]

截至 2020 年，食品安全国家标准共 1311 项，包括通用标准 12 项、食品产品标准 70 项、营养与特殊膳食食品标准 9 项、食品添加剂质量规格标准 604 项、食品营养强化剂质量规格标准 50 项、食品相关产品标准 15 项、生产经营规范标准 30 项、理化检验方法与规程标准 229 项、微生物检验方法与规程标准 32 项、毒理学检验方法与规程标准 28 项、农药残留检测方法标准 116 项、兽药残留检测方法标准 38 项、（拟）被代替标准 78 项，如图 5-3 所示。

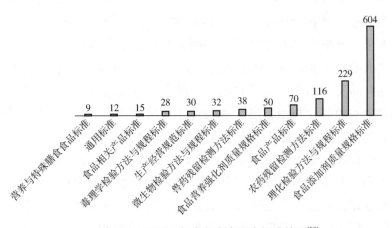

图 5-3　2020 年食品安全国家标准情况[58]

对比 2020 年与 2017 年国家标准制定情况（图 5-4）显示，食品添加剂质量规格相关标准是近几年国家标准制定的重点领域。截止到 2021 年底，食品安全国家标准共 1383 件，其中食品添加剂相关标准 651 件。

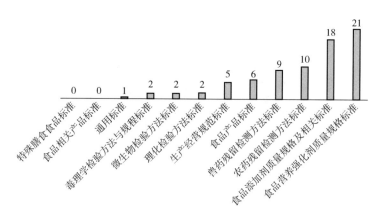

图 5-4　2020 年相对于 2017 年新增制定国家标准情况[58]

在食品安全国家标准体系下，我国形成了由使用标准、质量规格标准、标识标签标准、检验方法标准和生产规范组成的食品添加剂标准系列（表 5-1），食用香味料中的香精香料部分以这一系列标准为基本遵循。

5.2.1.2　食用香味料安全监管全面加强

2021 年 3 月 13 日，新华社公布的《中华人民共和国国民经济和社会发展第十四个五年规划和 2035 年远景目标纲要》（以下简称《国家十四五规划纲要》）提出，严格食品安全监管，加强和改进食品安全监管制度，完善食品安全法律法规和标准体系，探索建立食品安全民事公益诉讼惩罚性赔偿制度，深入实施食品安全战略，推进食品安全放心工程建设攻坚行动，加大重点领域食品安全问题联合整治力度，加强食品药品安全风险监测、抽检和监管执法等。未来，国内食用香味料安全监管全面加强，主要体现在以下几个方面。

（1）探索建立食品安全民事公益诉讼惩罚性赔偿制度

2019 年《中共中央国务院关于深化改革加强食品安全的工作意见》明确要求，积极完善食品安全民事和行政公益诉讼，做好与民事和行政诉讼的衔接与配合，探索建立食品安全民事公益诉讼惩罚性赔偿制度。最高人民检察院 2019 年的工作报告也提出，探索对危害食品安全民事公益诉讼惩罚性赔

表 5-1 我国现行食品添加剂食品安全国家标准构成特征

标准类型	食品安全国家标准	备注
使用标准	GB 2760—2014《食品安全国家标准 食品添加剂使用标准》 GB 14880—2012《食品安全国家标准 食品营养强化剂使用标准》	2015—2021 年，新增 216 种食品添加剂新品种、38 种食品工业用酶制剂、27 种香料、11 种一般食品添加剂、8 种营养强化剂；132 种扩大使用范围、使用量，其中含有食品工业用加工助剂 17 种、营养强化剂 9 种
质量规格标准	GB 26687—2011《食品安全国家标准 复配食品添加剂通则》 GB 1886.174—2016《食品安全国家标准 食品添加剂 食品工业用酶制剂》 GB 30616—2020《食品安全国家标准 食品用香精》 GB 29938—2020《食品安全国家标准 食品用香料通则》 GB 29987—2014《食品安全国家标准 食品添加剂 胶基及其配料》 GB 2763—2021《食品安全国家标准 食品中农药最大残留限量》 单一品种质量规格系列标准	4 种天然香料和 1255 种合成香料在 GB 29938—2020 中有明确要求。41 种天然香料和 200 种合成香料有现行有效的食品安全国家标准，22 种合成香料尚无强制性产品标准
标识标签标准	GB 29924—2013《食品安全国家标准 食品添加剂标识通则》 GB 7718—2011《食品安全国家标准 预包装食品标签通则》	
生产规范标准	GB 31647—2018《食品安全国家标准 食品添加剂生产通用卫生规范》	
检测方法标准	理化检验标准：GB 5009 系列标准 微生物学检验标准：GB 4789 系列标准 香原料中主要成分或有效成分的检测标准：GB/T 11539—2008《香料 填充柱气相色谱分析 通用法》、GB/T 11538—2006《精油 毛细管柱气相色谱分析 通用法》、许可用香料单体检测方法	

偿。《国家十四五规划纲要》再次提出，探索建立食品安全民事公益诉讼惩罚性赔偿制度。食品安全民事公益诉讼惩罚性赔偿制度，将提高危害食品安全行为的违法成本，有利于推动食品安全在法治轨道上运行，未来修订《食品安全法》和《消费者权益保护法》，有可能会对公益诉讼惩罚性赔偿制度作出明确规定，真正实现公益诉讼守护食品安全的制度价值。

（2）加强食品全链条质量安全监管

党的十九大报告明确提出实施食品安全战略，让人民吃得放心。这是党中央着眼党和国家事业全局，对食品安全工作作出的重大部署，是决胜全面建成小康社会、全面建设社会主义现代化国家的重大任务。在"十三五"规划实施期间，国家和地方政府也通过优化制度、健全机制、创新举措、标准引领等方式致力于食品安全治理。比如深圳市，通过大力推进信息化追溯体系建设，积极构建供深食品标准体系、研制发布供深食品团体标准；引入智慧计量监管系统，打造智慧、高效、共享的现代农贸市场管理体系；建立了覆盖全市食品生产经营主体、快速检测和定量检测有机结合的食品安全抽检体系和风险管理体系，优化抽检流程和原则，实现经营主体覆盖最大化；搭建食品安全"共建共治共享"平台，创建"星期三查餐厅""九号查酒""食安探源""农产品任你查"等品牌栏目，进行突击检查，通过执法过程现场直播，打造"透明监管执法"新模式。深圳市的食品安全战略，是一次从政府端到市民端，从生产端到消费端的全领域改革创新，对提升深圳市的现代化治理水平产生了深远影响。2019年《中共中央国务院关于深化改革加强食品安全的工作意见》提出，建立食品安全现代化治理体系，提高从农田到餐桌全过程监管能力，提升食品全链条质量安全保障水平。

（3）推进食品安全放心工程建设攻坚行动

2019年《中共中央国务院关于深化改革加强食品安全的工作意见》明确提出，开展食品安全放心工程建设攻坚行动，用5年左右时间，集中力量实施风险评估和标准制定专项行动、农药兽药使用减量和产地环境净化行动、国产婴幼儿配方乳粉提升行动、校园食品安全守护行动、农村假冒伪劣食品治理行动、餐饮质量安全提升行动、保健食品行业专项清理整治行动、"优质粮食工程"行动、进口食品"国门守护"行动、"双安双创"示范引领行动等10项行动。其中，国产婴幼儿配方乳粉提升行动、校园食品安全守护行动、餐饮质量安全提升行动、"优质粮食工程"行动等食品安全工作，在"十三五"期间已经开展。2019年6月，国家发展和改革委员会、工业和信息化部等六部门联合发布了《国产婴幼儿配方乳粉提升行动方案》；2020年6月，市场监管总局、教育部等四部门联合发布了《校园食品安全守护行动方案(2020—2022年)》；2020年9月，国家市场监管总局发布了《餐饮质量安全提升行动实施方案》。《国家十四五规划纲要》提出，推进食品安全放心工程建设攻坚行动。这些均涉及食用香味料相关的产业链条。

(4) 加大重点领域食品安全问题联合整治力度

"十三五"期间，国务院食安办及各部委针对食品、保健食品、餐饮等行业存在的非法添加、兽药残留、虚假宣传、商标侵权等问题开展了20多次食品安全专项整治行动。其中，2016年开展了保健食品等三类食品非法添加、非法声称问题专项治理，畜禽水产品抗生素、禁用化合物及兽药残留超标专项整治，婴幼儿配方乳粉标签标识规范和监督检查工作等专项整治和工作；2017年开展了食品保健食品欺诈和虚假宣传整治、学校食品安全风险隐患排查整治、严厉打击危害肉品质量安全违法违规行为"百日行动"等专项整治或行动；2018年开展了网络餐饮服务食品安全专项检查、粉丝粉条面制品专项整治等整治或行动；2019年开展了春节期间地理标志使用专项整治、重点工业产品质量安全专项整治、野生动物保护专项整治等工作；2020年开展了固体饮料、压片糖果、代用茶等食品专项整治，爱国卫生运动强化市场环境整治等整治或行动。《国家十四五规划纲要》提出，加大重点领域食品安全问题联合整治力度。2021年在南京召开的食品添加剂会议中再次提出，食品添加剂"超量使用、超范围使用和非法添加"仍然是未来食品安全的重点监管领域。在接下来的五年中，重点领域的联合整治力度会进一步加大，严厉打击"两超一非"违法违规行为，保障食品安全。

5.2.1.3 食用香味料安全监管水平仍需提高

食品安全标准体系是保证我国食品安全的重要基础，是我国食品安全法律法规体系的重要组成部分，以系统科学和标准化原理为指导，按照风险分析的原则和方法，对食品生产、加工、流通、消费即"从农田到餐桌"全过程各个环节影响食品安全关键要素及其控制所涉及的全部标准，是按其内在的联系形成的系统、科学、合理且可行的有机整体。尽管如此，从近几年不同专家对我国现有食品安全标准体系的建设现状分析看，食品安全标准体系还存在一些问题，监管制度仍需进一步完善。需要从食品安全风险评估反映的重点食品安全问题出发，制定、修订风险防控亟须的食品安全标准，进一步完善现有标准体系，强化监管。

（1）安全监管制度需进一步完善。

2009年我国颁布了第一部《中华人民共和国食品安全法》（以下简称《食品安全法》），代替了之前的《中华人民共和国食品卫生法》，以法律的形式对食品安全进行约束。从食品卫生到食品安全，是食品治理理念和治理模式的重大变化，标志着食品安全治理新时代的到来。2013年食品安全监管机构改革，成立了食品药品监督管理总局，将国务院食品安全委员会、原国家食药局、原质检总局、原国家工商总局的食品安全监管职责进行整合，统一管理生产和流通环节的食品安全，职责更加明确。2015年新修订的《食品安全法》发布实施，该法当时被称为"史上最严"。2018年国家机构再次改革，组建国家市场监督管理总局，主要负责食品生产、经营环节的监管，承担国务院食品安全委员会的具体工作；不再保留国家工商行政管理总局、国家质量监督检验检疫总局、国家食品药品监督管理总局；将国家认证认可监督管理委员会及国家标准化管理委员会划入国家市场监督管理总局，将国家质检总局检验检疫职责和队伍划归海关总署；组建国家卫生健康委员会、农业农村部、国家粮食和物资储备局等，不再保留国家卫生和计划生育委员会、农业部和国家粮食局等。总体来讲，为了适应不断变化的国际国内发展形势，我国的食品安全监管体制不断完善。

随着我国食品的种类越来越丰富，新的食品安全问题也不断出现，食品行业在原料供给、香味料使用、生产环境、加工、包装、储运及销售等环节的质量安全管理仍然存在不足。2019年《中共中央国务院关于深化改革加强食品安全工作的意见》提出，完善统一领导、分工负责、分级管理的食品安全监管体制；深化监管体制机制改革，创新监管理念、监管方式，堵塞漏洞、补齐短板，推进食品安全领域国家治理体系和治理能力现代化。加强和改进食品安全监管制度，必须进一步完善我国食品安全监管体制。

（2）安全法律法规和标准体系有待完善

目前，我国以《食品安全法》为基本遵循的食品安全法律法规体系基本建立，为食品安全工作提供了法治保障，但确实还存在着违法成本低、维权成本高、法律震慑力不足等问题，有待进一步研究修订《食品安全法》及其配套法规制度。

食品安全标准是判定风险和监管执法的重要依据。食品安全国家标准是我国食品安全标准体系的主体，截至2021年底，我国共发布食品安全国家标准1383项，包括农药残留、兽药残留、重金属、食品污染物、致病性微生物等食品安全通用标准；食品、食品添加剂、食品相关产品等产品标准；生产经营规范标准以及检验方法与规程等。近年来，有关部门共同努力构建符合我国国情的食品安全标准体系，但距最严谨标准要求尚有一定差距。

一是我国食品安全标准采标率偏低，技术指标低于国际标准，体系整体与国际接轨不完全。食品安全标准由国家统一制定，但我国食品安全标准采用国际标准和国外先进标准的比率偏低，导致我国食品出口需重新认证而增加成本，加大贸易风险。国际组织和各发达国家地区的食品安全法规标准体系的构建原则基本一致，标准的制定均是以风险评估为依据。它们的体系框架内容都涵盖基础（通用）标准、产品标准和过程控制规范3个主要方面，这与我国食品安全国家标准体系所涵盖的内容是基本一致的，但它们更注重食品生产过程控制规范的建设，要求生产企业实施GMP和HACCP管理。由于食品产业技术水平原因，我国食品企业，尤其是食用香味料企业多数还不具备实施的条件。我国的食品安全标准可吸收借鉴其先进的管理方式和概念，增加制定标准所需风险监测数据和风险评估技术积累，推动标准指标朝国际化方向发展。

二是标准间可能存在矛盾、交叉、重复、空白的现象。按照《食品安全法》，食品安全标准体系由三级标准层级组成，分别是国家标准、地方标准和企业标准。根据我国标准化法的规定，国家标准、行业标准、地方标准和企业标准分别由国家标准化管理委员会、国务院有关行政部门、各省市标准化行政主管部门和企业制定，这种多部门、各地方缺乏协调统一制定标准的方式导致标准间可能存在矛盾、交叉、重复、空白的现象。如食品添加剂既有行业标准又有食品安全国家标准，产品标准可能有农业农村部发布的农业标准，也可能有商检标准，这致使标准之间不协调，基础标准与检验标准存在矛盾；标准参数不统一，同一食品存在不同分类，食品安全标准之间存在相互矛盾；标准之间指标混乱，给生产经营和监管带来不便；产品标准未全覆盖，存在个别薄弱部分，部分应由国家统一的、重要的食品安全标准缺失，导致企业无执行标准，监管无适用标准等。

5.2.2　全面促进食用香味料标准体系建设与产业发展深度融合

从中国古代的"车同轨、书同文"，到现代工业规模化生产，都是标准化的生动实践。习近平总书记在致第三十九届国际标准化组织大会的贺信中指出，"标准助推创新发展，标准引领时代进步"。高标准是高质量的保证，高质量的产品和服务不仅关乎生活品质的提高、财产安全的保障，更直接关系到人民群众的生命健康。标准化是保证各个领域技术的协调发展，实现科技成果向生产力转化，提高产品质量，增加效益，增强企业实力的基础。高质量发展是一个既包括宏观经济发展质量，也包括微观经济活动中产品质量、生产质量、服务质量的概念。产业高质量发展的实现，最终需要靠千万家现代化企业切实提供高质量的产品和服务来支撑。企业要满足市场竞争需要和消费者不断增长的需求，必须追求和采用更高的标准，才能在市场竞争中获得优势。

5.2.2.1 发挥标准化引领作用促进产业经济高质量发展

标准化在食品企业生产、经营中的贯穿，为指导生产经营者制定科学合理、安全可靠的食品安全企业标准提供科学依据。在国家食品安全监管体系下，标准化是保证食品安全，保障消费权益，实现产业升级，构建产业链的根本要求。国内食品行业坚持标准与产业发展、消费需求、质量提升相结合，充分发挥标准化对产业发展的引领作用，推动了食品产业的高质量发展。各级地方政府通过政策调控，逐步促成标准构建与产业发展的深度融合，探索出了标准化引领地方经济高质量发展的新路径。

2018年，在国务院办公厅关于对国务院第五次大督查发现的典型经验做法给予表扬的通报（国办发〔2018〕108号）中，表扬了130项锐意改革、勇于创新的地方典型经验做法。其中，河南省漯河市以开展标准化建设引领高质量发展被通报表扬。2018年国务院在大督查专刊上，向全国推广了该市强化标准化引领推动高质量发展的工作成果。近年来，漯河市更是以创建全国质量强市示范城市为抓手，通过大力实施标准化建设，着力推动装备制造业和消费品标准、质量提升，以标准化建设推动了产业竞争力提升，成效明显。漯河市是河南省重要的食品产业聚集区，食用香味料企业相对较多，为了说明标准化对食用香味料产业发展的重要意义，这里以漯河市为例进行介绍。

(1) 通过标准化建设促进产业竞争力提升

2007年，漯河市发布《漯河市人民政府关于实施标准化战略的意见》，2018年该市出台《漯河市市长标准奖管理办法（试行）》《关于漯河市推进标准化建设奖补办法（试行）》，设立市长标准奖，对在政府管理、经济建设、社会服务、文化建设、环境和生态保护方面实施标准化做出突出贡献的单位和个人予以奖励。漯河市重奖被国家标准化管理委员会批准发布的国际、国家行业标准的主要起草单位，鼓励引导有条件的企业利用自身技术优势、市场优势、新产品开发优势，主导或参与国家和行业标准的制定，让更多的行业标准通过逐级认定，从漯河走向全国。同时，引导优势企业组建技术联盟，制定符合产业发展方向的团体标准，向社会提供；推动跨区域、跨行业融合协作，着力打造产业标准化协作平台。2019 年与中国标准化研究院签署战略合作协议，编制《漯河市标准化战略发展规划（2019—2025）》《食品安全标准化专项行动方案》等 1+N 体系，建设食品标准化科研孵化基地、食品产业标准化技术联盟、食品检测中心和认证培训中心。2021 年，食品产业比较集中的召陵区着手创建河南省质量强区示范区。通过一系列的政策引导，加速标准化建设与产业高质量发展的融合，激励更多漯河标准成为国家、行业标准。"一流企业做标准"已成为漯河市食品产业的共识，目前 80% 的规模以上食品企业导入了绩效管理模式，全市共发布农业地方标准 309 项，主导起草省级地方标准 20 多项，参与制定、修订与食品有关的国家和行业标准 88 项，发布了全国调味面制品、魔芋即食食品等 4 项团体标准。全市拥有各类农业标准化示范区 128 个、示范乡镇 12 个；经省级无公害产地认定的种养基地 228 个，产地认定和产品认证数量居全省前列。食品产业市场竞争力大幅提升。2020 年，河南卫龙产值突破 85 亿，中大恒源的香味料产品为全国 90% 以上的方便面企业生产使用，漯河食品产业首次突破 2000 亿。

(2) 通过标准化建设促进食品安全监管能力提升

漯河市以推进工业化和信息化"两化"融合为契机，健全标准规范，创新推进模式，强化互通共享，落实企业追溯管理责任，加强全过程质量安全管理与风险控制，加快建设覆盖全市、适用先进的食品安全追溯体系，实现来源可查、去向可追、责任可究。按照"严谨的标准、严格的监管、严厉的处罚、严肃的问责"的要求，漯河市出台《漯河市食品安全党政同责实施办法》，将食品安全纳入社会治安综合治理考核体系"一票否决"范围，全面构建以技术标准为基础，以法律法规为保障，以质量检验检测、基地认定和产品认证为手段的标准化监管体系，致力打造"国家食品安全示范城市"。出台《中共漯河市委漯河市人民政府关于开展质量提升行动的实施意见》，在全市上下深入开展全国质量强市示范城市建设和省长、市长质量奖争创工作，目前已有双汇发展、南街村集团、贾湖酒业等3家食品企业获评省长质量奖，20家食品企业获评市长质量奖。

通过健全农产品质量检测体系，建立以市农产品质量检测中心为龙头、县检测中心为骨干、乡镇区域农技推广服务站为基础，生产经营企业质量安全检测室为补充的四级检验检测体系，为标准化战略深入推进提供技术、平台、科技等支撑和保障。目前，漯河市已建成328个涉农产品检验检测机构和站点，形成了市、县、企业、市场4个层次的食品安全网络体系，各类农业标准化示范区达128个，国家级认证的农畜产品91种，产地认定和产品认证数量居该省前列。同时，充分发挥国家肉制品质量监督检验中心、国家肉及肉制品检测重点实验室两个"国"字号食品检测机构优势，为食品企业提供高效、安全、权威的检测，国家肉制品质检中心成为全国十大"质量之光"技术机构之一。临颍县产业集聚区建设了食品质量检测中心，个性化单品检测水平不断提高。同时，着手整合、省级质量监督检验中心和328个涉农产品检验检测机构（站点），与武汉大学共建了一期占地200亩的检验检测专业园区。

5.2.2.2 创建地方标准体系塑造地方特色产业优势

我国农业行政管理工作中，几十年来一直执行老的"三品一标"管理方式，即无公害产品、绿色产品、有机产品和地理标志农产品。2020年12月中央农村工作会议，针对全国农业发展提出了新的"三品一标"，即品种培优、品质提升、品牌打造和标准化生产。新的"三品一标"，是落实高质量发展的重要举措，是农业供给侧结构性改革的重点。

我国各级地方政府充分利用地方资源优势，因地制宜地推行特色农产品规模化种植，形成各具特色的规模化农产品优势。在规模化种植优势的基础上，充分发挥地方标准对特色产品的塑造作用，鼓励地方标准体系建设，逐步形成涵盖种植、采收、加工、产品等关键节点的特色产业标准体系，通过符合地方实际的标准贯彻执行促进了地区优势的发挥，提高了地方产品的质量和竞争能力，推动了地方特色产业的发展。

以贵州省的辣椒产业为例。贵州是辣椒的消费大省，也是辣椒种植大省，贵州省根据地方辣椒相关产业的特色优势，通过政策引导，在产业发展中逐步建立完善辣椒产业相关标准化生产体系，制定修订了DBS 52/010—2016《食品安全地方标准 贵州鲜辣椒》、DBS 52/015—2016《食品安全地方标准 贵州素辣椒》、DBS 52/009—2016《食品安全地方标准 贵州香酥辣椒》、DBS 52/011—2016《食品安全地方标准 贵州辣椒面》等 149 项辣椒系列标准。标准化生产体系的创建与完善促进了贵州辣椒产业转型升级，打造出符合多元消费需求的辣椒产品，全方位推动了贵州辣椒品牌的塑造和产业的发展。

通过建设辣椒种质资源库，贵州省选育引进"黔椒""黔辣"等 183 个系列新品种，大力实施"良种工程"，集中育苗率 60% 以上，良种覆盖率 95% 以上。全国唯一的辣椒专业批发市场坐落于贵州遵义。通过完善仓储、冷链物流基础设施建设，培育壮大产业化重点龙头企业，基本形成了北部辣椒调味品加工产业中心、黔中辣椒食品加工产业中心和黔东南酸汤系列辣椒加工产业中心，提升产业链附加值，实现了产业链、供应链、价值链一体化发展。通过政府引导、企业发力、农户精耕、传媒宣介，贵州辣椒产业创新突破，实现了全产业链高质量发展。全省辣椒种植面积 545 万亩、产量 724 万吨、产值 242 亿元，302 家辣椒企业产品销往全球 108 个国家和地区，交易额突破 750 亿元，产销全国第一，形成"中国辣椒、遵义定价、买卖全球"的格局。

5.2.2.3 推行企业标准化提升企业品牌竞争力

经济全球化趋势，使产品的市场竞争环境日趋激烈，技术性贸易壁垒在产品市场竞争中作用不断加大。技术标准已成为参与竞争的战略性手段，从产品流通领域扩展到生产领域，技术标准成为非关税壁垒的主要组成部分，也成为各国企业为保护产品和促进经济贸易发展的重要手段。采用国际标准、国家标准或者行业标准已经成为国内食用香味料产业参与市场竞争的趋势。建立以企业标准为核心的有效标准体系，并把标准向纵深推进，运用标准化手段支持产品开发、保证产品质量，正成为现代香味料企业提高品牌知名度，提升品牌市场竞争力的重要技术途径。

(1) 引领技术标准方向，推高市场品牌优势

太太乐鸡精是调味品行业鸡精细分市场的龙头，由鸡精的发明者荣耀中创立于 1988 年。太太乐鸡精的品牌优势，和上海太太乐食品有限公司在我国调味品标准制定中扮演的角色有重要的关系。

2000 年前后，鸡精行业快速发展，质量标准的缺乏致使行业处于一种良莠不齐、鱼龙混杂的无序状态。为了规范行业秩序，2002 年太太乐起草了行业标准 SB/T 10371—2003《鸡精调味料》，并于 2007 牵头起草 SB/T 10415—2007《鸡粉调味料》。实际上，太太乐的企业标准远远高于这个行业

标准。但这些行业标准的发布给鸡精行业的规范化发展带来了重要影响,提高了鸡精行业的整体水平,相关行业标准的制定显著推动并加速了整个中国新型鲜味工业体系的规范化、标准化进程,为我国调味品行业的快速有序发展奠定了坚实的基础。通过主导行业标准的制定,太太乐产品质量和品牌知名度显著提升,2008 年,太太乐鸡精产销量突破 7 万吨,达到世界第一的规模。借助技术标准优势,2012 年,太太乐精类产品突破 10 万吨规模,引领行业进入一个新的发展时期。

  太太乐结合自身在新型增鲜调味品行业的经验,充分利用国际资源与技术研发实力带动鲜味产业的技术创新,将标准化融入企业发展过程中,逐步推动《鸡精调味料》行业标准上升为国家标准,坚守技术标准高地。在标准优势的引力下,太太乐鸡精销售网络覆盖全国各地,并出口至美国、加拿大、日本、中东等国家和地区,2018 年销售收入突破 50 亿。

  2020 年,太太乐参与制定的团体标准 T/CCIAS 006—2020《调味品检验规则通则》发布实施,该标准对规范行业操作、鼓励企业创新、保障产品质量、推动企业生产技术升级以及完善调味品行业标准体系全面建设等方面,具有积极作用。凭借着卓越的品牌实力以及优异的表现,在 2020 年《中国 500 最具价值品牌》分析报告中,太太乐以 158.31 亿元的品牌价值位列 500 强的第 363 位,排在入榜调味品企业的首位。2020 年,在中国(国际)调味品及食品博览会(CFE2020)上,太太乐获得"调味品行业 25 年消费者喜爱品牌""调味品行业 25 年实力派品牌""调味品行业 25 年创新味道""调味品行业 25 年匠心产品"各奖项,行业龙头地位进一步凸显。

(2)抢占标准高地,塑造产品市场竞争优势

  蚝油是牡蛎熬制而成的调味品,是调味品细分市场的重要类别。2020 年,凯度消费者指数《2020 亚洲品牌足迹报告》显示,海天味业位列中国快速消费品品牌第 4 位;在中国品牌力指数 C-BPI 榜单中,海天蚝油获得 2020 C-BPI 行业第一蚝油品牌,李锦记位列其后。然而,追溯蚝油的历史会发现,蚝油是李锦记的创始人李锦棠先生于 1902 年发明的。

  随着中国经济的发展,人们的生活水平逐步提高,在消费升级的趋势带动下,消费者对品质的追求也越来越高。蚝油产品从数量、质量等多方面均发生了很大的变化,而国内不断拓展扩大的消费区域也对蚝油产品的风味、工艺技术、安全、卫生等方面提出了更高要求,重新修订国家蚝油产品行业标准,既是业界的呼声,也是促进蚝油行业健康发展的必然要求。

海天味业积极应对市场需求的变化，通过提升技术能力提升产品品质。利用自身的品牌、市场、技术、人才等资源优势，积极参与国家、行业标准的制定和修订。2007年，由中国商业联合会商业标准中心牵头，海天味业主导的SB/T 10005—2007《蚝油》行业标准发布；2008年，海天味业牵头制定的GB/T 21999—2008《蚝油》国家标准发布。相关标准的发布既对我国调味品行业的发展起到引领作用，也提高了海天味业在调味品行业中的地位，让社会资源成为企业资源。借此，海天味业进入蚝油产品从生产制造、品牌树立到标准制定的全新发展阶段。海天蚝油连续多年保持行业销量第一。2017年，海天味业的蚝油收入为22.66亿元，约占市场份额的40%。2020年海天味业企业年报显示，蚝油营收41.13亿元，同比增长17.86%。2021年，海天市场占有率高达42.0%，位居第一。

5.3 对河南食用香味料产品质量安全与标准化的启示

在国家层面上，我国通过一系列政策全面实施食品安全战略，着力推进监管体制机制改革创新和依法治理，推动食品安全现代化治理体系建设，促进食品产业发展。形成了以《中华人民共和国食品安全法》为核心，以《中华人民共和国食品安全法实施条例》《食品生产许可管理办法》《食品经营许可管理办法》《食品安全抽样检验管理办法》《食品召回管理办法》《中华人民共和国进出口食品安全管理办法》《中华人民共和国进口食品境外生产企业注册管理规定》等为配套的食品安全监管法律体系。在这一法律体系下，国内食用香味料标准化体系逐步建立健全，基本涵盖了食用香味料"从农田到餐桌"的全产业链条，涵盖范围更加全面，标准化建设成效显著。

河南省深入贯彻落实习近平总书记"健康中国"重要指示批示精神，大力实施食品安全战略，加强食品安全治理。全省食用香味料安全形势持续稳定向好，标准化能力持续走强，总体呈现出基础强化的良好态势。但食用香味料产业标准化水平仍然偏低；高层次标准制修订的参与度不够，在食品安全领域的话语权较低；地方标准供给不足问题依然存在，地方特色香味料产品优势未能得到发挥；食用香味料企业在市场竞争中的优势仍然不足，食用香味料企业标准化能力与现代化食品产业发展的需求仍存在差距。

国际食用香味料监管的特点和国内食用香味料标准化发展的态势表明，标准作为创新与竞争的重要手段，日益成为各国博弈焦点，加强标准化工作，实施标准化战略，是一项重要且紧迫的任务。而建设"标准河南"是贯彻落实《国家标准化发展纲要》的重要举措；是实施标准化战略，推动全省标准化改革发展的重要路径；是引领和服务河南科技创新和重大产业发展，服务和保障民生，实现河南"十大战略"的有力抓手。全省要以健康中国需求为统领，以《国家十四五规划纲要》为基本遵循，贯彻《国家标准化发展纲要》，紧紧围绕河南"十大战略"和党委、政府中心工作，持续优化顶层设计，创新标准化工作思路和方法，强化全域标准化深度发展，争取在搭建国际标准交流平台、争取国际标准建设项目、建立企业标准促进发展体系、完善高端标准化人才培养机制等方面积极突破。

河南省坚持食品安全大局，积极融入健康中国全局，立足河南省情，提出建设"食品安全省"等多项决策部署，逐步构建了政府主导、企业负责、部门联动、公众参与的食品安全社会共治格局，完善责任明确、制度健全、运转高效、风险可控的食品安全体系，食品安全保障水平持续提升。

5.3.1 全面加强食用香味料质量安全监管

2017年，国务院发布《"十三五"国家食品安全规划》，提出整治食品安全突出隐患及行业共性问题。重点治理10项危害食品安全的"潜规则"和相关违法行为，其中包括超范围、超限量使用食品添加剂。同时完善食品中可能违法添加的非食用物质名单、国家禁用和限用农药名录等，研究破解"潜规则"的检验方法。意图以最严谨的标准、最严格的监管、最严厉的处罚、最严肃的问责，守住国家食品安全底线。通过规划的实施，食用香味料相关的基础标准、产品标准、配套检验方法标准、生产经营卫生规范等逐步建立健全。国内对食用香味料的安全监管力度持续加强。在这一背景下，河南省只有不断增强食用香味料监管能力，不断提升技术标准水平，才能确保食用香味料产品质量安全，为河南食品产业的健康发展提供支撑。

5.3.1.1 全面提升监管队伍专业素质

食品添加剂滥用等诱发的公众事件正在增加社会对食品安全的关注。从专业技术的角度实施食品安全监管已成为保障食品安全的必由之路。在这种环境下，国家设置了专门的食品质量与安全专业，培养食品安全监管专业技术人员。目前，国内设置食品质量与安全专业的高校超过250所，而且培养侧重点不同，培养层次也不同。每年都有大批高素质专业技术人员充实到食品监管岗位，大幅度提高了国内食品安全监管的专业素质水平，促进国内食品安全监管能力全面提升。

河南省委省政府坚持食品安全大局，立足河南人民健康和食品产业发展，积极强化食品安全监管队伍专业素质。出台积极的人才政策，加大食品安全专业技术人才培养和引进力度，实施食品安全监管人才队伍建设提升工程，开展食品安全监管全员岗位培训，分级、分类对食品安全委员会系统、监管机构、检测机构、安全检测技术人员、基层协管员、信息员进行培训，提高了食品安全监管队伍知识水平。深化综合执法改革，整合执法力量，加强食品安全领域监管、执法力量，加强各级公安部门打击食品安全犯罪专职队伍，提高了食品安全监管队伍专业素质。鼓励各地政府通过解决机构编制、人员配备、执法装备、生活待遇、工作条件等方面的实际问题，建立食品安全职业化检查队伍，积极提升基层监管队伍业务能力。但总体上，高层次专业技术人员仍显不足，而且多集中于省市级的监管机构和科研院所中，监管一线专业技术人员不足现象明显。

5.3.1.2 大力提升检测检验技术能力

随着监管专业人才队伍壮大和人员素质的提升，国内食品安全检测技术能力全面增强，各种先进的技术手段，例如色谱、质谱、传感器等，逐步应用到食品安全相关的专业检测中，并形成通用的标准方法，以试纸条、试剂盒为特征的快检方式正在食品安全监管中普及，大大提升了国内食品安全检测精度、准度和速度。

随着检测技术能力的增强，检测机构数量也不断增加。目前，国内食品安全检测机构超过1100家，这些检测机构属于不同主管部门，如质检部门、卫生部门、农业部门、工商部门、食药部门，这也致使不同机构间实验室设置、仪器装备配置高度相似的现象普遍存在。机构的重复设置必然造成检测项目和样品的高度重复，致使热点问题、热点产品检测集中度高，而一些冷门项目和产品没有机构检测。技术人员满负荷聚焦于热点问题，没有充分的时间去研究新的危害因素或者新的检测技术手段或方法。即便如此，这种强化了的检测技术能力，也主要集中在地市级以上的检测机构，现阶段并没有充分下沉到基层单位，尤其是作为食品安全主体的生产企业。检测经费投入不足，检验检测技术设备落后，检验检测水平低，有些环节检测工作不能正常开展，以定性检测为主，样品检测还主要依靠送检的方式。此外，现阶段的食品安全管理过分强调且依赖于检测的作用。在这一管理思维下，即使检测准确、检测样本有代表性，但也只能是事后发现问题，处理问题，却无法改变产品的安全属性。这致使虽然总体检测技术能力增强，但食品安全监管的效能相对较低。

近年来，河南省食品安全检测技术方面的投入不断加大，各食品安全检测机构逐步具备了采用现代分析技术手段进行食品安全相关检测的能力，并与国内总体水平保持一致。但检测技术能力显著增强与监管效能之间的矛盾也同样存在。

5.3.1.3　全面推进食品安全监管信息化建设

现阶段，信息技术已随着机构改革的深入，融入市场监管的宏观决策、办公自动化、日常监管和公共服务等的各个环节和领域。以事权划分为原则，以监管事项、权责清单和监管程序规则为基础，以管理主体、产品、各类监管行为为要素对象，以政务服务、事中事后、维权救助、技术支持、社会共治"五位一体"，集中整合相同领域的监管类系统，逐步实现市场监管工作中的规范化、流程化、制度化。市场监管部门紧扣聚焦高质量发展、聚力高水平监管的主题，以数据驱动管理、数据洞察风险、数据服务决策为核心，按照"标准统一、基础共用、数据共享、业务协同"的要求，不断加大信息化投入力度。通过优化网络配置，搭建应用载体、整合应用系统、数据"牵线搭桥"，形成了"集成-融合-提升"的信息化工作思路，以数据驱动业务，不断提高市场监管的效能。

按照国家信息化建设的总体部署，河南省应快速融入国家市场监管信息标准化体系，建设市场监管大数据中心和市场监管应用支撑平台，并配套相应的组织保障机制。实施食品安全监管信息化工程，开展"互联网+食品安全监管"行动，构建食品安全服务网查询体系，提供食品基本信息、企业索证信息、权威检测（抽检）信息等多种食品信息查询渠道。推进食品安全监管大数据资源共享和应用，实现全省食品安全监管信息共享、互联互通，提升食品安全智慧监管能力。建立全省统一的食品安全监督管理综合服务系统，实施核心业务全流程信息化管理，推进行政审批信息化建设，完善网上审批系统，打造政务服务一张网。推动食品监管信息化标准规范体系、省级食品安全数据库、省级应用支撑平台、省级食品安全监管业务应用系统、网络安全保障体系等向大数据平台靠拢。推动河南省食品监管迈入信息化监管新时代，更加高效地保障食品安全战略和人民"舌尖上的安全"。

5.3.2 深度融入国家质量标准体系建设

《"健康中国 2030"规划纲要》《中华人民共和国国民经济和社会发展第十三个五年规划纲要》以及《十四五规划纲要》均将强化国家食品安全监管体系作为保证食品安全的手段，而建立完善的食品安全标准体系是保证食品安全的基础。我国通过积极政策完善食品行业标准化专业学科建设，综合培养标准化专业人才，构建多层次、多元化、高水平、高质量的食品标准体系，分类加大强制性标准、推荐性标准、行业标准、企业标准、团体标准的制修订力度。

高质量发展，高标准引领是关键。技术标准是产品质量的技术保障，同时也是技术和经济能力的综合反映。根据国务院印发的《深化标准化工作改革方案》（国发〔2015〕13 号），国家标准体系由以政府供给为主，向政府供给和市场主导制定二元化转变。政府主导制定的标准精简为 4 类，分别是强制性国家标准、推荐性国家标准、行业标准和地方标准；市场自主制定的标准分为团体标准和企业标准。政府主导制定的标准侧重于保基本，市场自主制定的标准侧重于提高竞争力。在食品安全监管持续强化的背景下，政府机构、企事业单位应充分意识到标准在产品质量安全和营造竞争优势中的重要价值。鼓励食用香味料相关企事业单位积极参与国家标准体系建设，对标国际先进标准，推行企业标准化建设，全面提升在产品质量安全方面的话语权，提升产品质量和竞争力，促进食用香味料产业高质量发展。

5.3.2.1 参与高层次标准建设，提升质量安全话语权

安全标准在食品安全风险治理中具有十分重要的基础性、技术性、规范性作用，是保障食品安全的技术性法规。国家可以通过制修订食品安全标准方式引导行业的发展方向，甚至引起行业的重新定位。根据《中华人

民共和国食品安全法（2021修订本）》和《中华人民共和国食品安全法实施条例》的规定，我国的食品安全标准是强制执行的标准，除食品安全标准外，不得制定其他食品强制性标准，其根本目的是保证食品安全，防止食源性疾病的发生，保护消费者健康。目前，我国已经形成了较为系统的食品安全国家标准体系，涉及的食品安全国家标准既包括致病性微生物、农药残留、兽药残留、重金属、污染物质、添加剂以及其他危害人体健康物质的限量规定，也包括易于鉴别和辨识的感官指标，既有对终产品的安全要求，也有对食品原料、生产过程的卫生操作规范要求。食品安全标准通过规范准入门槛，引导行业提高食品安全管理水平，促进食品企业的良性竞争，并且有利于促进国际食品贸易。因此，食品安全标准是食品质量安全的第一道防线，是企业组织食品生产的主要依据。在国际国内食品安全监管持续强化的背景下，技术标准就是话语权和产业竞争制高点。技术标准在食用香味料行业竞争中的优势日益凸显，以标准为抓手的竞争趋势正在形成。

近年来，河南省各级政府持续出台积极政策推动食品产业标准化建设，充分发挥标准在食品安全监管和市场竞争中的优势作用。"十三五"期间，河南省标准化工作紧紧围绕和服务全省经济社会发展大局，着力完善标准化体制机制，夯实标准化工作基础，健全标准体系，推动标准实施和监督，扎实推进标准化战略，全面提升了标准化服务经济社会发展的有效性。地方政府深入贯彻全国标准化改革要求和全省市场监管工作会议精神，大力推动实施标准化战略，着力构建推动高质量发展的标准体系，强化标准实施与监督，以发挥标准化食品相关安全治理和塑造竞争优势中的基础性、战略性作用。积极引导各级单位争取参与或主导国家标准、行业标准和地方标准的制修订工作，促使河南食用香味料产业标准化水平持续提升。香味料企业参与国家标准制修订的意识明显提高，具有一定规模的香味料企业，在标准化管理理念的驱动下，凭借自身技术力量积极融入国家标准的制修订工作中，促使企业技术能力和标准化水平明显提升，在相关产品的市场竞争中获得竞争优势。例如，天然香料生产企业中大恒源依托自身技术优势，参与制定修订国家食品安全标准12项，主导3项，企业技术水平和国际知名度显著提升，产品出口至美国、欧盟、日本、韩国等14个国家和地区，国内销售到31个省市自治区，全国90%的方便面生产企业使用了中大恒源的产品。

河南省是食用香味料的工业大省，据不完全统计，目前通过 QS 认证的食用香味料生产企业 700 多家，其中涉及复合调味料的生产企业近 600 家，企业数量超过 20 家的地市包括郑州、周口、新乡、驻马店、焦作、漯河、许昌、洛阳、商丘、南阳、平顶山，约占全省复合调味料生产企业数量的 88%。产品品种主要为固态和半固态复合调味料，生产企业数量约占全省复合调味料企业总数量的 96%。但企业整体规模相对较小，上规模企业不多，本土企业更少，产品生产只能被动地执行标准。河南省卫生健康委员会的数据显示，有标准备案的香味料生产企业仅有 200 多家，这意味着多数企业生产基本执行食品国家标准或者地方标准的最低要求。多数企业没有专门的研发机构，相当一部分产品的设计和生产还主要依靠经验和作坊式加工。企业很难把握这类产品的理化特性、化学构成、工艺过程、安全要求，甚至感官属性，从而导致这类产品难以实现标准化。这种相对较低的技术能力，导致河南食用香味料产业在国家标准和行业标准制定方面的参与度总体偏低，在质量标准领域缺少话语权，产业标准化水平与企业市场化竞争需求存在差距。

5.3.2.2 深挖地方标准，营造地方特色产业发展新局面

近年来，中央和各地方政府连续出台政策，加快推进农业农村特色产业发展，并大力推进农业全产业链培育。2021 年出台的《国家标准化发展纲要》提出，强化标准引领，实施乡村振兴标准化行动。加快健全现代农业全产业链标准，推进地方特色产业标准化。围绕提升食品质量和安全水平，各地政府以满足人民日益增长的美好生活需要为目标，以推进供给侧结构性改革为主线，以优结构、提质量、创品牌、增活力为着力点，强化标准规范、科技创新、政策扶持、执法监督和消费培育，加快构建地方特色食品产业体系、生产体系、经营体系和质量安全体系，充分释放地方特色食品产业发展的巨大空间与潜力，大力推进地方特色食品产业规模化、工业化、标准化发展，推动食品产业提质升级。目前，农业全产业链发展体系正在逐步形成，一批特色产业示范基地和链主企业也在不断壮大，对于加快全面乡村振兴、实现共同富裕起到重要推动作用。

农业农村部印发《关于加快农业全产业链培育发展的指导意见》(农产发〔2021〕2 号)，明确到 2025 年，培育一批年产值超百亿元的农业"链主"企业，打造一批全产业链价值超百亿元的典型县。数据显示，截至 2021 年 6 月，

农业农村部、财政部支持建设 100 个全国优势特色产业集群。优势特色产业集群建设激发了建设主体的发展活力和内生动力,形成企业引领、合作社跟进、农民广泛参与的发展格局。

河南省食用香味料植物资源较为丰富,有天然香味料资源 130 多种,多数资源具有典型的地方特色。由于区域自然条件、技术水平和经济发展程度差别很大,这些具有地方特色的农产品、土特产品等,或只在本地区使用的风味产品,或只在本地区具有的环境要素等,通常经营分散,产业基础相对较差。事实上,上述相当一部分食用香味料植物资源还处于分散的生产状态,生产经营水平相对原始,规模化、标准化生产水平落后。

为了促进地方经济发展,从制定地方标准入手推动地方特色产业发展,坚持把实施标准化战略、强化技术监管作为助推乡村特色产业发展的重要抓手,河南省政府持续鼓励当地政府挖掘当地优势资源,走规模化发展的道路,形成花椒种植基地、大蒜种植基地以及茶叶种植基地等,并制定一些农业技术地方标准,在农产品规模化发展上形成一定优势,不断提升地方特色农产品品牌发展。但相关的深加工产品较少,为数不多的针对性深加工企业,技术力量较弱,规模有限。由于缺乏统一的标准化管理等因素,产品质量参差不齐,市场得不到有效监管,市场无序竞争问题时有发生。少数企业为了降低成本,通过过度简化工艺过程、降低质量标准等手段抢占市场份额,导致产品耗能增加,存在安全隐患,相关特色产品难以做大做强,尚未形成以农产品基地为依托的香味料产业集群优势。

河南省食品地方标准公共服务平台数据显示,河南省共备案食品安全地方标准 2116 件,其中 1262 件为现行有效。但涉及食用香味料的鲜有发布,与之相关的仅有 DB41/T 420—2005《胡辣汤料》和 DB41/T 1393—2017《地理标志产品 辉县柿子醋》。此外,还有一些以农产品形式呈现的地理标志产品的地方标准,如大蒜、辣椒、大葱、怀姜等以及相应的生产技术规范,但总体不超过 20 件。地方标准对特色香味料资源的扶持作用尚未得到充分发挥。

5.3.2.3 创新企业标准,塑造品牌竞争新优势

企业是国民经济和社会发展的主力军,是创新和活力的源泉,在增强经济实力、增加财政收入、推动科技创新、提供社会就业、维护社会稳定等方面发挥着举足轻重的作用。企业高质量发展是整个国民经济高质量发展的重

要组成部分。标准代表着规则话语权和产业竞争制高点，在推动企业高质量发展方面有着不可替代的作用。

食品安全国家标准或者地方标准是食用香味料生产企业生产经营必须满足的最低标准。《食品安全法》鼓励食品相关生产企业制定严于食品安全国家标准或者地方标准的企业标准，在本企业使用，并报省、自治区、直辖市人民政府卫生行政部门备案。《中华人民共和国食品安全法实施条例》要求食品生产企业不得制定低于食品安全国家标准或者地方标准要求的企业标准。为规范食品安全企业标准备案，原卫生部制定并于2009年6月10日发布施行了《食品安全企业标准备案办法》，食品生产相关企业制定食品安全指标严于食品安全国家标准或者地方标准的企业标准，应报省、自治区、直辖市人民政府卫生行政部门备案。因此，企业标准的备案情况能一定程度上反映生产企业的标准化水平，备案的总体数量能在一定程度上反映一个区域某一领域质量安全标准化的情况。

(1) 河南食用香味料企业标准现状分析

根据现行《河南省食品安全企业标准备案管理办法》（2017年5月15日施行）要求，食品生产相关企业制定严于食品安全国家标准或者河南省食品安全地方标准的企业标准应当向河南省卫生行政部门备案。在遵守国家食品相关法规和标准的基础上，根据企业发展需要，河南省食用香味料相关企业制定了一些企业标准，并在河南省食品安全企业标准信息服务系统中进行了备案，以供公众查阅和下载。

在这个系统中，首个企业标准备案日期为2017年6月9日，截至2021年12月，共备案食品相关企业标准15693件。根据相关数据，对河南省食用香味料企业标准备案情况分析，结果见图5-5~图5-9。这些数据反映了2017—2021年间河南食用香味料相关企业标准备案的年度分布情况。

备案企业标准分析统计结果（图5-5）显示，自2017年河南省发布实施新的《河南省食品安全企业标准备案管理办法》以来，食品相关企业标准备案数量在经历一年的快速上升后，逐渐趋于稳定，这和近年来河南省食品产业整体发展态势是相一致的，但香味料企业标准备案数量呈明显的逐年增加趋势，2017年以来，河南食用香味料企业标准备案比重以每年3~4个百分点持续增长（图5-6）。这一方面说明河南香味料企业标准化意识的提高，另一方面也折射出食品消费市场对食品风味需求的进一步提升，食品消费需求正在发生结构性变化，食品消费价值主导属性正在由营养属性向感官属性转变。

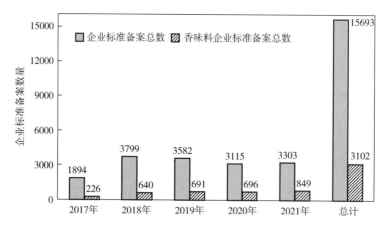

图 5-5　2017—2021 年河南香味料企业标准备案数量年度分布图

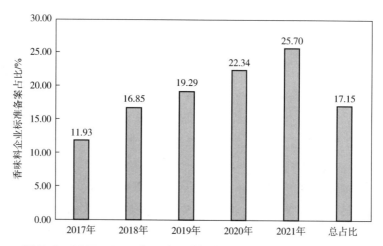

图 5-6　2017—2021 年河南香味料企业标准备案数量占比年度分布图

对备案香味料企业标准进行研读的结果显示,标准备案的香味料产品种类主要为调味料,包括调味酱、油、料、汁、粉、浆等品类(图 5-7),这些品种总体上占香味料企业标准备案数量的 95% 以上;企业标准中的规定内容相对宏观,经验性描述居多。企业调研的情况也显示,河南香味料企业整体技术水平较低,多数产品没有核心技术,关键原料依靠外购,产品以低附加值的粗加工产品居多。企业标准化水平还处于相对较低的技术层面,即便是复合香味料产品,多数也仍然是经验型产品,标准的制定仅针对终端产品本身。这种情况在一些省内著名的香味料企业中也较常见。这基本呈现了河南省内香味料企业的标准化现状。

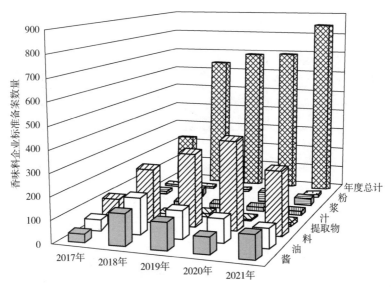

项目	2017年	2018年	2019年	2020年	2021年
酱	38	144	123	80	106
油	56	169	131	111	81
料	101	261	340	395	282
提取物	0	0	25	11	16
汁	8	15	23	23	14
浆	16	40	46	47	38
粉	7	11	7	5	11
年度总计	226	640	695	672	548

图 5-7 2017—2021 年河南不同类型食用香味料企业标准备案数量年度分布图

河南食品香味料企业标准备案数据也显示，复合香味料产品备案的数量（图 5-8）和比重（图 5-9）呈持续增加趋势。复合香味料产品附加值相对较高，对生产企业技术研发能力的要求相对较高。这说明受食品消费市场多元化需求的引导，香味料产品消费需求正日趋多元化，也表明河南香味料企业技术研发能力正在提升。

（2）与国内其他省份的比较

河南食用香味料企业标准备案数量的持续增长，显示食用香味料产业技术水平正在稳步提升，但总体的科技水平和标准化水平还相对偏低。为了理清河南香味料产业标准化方面的优势和短板，进一步调研了代表性产粮大省和经济较为发达省份关于香味料企业标准的备案情况。

图 5-8 2017—2021 年河南复合香味料企业标准备案数量年度分布图

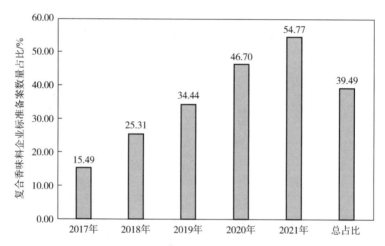

图 5-9 2017—2021 年河南复合香味料企业标准备案数量占比年度分布图

  2021 年国家统计局公开的数据，国内各省粮食产量如图 5-10 所示。其中粮食产量排名靠前的省份依次为黑龙江、河南、山东、安徽、吉林、内蒙古、河北、江苏。对这些省份卫健委官方网站公开的食品相关企业标准备案数据（2021 年数据统计至 12 月，未包括内蒙古）进行统计（图 5-11）显示，食品相关企业标准黑龙江省备案 5410 件，河南省 15693 件，山东省 29434 件，安徽省 14799 件，河北省 10242 件，吉林省 26186 件，江苏省 24537 件；其中食用香味料相关企业标准备案，黑龙江省 742 件，河南省 3102 件，山东省 4423

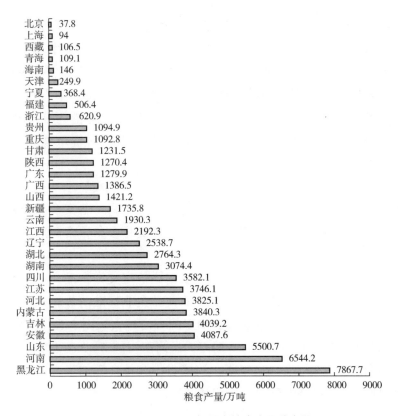

图 5-10　2021 年国内粮食产量分布图

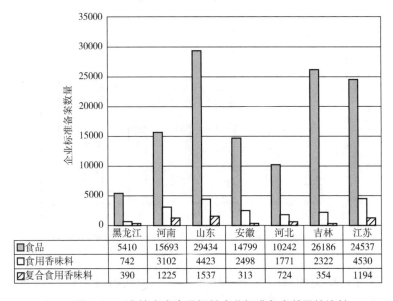

图 5-11　产粮大省食品相关企业标准备案数量的比较

件,安徽省 2498 件,河北省 1771 件,吉林省 2322 件,江苏省 4530 件;而复合香味料的备案数量,黑龙江省 390 件,河南省 1225 件,山东省 1537 件,安徽省 313 件,河北省 724 件,吉林省 354 件,江苏省 1194 件。总体上,备案的食用香味料相关企业标准主要为调味料、辛香料类、调味油、甜味料、酸味料类产品,这类产品占备案标准总量的 95% 以上;香精香料类食品添加剂鲜有见到,且主要以天然香原料提取物为主,如玫瑰花提取物。

对产粮大省食品相关企业标准备案的情况进行比较显示,在总量上,山东、吉林、江苏食品企业标准备案数量显著多于河南。备案食品企业标准越多,间接说明一个省份可供应工业化食品的种类也多,粮食深加工的水平相对较高。

将食品企业标准备案数量与粮食产量的比值定义为食品企业标准备案指数。这个指数越大,表明单位粮食产生的食品企业标准的数量越多,即可供应的工业化食品越多,也表示粮食深加工的程度越大。图 5-12 显示,山东、吉林、江苏的这个指数均显著高于河南,是河南省的 2～3 倍左右,河北的这个指数与河南的基本相当。这表明,这些省份在粮食深加工方面可能较河南更具基础优势,尤其是山东、吉林和江苏。

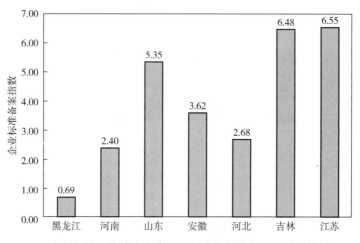

图 5-12 产粮大省食品相关企业标准备案指数的比较

进一步分析相关的数据显示,山东、江苏食用香味料企业标准备案数量也明显多于河南。将食用香味料企业标准备案数量与粮食产量的比值定义为食用香味料企业标准备案指数，结果显示，山东、江苏的这个指数显著大于河南（图5-13）。这可能提示，粮食深加工程度越高，对香味料的需求越大。由于食品企业研发能力的局限，香味料企业往往通过协助开发产品的方式，将香味料产品融入食品企业的产品开发中，从而主导食品类产品的风格特征。这在一定程度上使食品企业在市场竞争中受制于香味料供应企业。对河南食品企业实地调研的结果显示，河南食品企业用于塑造产品风味特色的关键香味料产品多从其他省份或者跨国企业购入，如卫龙的辣条产品、双汇的火腿肠产品等。

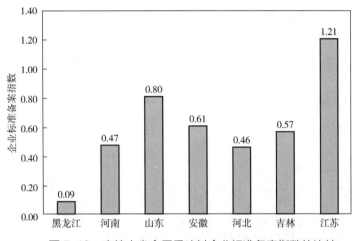

图5-13 产粮大省食用香味料企业标准备案指数的比较

图5-14显示了2017—2021年不同省份香味料企业标准的备案情况，这些数据表明，河南食用香味料企业标准备案数量呈明显的逐年递增趋势，山东呈递减趋势，江苏基本处于稳定状态。图5-15表明河南食用香味料企业标准在食品相关备案标准中的占比也呈逐年增加趋势，不同于其他省份，这个趋势基本与河南食品加工领域的需求一致。

粮食加工产业统计数据显示，河南省粮食加工转化能力持续居全国前列。2020年底，各类粮食加工企业已超过万家，所生产的面粉、挂面、方便面、速冻食品等粮食初加工产品均为市场占有率的"全国冠军"。河南正完成从"国人粮仓"到"国人厨房"的转变。预计未来10年，河南省食品工业仍将保持年均15%以上的增长势头，各种方便主副食品年均增长将超过20%。食用香味料是食品工业中不可或缺的原辅料，在这个转变过程中起着至关重要的助推作用，市场需求量大幅提高，发展空间广阔。

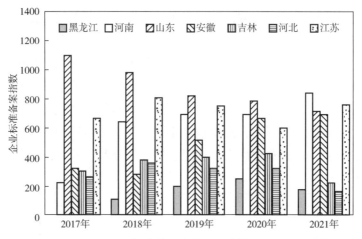

图 5-14　2017—2021 年产粮大省食用香味料企业标准备案数量的比较

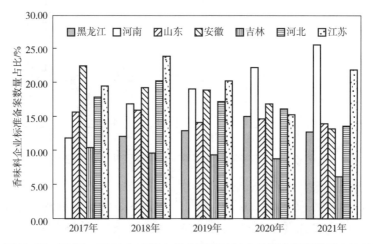

图 5-15　2017—2021 年产粮大省食用香味料企业标准备案数量占比的比较

复合食用香味料通常具有一定的配方或者相对复杂的工艺，易于实现风味特征的多元化，能满足更为多元化的风味需求，对其进行标准化通常需要一定的技术能力。此类香味料的备案数量能在一定程度上折射一个区域在食用香味料方面的综合技术水平。将复合食用香味料企业标准备案数量与粮食产量的比值定义为复合食用香味料企业标准备案指数，图 5-16 的数据显示，山东和江苏的复合食用香味料企业标准备案指数也高于河南。但河南复合食用香味料的比重呈明显的逐年增加趋势（图 5-17）。上述数据表明，河南香味料标准化技术水平略低于江苏和山东，但河南香味料市场正朝多元化方向发展，复合香味料产品的标准化水平也正在逐步提高。

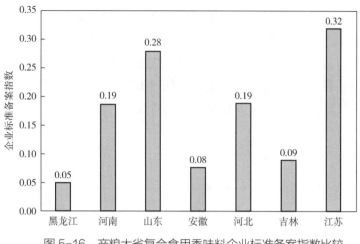

图 5-16 产粮大省复合食用香味料企业标准备案指数比较

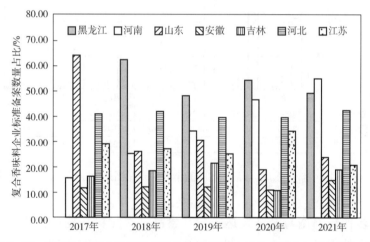

图 5-17 2017—2021 年产粮大省复合食用香味料企业标准备案数量占比的特征

2021 年国家统计局公开的数据，GDP 排名靠前的省份有广东省、江苏省、山东省、浙江省、河南省、福建省、上海市。对各省卫健委官方网站公开的食品相关企业标准备案数量（2021 年数据统计至 12 月）进行统计显示，广东省 20849 件、江苏省 24537 件、山东省 51331 件、浙江省 22453 件、河南省 15693 件、福建省 11696 件、上海市 1394 件；其中食品香味料企业标准备案，广东省 3996 件、江苏省 4566 件、山东省 7098 件、浙江省 2463 件、河南省 3102

件、福建省 1614 件、上海市 223 件。而复合香味料的备案数量，广东省 561 件、江苏省 1194 件、山东省 2105 件、浙江省 501 件、河南省 1225 件、福建省 418 件、上海市 38 件。总体上，备案的食用香味料主要为调味料、辛香料类、调味油、甜味料、酸味料类产品，这类产品占备案香味料产品总量的 95%以上；香精香料类食品添加剂鲜有见到。这和产粮大省的情况是类似的。与广东省、江苏省、山东省、浙江省等省份相比（图 5-18），无论是在食品方面还是在香味料方面，河南企业标准备案数量都相对较少。

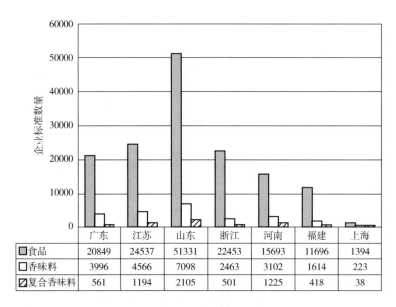

图 5-18　部分 2021 年度 GDP 前十省份食品相关企业标准备案分布特征

进一步比较河南与经济发达省份在食品、香味料、复合香味料企业标准备案指数上的差异（图 5-19～图 5-21）显示，河南省的食品、香味料、复合香味料企业标准备案指数均低于上述省份。

梳理 2018 年以来各省相关企业标准的备案情况（图 5-22～图 5-24）显示，在食品、香味料、复合香味料企业标准年备案数量上，广东省、福建省均持续增加，河南省食品相关企业标准年备案数量略有下降，食用香味料、复合香味料方面持续增加，食品和香味料方面的增幅也明显低于广东省和福建省；2018 年后，广东省食品、香味料方面的年备案数量均明显高于河南省，福建省低于河南省。中国食品工业协会数据显示，近年来河南食品产业有所下滑，自 2019 开始，规模以上食品工业营收已被广东省超越，排名屈居全国第四。近年来，广东省食品产业集群效应十分突出，东莞、江门等地规模以上食品企业以及食用香味料企业均在 100 家以上，多有外商投资成分，外向型和内贸型并重，企业标准化水平较高，拥有海内外广阔市场。复合香味料方面，虽然河南省快速增加，而且年备案数量持续高于其他省份，但是正如前文所述，标准的技术含量仍然相对较低。

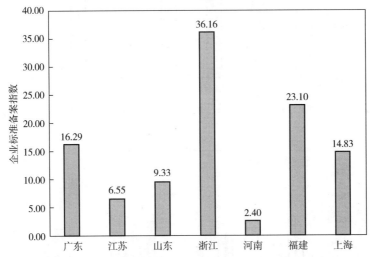

图 5-19 部分 2021 年度 GDP 前十省份食品相关企业标准备案指数比较

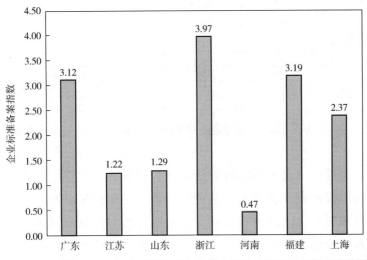

图 5-20 部分 2021 年度 GDP 前十省份食用香味料企业标准备案指数比较

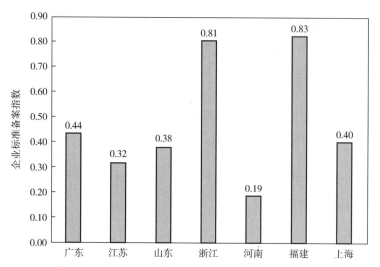

图 5-21 部分 2021 年度 GDP 前十省份复合香味料企业标准备案指数比较

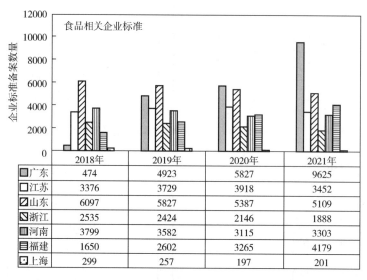

图 5-22 2018—2021 年部分经济发达省份食品相关企业标准备案数量分布特征

食品加工过程中食用香味料的使用具有特殊性，需要结合产品种类和风格定位进行二次研发，这要求食品企业具备一定的科技研发能力。对部分食品企业和香味料企业的调研时发现，受区域因素的影响，河南食品企业风味研发技术人员缺乏，存在研发人员引得来、留不住的问题，风味研发能力总体较弱。而且，总体上河南食品企业规模相对小而且分散，多数企业在当地没有成规模的研发中心，即便有研发机构也主要地处省外，如浙江、福建、上海、广州等地，尤其是通过招商引资开办的企业。经济、信息以及产品设计的便利，致使用于这些食品企业产品风味塑造的香味料产品也主要来源于这些省份。一些规模较大的企业，虽然有自己的研发中心，但在风味塑造方面的核心原料或者配方仍或多或少需从省外或者国外购进。

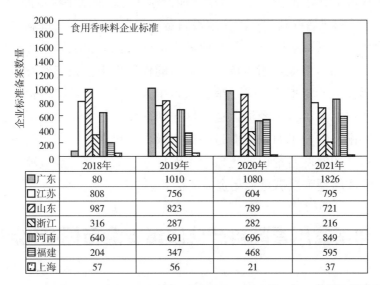

图 5-23　2018—2021 年部分经济发达省份食用香味料企业标准备案数量分布特征

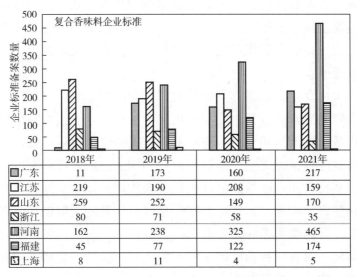

图 5-24　2018—2021 年部分经济发达省份复合香味料企业标准备案数量分布特征

与上述食品企业风味研发能力不足对应的是，河南多数食用香味料企业仍然处于香味料原料的初始加工阶段，香味料企业产品标准化程度有限，没有专门的香味料研发机构甚至食品研发技术人员，产品标准化存在技术上的难度，在为食品企业提供产品研发服务方面心有余而力不足。

对河南食用香味料企业标准的梳理以及与国内其他省份的比较表明：①河南食用香味料企业标准总体数量持续增加，标准化总体水平稳步提升。但大多数从事香精香料类香味料生产的企业没有备案的企业标准，香味料产品加工过程标准化程度较低，多数香味料企业尚未形成自己的企业质量标准体系，企业标准营造产品质量提升和市场竞争优势的作用仍未得到有效发挥，企业标准化水平仍需进一步提高；②在粮食大省中，河南食用香味料企业标准总量处于中等水平，显著低于经济大省，这与河南食品行业建设"国人餐桌"的目标尚不匹配；③技术力量薄弱是多数小微香味料企业标准化的主要制约因素，一些重要的香味料难以本土自给，例如本土的花椒、辣椒等相关香味料产品，因品质问题难以满足食品企业的需要。

5.4 河南食用香味料产业质量安全与标准化对策

食品安全是全面建成小康社会的重要基础，是以人民为中心的发展思想的具体体现，是满足人民群众美好生活需要的基本要求。以习近平同志为核心的党中央高度重视食品安全工作。党的十八大以来，习近平总书记对食品安全工作作出一系列重要指示批示，为做好食品安全工作指明了前进方向、提供了根本遵循。

当前，国内食用香味料的安全监管归于食品安全监管的范畴，在国家层面上建立有较为完善的监管制度框架和安全标准体系。实行县级以上政府统筹协调，市场监管部门和卫生等有关部门分工协作的监管体制，在相关食品安全法律法规的框架下健全了监管制度，实施生产经营许可制度，加强许可事后监管，实行食用香味料产品准出和准入管理及调味品原料管理，形成对食用香味料生产、流通、餐饮环节实行全链条监管的制度框架。与此形成鲜明对比的是，国内食用香味料企业总体标准化水平有限，多数企业安全管控标准较为薄弱，对香味料标准的执行程度还有待提高。食用香味料企业标准化能力与刚性的市场监管制度存在差距，造成了食用香味料市场安全风险的持续存在。

近年来，河南省深入贯彻落实习近平总书记重要指示批示精神，大力实施食品安全战略，加强食品安全治理，守住了不发生重大食品安全事件的底线。全省食品相关产业持续繁荣，安全形势持续稳定向好，总体呈现出基础强化、特色突出的良好态势。但河南食用香味料产业发展与食品安全领域发展不平衡，与人民群众的期盼和食品产业健康发展的要求仍存在差距。如何从技术、管理、产业、政策等层面不断递进建设，完善现有体系的不足尚需进一步实践、探索、研究，以实现借助标准化途径支撑香味料产业的健康发展。对于河南省，在从"天下粮仓"到"国人厨房"的转型过程中，有效推进食用香味料产业标准化升级，充分发挥食用香味料对河南食品产业发展的重大推动作用，必须充分利用本土资源，从强化政策引导和科技水平提升两个角度有效提升食用香味料产业的标准化能力以及标准的执行能力。

5.4.1 强化市场监督对食用香味料标准化的引导作用

以国家"十四五"发展规划中对食品安全的发展布局为出发点，强化食用香味料质量安全对食品安全的支撑作用，结合国家食品安全标准化体系建设要求，制定河南食用香味料质量安全与标准化发展规划。积极推进国家标准化综合改革试点，进一步完善食用香味料标准化管理体制机制，优化标准供给结构，完善标准化政策措施，不断创新模式，推动香味料标准化与乡村振兴等经济社会发展各领域深度融合，加快形成推动高质量发展的食品香味料标准体系，形成政府引导、市场驱动、社会参与、协同推进的标准化工作格局。

市场监管部门在行使市场监管职责，确保食用香味料市场安全、有序的同时，应深入香味料企业，了解企业的实际情况，引导香味料企业积极参与国际、国家标准化活动，参与制定国际、国家、行业标准和地方标准，掌握行业标准话语权。组织开展标准化良好企业创建活动，指导企业建立健全以技术标准为主，包括管理标准和工作标准的企业标准体系，提高企业标准化管理水平和市场竞争力。实施企业标准领跑者制度，引导企业制定实施高于国际、国家、行业标准的企业标准，积极采用国际标准或国外先进标准。

5.4.2 发挥地方标准对特色食用香味料产品质量的塑造作用

地方标准通常为规范地方特色产品的生产、消费和监管而制定。河南香味料植物资源丰富，规模化种植和产量较多的香味料植物有大蒜、辣椒、芝麻、洋葱、生姜、香椿等，这些产品具有典型的地方特色和分散种植的特点。

通过地方标准的制定和发布，将逐步约束、规范香味料植物种植、生产管理和产品加工等过程，促进生产单位研制和运用先进标准生产，提高产品质量，塑造优质香味料原料，打造出河南品牌；进而促进规模化、标准化种植基地的建立，满足食用香味料企业规模化生产对原料品质一致性和稳定性的要求，从而奠定河南香味料产业发展的原料基础，帮助河南食品产业塑造地方特色，讲好河南故事。

5.4.3 突出科技创新对食用香味料产业标准化的引领作用

优质的产品和科学的市场监管是以先进的标准为基础的。一方面，通过科技创新，企业能够提高自己的创新能力；另一方面，这些企业的标准化能力也会随着科技创新能力的提升而不断加强。而食用香味料以满足消费者感官享受为目标，科学地解释香味料产品的风味成因，开发科学的调控技术、工业化生产技术是实现标准化的重要途径。近年来，在食品风味研究领域从理论到应用技术均取得了长足的发展，风味科学研究的成果正转化为工业应用技术。新技术的引入势必促进创新成果的出现，推动新标准的制定。香味料企业将先进的科学技术引入香味料的生产中，在改善现有生产技术的同时，通过科技创新，促进新标准普及和推广，加速科技创新产品和技术的标准化进程，进而打造企业标准高地，提升企业的市场竞争力。

5.4.4 完善企业制度对食用香味料质量安全的保障作用

发达国家在对食品卫生安全监管上主要以预防为主，强制食品生产企业实施 GMP 和 HACCP 等体系，从生产环节降低了食品潜在的风险。目前，受限于食品企业技术水平差异，我国强制食品生产企业实施生产许可制度，而对于 GMP 和 HACCP 体系只是推荐，因此产品质量的控制方法仅为最终产品检验，只能描述检验时的产品状况，难以从生产源头控制风险。

HACCP 体系也存在着一些不足和缺陷，即强调在管理中进行事前危害分析，引入数据和对关键过程进行监控的同时，忽视了它应置身于一个完善的、系统的和严密的管理体系中才能更好地发挥作用。ISO 22000 食品安全管理体系标准正是为了弥补以上的不足，在广泛吸收了 ISO 9001 质量管理体系的基本原则和过程方法的基础上而产生的，它是对 HACCP 原理的丰富和完善，更有利于企业在食品安全上进行管理。

河南省香味料企业发展水平、技术实力严重不均衡，对实施食品安全管理体系的主动性、积极性参差不齐。实力较强的大型企业能接受 HACCP，具备必要的引入资金等实施条件；对于小企业，不仅缺少资金，而且员工也缺乏必要的技能，要他们理解、接受并将 HACCP 用于生产是困难的，一般情况下，实施 HACCP 的主动性较低。因此，政府要加强政策引导和技术扶持，鼓励、帮助、推动食用香味料企业建立 HACCP 体系，甚至通过 ISO 22000 认证，保障产品质量安全，为企业做大做强、提高技术水平、开拓海外高端市场打下基础。

5.4.5　确保检测机构对食品安全的监督作用

检测检验是保证产品最终安全的重要技术途径。检测检验的结果常常被作为产品质量安全的最重要依据，有时也会在法庭上作为产品合法和有效的证据，这就需要检验检测机构具有较高的技术水平、先进的技术装备、专业化的检测队伍和标准化的检测方法，以确保检测检验结果实验的可信度、有效性和权威性。因此，检测检验机构是食品安全管理体系的一个基本构成要素，检测检验机构的数量和层级取决于食品安全管理体系的目标和工作量的大小。

在强化食品安全的大环境下，河南省已经自上而下形成了职责和功能不同的食品安全检测检验机构，同时正在构建以省级机构为龙头、市级机构为骨干、县级机构为补充，层级分工明确、定位清晰的食品安全检验检测体系，并考虑扶持第三方检测机构，如高校、研究所等科研机构，全方位提高检测能力和专业化水平，以保证食品安全在有效监管之下。但总体上，目前基层检测结构在检测技术水平、技术装备、检测队伍和标准执行能力等方面仍然滞后于食品相关市场监管的需求。同时，受限于技术实力和企业规模，河南省多数食品生产企业的检测是送交专门的实验室完成的。通过加大政策资金支持力度，提升基层检测检验机构检测技术能力仍然是加强食品安全监管需要解决的主要问题。

第6章 河南食用香味料产业高质量发展对策

随着社会经济的发展，工业食品在居民饮食消费中的比重不断提升，风味驱动的饮食消费不断强化。河南是粮食大省，食品工业是河南省事关全局的战略支柱产业，在全省经济和社会发展中占有举足轻重的地位。食用香味料是食品工业不可或缺的重要原料之一，是食品工业的核心配套产业，是食品工业创新的主要源泉，是食品工业可持续发展的重要环节。积极推动香味料产业发展对河南食品工业的高质量发展，乃至全省经济的持续健康发展具有重要意义。

河南香味料资源丰富，香味料产业资源优势明显，产业规模和技术水平持续提升。但在市场高度垄断、经济社会全面绿色转型以及全球疫情持续蔓延的背景下，河南要发展打造香味料特色优势产业，支撑和巩固河南食品工业的优势地位，助推河南经济整体高质量发展，就必须立足于河南食用香味料产业高质量发展，针对河南食用香味料产业发展的态势，资源高效利用的主要途径和共性技术需求，以及标准化方面存在的不足，进行战略性规划和布局。

6.1 优化产业布局，推进产业结构转型升级

6.1.1 加强宏观管理与引导

产业结构不合理、集中度低是制约河南食用香味料产业高质量发展的核

心问题。产业结构优化和产业发展方式转变与政府相关部门的政策引导、宏观管理存在深刻联系，政策的创新与引导能够对产业结构优化发挥良好的推动、促进作用。因此，对于河南食用香味料产业的结构优化，必须积极进行政策创新，加强宏观管理，对产业内的指标、规模、产品等相关内容进行协调、优化发展，切实帮助企业实现资源整合和规模扩大，同时带动相关中小企业共同发展，促进企业提升产品结构和产品创新能力，营造河南食用香味料产业良好发展环境。

6.1.2 提升产业集中度

河南香味料企业众多，但以中、小、微企业为主，龙头企业的培育、发展与国内外差距较大，规模竞争优势尚未形成。在河南食用香味料产业结构的优化过程中，应大力扶持、培育龙头企业，在基地建设、市场开拓等方面给予充分的政策和资源支持，体现出企业规模的结构优化、市场集中度的提升以及资源的有效整合。鼓励具有优势的大型企业，通过重组、兼并等形式进一步扩大企业规模，满足低成本扩展和市场集中度提升的要求。在目前日趋激烈的市场竞争下，大企业应当发挥良好的带动作用，使中小企业逐渐向其靠拢，形成良好的协作与联合，从而取得共同发展。

6.1.3 优化产业链结构

河南香味料产业以初加工为主，精深加工企业少，产业链短，延伸不够，并且科技创新型企业少，产业链短板明显。河南须从原料种植、加工生产、科研、营销等关键环节，对香味料产业进行合理规划、布局，更加注重原料基地的建设、对具有高附加值产品的精深加工企业和科技创新型企业的扶持，不断优化产业内比例关系，推动河南香味料产业由粗放型向精细型、创新型发展方式的转变，促进河南食用香味料全产业链的协调发展。

6.1.4 优化产品结构

河南香味料产品大多为低附加值的原料产品和初级加工产品，同质化低端竞争问题突出，下游高附加值的高端产品严重缺乏，产品结构极不合理。河南香味料产业需要通过先进技术手段的科学应用，不断提升产业的生产加工水平；通过市场需求为导向的基础研究的强化，不断提升产业的产品创新水平；通过标准化战略的实施和文化价值的挖掘，不断提升产业的品牌建设水平，从而提升产品的科技附加值和品牌附加值，实现产品结构的优化，努力占据产业链和价值链高端。

6.2 加大科技投入，提升产业自主创新能力

6.2.1 加强科技平台建设，支撑科技创新

科技平台是产业科技活动的基本支撑，在实现科技资源共享、促进科技成果转化方面作用巨大。提高科技创新水平，关键是要加快产业科技平台建设。目前河南香味料产业尚未搭建高层面的科技创新平台，高水平科技创新缺乏平台支撑，因此河南亟须从资源条件、研究开发、科技成果转化、科技交流合作等物质与信息系统和相应的管理制度以及专业化人才队伍等方面，加快资源共享平台、技术创新平台、成果转化平台、交流合作平台建设。尤其是在技术创新平台建设上，应当围绕河南香味料产业发展需求，大力建设布局合理、装备先进、开放流动、共建共享、高效运行的实验研究开发基地，提高产业的高科技原创能力；有计划地组建与香味料产业紧密结合的国家级和省部级的高水平重点实验室或工程技术中心；建立企业院士工作站，以企业创新需求为导向，引导区域内外院士及其创新团队向企业集聚，研究开发香味料产业核心技术。

6.2.2 强化基础研究，提供科技创新源动力

基础研究是产业创新、产品创新的根本源泉，只有提升基础研究和原始创新能力，才能赢得发展主动权。针对河南香味料产业的发展，坚持需求导向、问题导向，持续加大政府财政对基础研究的支持力度，充分利用郑州大学、河南工业大学、河南农业大学等省内高校和河南农科院等科研院所的相关学科研究和人才资源，积极引进国内外在食用香味料科技研发方面有领先优势的研究机构、科技企业、研发团队，共同围绕风味科学领域的核心科学问题，开展集中攻关；同时创新管理模式，促进基础研究成果向实用化、工程化转化的速度和效率。为了促进河南香味料产业科技创新水平的提升，需

要重点强化以下几方面的基础研究：

一是风味物质基础。由于香味料或食品基质的复杂性，风味物质基础既是风味科学最基本的研究内容，也是风味科学研究中面临的重大科学问题和技术难题。感官组学是近年来国内外围绕风味解析提出的新技术思路，其目的是从分子水平上全面定性、定量和描述风味。围绕河南香味料产业的发展需要，以分子感官科学理论为依据，融合现代化学分析技术和感官鉴评技术，构建分子感官科学分析技术体系，为分子水平上解析香味料以及食品风味物质基础提供科学方法和手段。

二是风味物质相互作用。风味特征是各种化学成分之间通过相互协同或拮抗作用所引起的刺激传递到大脑中枢后所产生的感官感受。因此，在风味物质基础解析的基础上，阐明风味物质相互作用将是风味科学研究中面临的第二道难题。目前对于风味相互作用研究主要采用的是阈值法、S形曲线法、风味活性值法和 $\sigma\text{-}\tau$ 图法等宏观层面的技术方法。在综合采用现有技术方法的基础上，进一步从神经生物学角度深入开展风味物质相互作用研究，更加准确地阐明风味物质相互作用，为产品风味塑造提供坚实的科学依据。

三是风味感知神经生物学机制。风味感知的神经生物学机制是风味科学研究中最前沿、最复杂、最具挑战的内容，也将是对风味相关产业产生颠覆性、革命性影响的科学研究。因此，以食品工业为经济支柱的河南必须高度重视风味感知的神经生物学机制，从风味物质与受体的相互作用、神经信号传导、信号编码等不同层次，逐步探究风味形成的神经生物学原理，为风味相关产业的科技创新提供最前沿的科学支撑。

6.2.3 实现关键核心技术突破，引领产业科技进步

围绕河南食用香味料高质量发展的需要，以关键共性技术、前沿引领技术、现代工程技术、颠覆性技术创新为突破口，努力进行技术攻关，实现关键核心技术突破，引领产业科技进步，提升产业自主创新能力。

一是原料科学种植。根据河南地区的气候类型与生态条件，因地制宜，科学规划，建设河南优势特色原料基地。抓住花椒、茶叶、大蒜等重点品种生产历史久远、质量优良、知名度高的优势，形成特色种植区和优势品种标准化种植技术，打造标准化、专业化水平较高的香味料原料基地。建设良种繁育基地和标准化种植基地，提高机械化作业水平，推广应用化肥农药减量

使用、病虫害绿色防控、大数据监测预警等高产高效的科学种植技术。加大芳香植物资源的发掘、品种选育和规模化种植的科技投入，形成芳香植物新品种创制与引种驯化技术。

二是产品精深加工。针对河南香味料产业链短、产品结构单一、高附加值产品少的问题，应大力引进国内外成熟的先进技术，深入开展新工艺、新产品研发，提升原料精深加工水平，丰富产品结构，提高产品科技附加值，尤其是要积极探索生物技术如生物发酵、酶工程等在获得高附加值天然等同香味料中的规模化应用；高度重视超临界萃取技术、分子蒸馏技术在制备高品质精油类产品中的有效应用；深入开展多级萃取、多级分离技术手段的集成应用，实现原料的全方位利用，获得组成不同、功能各异的系列产品，拓展产品应用场景。

三是特色风味重构。风味重构是促进特色传统饮食向规范化、标准化的现代食品产业转变，解决特色天然香料应用成本高、品控难问题的重要技术手段。河南要发展香味料产业，必须高度重视特色风味重构技术的研究开发。以风味特征为导向，研究建立涵盖拆分、定位、分析、评价及验证等关键技术环节的风味解析技术体系，从分子水平上阐释特色风味物质基础，进而根据风味关键成分、相互作用以及基质效应，形成特色风味的重构技术，为河南香味料产业的产品创新提供重要技术支撑。

四是特色风味创制。风味创制是香味料产业乃至整个食品工业的核心技术，既需要科学理论与技术的支撑，还需要风味创制人员极富想象力的艺术创造，完美展现人类追求感官享受过程中科学与艺术的紧密结合。因此，河南要发展香味料产业，需要强化风味科学基础理论，如风味的神经效应与调控机制，为特色风味创制提供科学指导；需要夯实高品质原料保障，为特色风味创制提供物质基础；需要实现风味创制经验理论的数字化表达，增强风味创制的高效性、精准性；需要大力培养高水平风味创制人员，充分体现风味创制的艺术水准，进而提升河南香味料产业的风味创新水平，争取做到引领市场趋势，占据产业链与价值链高端。

6.2.4 推进产业数字化，提升科技创新效率

《中华人民共和国国民经济和社会发展第十四个五年规划和2035年远景目标纲要》提出："加快推动数字产业化""推进产业数字化转型"。这是党

中央把握世界科技革命和产业变革大趋势作出的战略部署，为打造数字经济新优势指明了方向。因此，河南发展香味料产业也必须利用现代数字信息技术、先进互联网和人工智能技术对香味料产业进行全方位、全角度、全链条改造，使数字技术与产业实体深度融合发展，促进传统生产要素优化配置、传统生产方式变革，实现产业生产力水平跨越式提升。从科技创新角度来看，推进香味料产业的数字化转型，实现原料、产品、生产、市场等方面信息的数字化，并建立相应的公共服务平台，对产品创新具有重要的促进作用，能够显著提升河南香味料产业的科技创新效率。

6.3 实施标准化战略，助推产业高质量发展

6.3.1 完善标准体系建设，引领产业发展

以《中华人民共和国国民经济和社会发展第十四个五年规划和2035年远景目标纲要》中对食品安全的发展布局为出发点，强化食用香味料质量安全对食品安全的支撑作用，结合国家食品安全标准化体系建设要求，制定河南食用香味料质量安全与标准化发展规划。积极推进国家标准化综合改革试点，进一步完善食用香味料标准化管理体制机制，优化标准供给结构，完善标准化政策措施，不断创新模式，推动香味料标准化与乡村振兴等经济社会发展各领域深度融合，形成政府引导、市场驱动、社会参与、协同推进的标准化工作格局，加快形成食品香味料标准体系，引领河南香味料产业高质量发展。香味料产业标准体系的建设应该重点关注以下三个方面：

一是参与高层面标准建设，争取产业发展话语权。目前我国已经构建起从农田到餐桌，与国际接轨的食品安全国家标准体系，但是面对新消费模式、新资源、新国际贸易形势，食品工业也面临着新工艺、新业态带来的创新压力，食品安全标准体系建设势必将是一项动态性、持续性的长期系统工程。香味料作为食品风味创新的关键，也将是食品安全标准体系建设的重要组成部分。河南发展香味料产业过程中必须高度重视高层面的标准建设工作，要大力支持和鼓励香味料企业参与国家、行业标准的制定，提升河南香味料产业在全国的影响力，争取发展的主动权和话语权。

二是重视地方标准建设，彰显产业区域特色。地方标准是产业标准体系建设的重要方面，不仅可以保证产品质量，而且对彰显产业区域特色、历史

传承具有重要作用。香味料产业的原料种植和产品风格具有较强的区域、文化特色，地方标准的配套对于产业发展尤为重要。河南香味料产业由于发展规模、发展水平不高，对于地方标准建立不够重视，明显落后于农产品、食品领域，没有充分发挥地方标准对优势特色产业的打造引领作用。因此，河南香味料产业要充分利用特色原料优势，深入挖掘文化资源，围绕香味料的原料种植、产品加工、产品质量风格强化具有河南特色的香味料地方标准建设，彰显河南香味料产业的区域特色。

三是强化企业标准建设，打造产业市场竞争优势。企业标准反映了企业生产、经营的标准化水平，体现了企业的技术创新能力，决定着产品的市场竞争力。河南香味料产业由于产业结构不合理，技术力量不够，企业标准建设水平与国内外龙头企业存在较大差距。近年来，风味研究领域从理论到应用技术均取得了长足的发展，风味科学研究的成果正转化为工业应用技术。新技术的引入势必促进创新成果的出现，推动新标准的出现。因此，河南香味料产业必须借助最新科技成果，不断进行原料创新、工艺创新、产品创新，并且以科技创新为基础不断强化企业标准建设，加速原料、工艺、产品的标准化控制进程，抢占企业标准高地，提升企业市场竞争力。

6.3.2 建好标准支撑点，坚守安全底线

香味料是食品的重要组成部分，是食品安全的重要影响因素。必须针对香味料产业着力完善预防为主、风险管控的治理体系，推动香味料产品质量安全监管的事前防范；加强香味料检验检测能力支撑，逐渐建设香味料国家级、省级质检中心，布局构建完善的香味料检验检测体系。

一是逐渐实施 GMP、HACCP 体系，做到风险事前防范。发达国家在对食品卫生安全监管上主要以预防为主，强制食品生产企业实施 GMP 和 HACCP 等体系，从生产环节降低了产品潜在的风险。目前，受限于食品企业技术水平差异，我国强制食品生产企业实施生产许可制度，而对于 GMP 和 HACCP 体系只是推荐。河南省食用香味料企业发展水平、技术实力不均衡，对实施食品安全管理体系的主动性、积极性参差不齐。实力较强的大型企业能接受 HACCP，具备必要的引入资金等实施条件；对于小企业，不仅缺少资金，而且员工也缺乏必要的技能，要他们理解、接受并将 HACCP 用于生产存在一定难度。因此，政府要加强政策引导和技术扶持，鼓励、帮助食用香味料企业建立 GMP 和

HACCP 体系，甚至通过 ISO 22000 认证，做到香味料产品安全风险的事前防范，为企业做大做强、提高技术水平、开拓海外高端市场打下基础。

二是逐渐构建香味料检验检测体系，保障产品质量安全。作为食品工业的核心配套产业，河南香味料产业目前以中、小、微企业为主，生产加工技术水平落后的发展水平与现状，决定了河南香味料产品依然可能存在安全隐患。在河南食品工业高速发展以及对香味料需求不断提升的背景下，香味料产品的质量安全在食品安全监管中应该受到高度重视。在强化食品安全的大环境下，河南省已经自上而下形成了职责和功能不同的食品安全检测检验机构，同时正在构建以省级机构为龙头、市级机构为骨干、县级机构为补充，层级分工明确、定位清晰的食品质量安全检验检测体系。但是由于香味料特性不完全等同于食品，食品质量安全检验检测体系可能不能完全满足香味料的检验检测。因此，在优化河南香味料产业结构、提升产业技术创新水平的同时，还需要根据香味料产业特点，陆续布局建设包括国家级、省级、企业级的香味料检验检测平台，逐渐形成香味料质量安全检验检测体系，保障香味料产品质量安全，消除香味料可能导致的食品安全隐患。

6.4 强化品牌战略，提升产业核心竞争力

实施品牌战略就是企业依靠研发、技术、管理、质量和文化，改变经济高增长对能源消耗的过分依赖，实现资源利用最小化、企业效益最大化，提高产品质量和附加值。在长期的发展过程中，河南食品产业业培育出了一批知名品牌，如前文提到的"双汇""思念""三全"等，这些品牌形成的效应在河南食品产业的高质量发展中正在发挥有力的推动作用。但现阶段，河南香味料产业与食品产业的协同发展明显不足，食品产业品牌效用产生的发展红利并未为香味料产业充分利用。虽也培育出了一些具有一定区域影响力的品牌，但以中小企业为主、集中度低、技术水平低、难以对产品进行品牌化经营，仍然是河南香味产业的特点。对于河南香味料产业，通过品牌建设提升产品质量和附加值，占据产业链、价值链高端实现产业高质量发展仍任重而道远。

品牌建设是一项长期任务、系统工程，需要科学规划。总体而言，品牌建设要突出"品牌产品—品牌企业—品牌产业—品牌经济"发展线，分类别、分层次建立品牌培育库，实行有计划、有重点地培育发展，形成储备一批、争

创一批、培育一批的发展格局。要依托香味料产业发展特色和优势，突出重点企业、重点产品，大力培育"名、优、特、新"品牌，大力扶持具有自主知识产权和核心技术，能支撑和带动河南经济发展的香味料龙头企业，打造具有自主知识产权和综合竞争力的国内、国际品牌。要体现企业在品牌创建中的主体作用，香味料企业必须把产品质量视为生命，不断加强产品质量检测体系建设、规范化和标准化生产，积极开展行业认证和产品质量认证，靠产品实力征服市场；要重视对品牌的宣传推介，确定清晰的、稳定的、长久的品牌形象，推动品牌的延伸扩张；要坚持把技术创新作为品牌战略的核心，推进香味料产业转型升级，让企业的产品始终处于产业链的高端，处于市场的前沿。

6.5 坚持绿色发展理念，促进产业转型升级

香味料产业作为食品工业的核心配套产业，企业数量众多，小微企业占比极高，在环境、资源约束日益加剧的情况下，企业的装备水平还比较落后，资源消耗和环境污染较为严重，副产物综合利用水平不高，清洁生产相对滞后。整体来看，绿色转型仍是食品工业"十四五"需要发力的重点方向。因此，河南香味料产业必须持续坚持绿色发展理念，改变单纯追求发展速度和利润最大化的现状，促进产业转型升级。将可持续发展作为企业发展的战略基点，将塑造竞争优势的重点放在创建技术创新型、资源节约型、环境友好型企业上来。积极开发利用绿色低碳技术，广泛采用新技术、新工艺和新装备，加快淘汰落后产能，围绕节能减排开展技术创新，推动技术进步。推广绿色种植技术，实施测土配方施肥、病虫害生物防治，减少农药化肥使用，大力发展生态种植业与绿色有机无公害产品，提升芳香植物质量及其市场竞争力。推动绿色化学技术创新、传统工艺改造创新，开展重点产品工艺改造，开发和采用环境友好工艺，大幅减少三废，提高香料产品品质，突破绿色贸易壁垒，实现高效生产、资源节约、环境保护与可持续发展。

6.6 加强政策机制创新，营造产业发展良好环境

河南食品工业迅猛的发展势头，将对香味料产业提出更大的需求、更高

的要求，因此河南发展香味料产业不仅是支柱性经济领域健康发展的必然需要，也将具有广阔的市场发展空间。为了促进河南香味料产业的快速发展，政府需要加大对香味料产业的重视程度，加强政策机制创新，营造产业发展良好环境。

一是要进一步完善监管机制。现阶段，强化食品香味料监管是国际社会共同认知，习近平总书记提出坚持以"最严谨的标准、最严格的监管、最严厉的处罚、最严肃的问责"全面实施食品安全战略，这需要着力推进监管体制机制改革创新和依法治理，着力推动食品安全现代化治理体系建设。这些政策的实施必将对食品及食品添加剂行业健康规范发展起到积极的促进作用。在这一背景下，促进河南食用香味料产业健康发展，要深入贯彻落实中央决策部署，完善河南食品质量安全监管配套政策，提高监管机构监管能力和技术水平，确保食用香味料质量安全。

二是要完善产业发展政策。做好产业政策顶层设计，在国家宏观政策的基础上，以科技发展、"三品"发展、集群发展、绿色发展、国际化发展等推动行业实现高质量发展为主线，优化政策引导，推动香味料企业产业整合重组，鼓励河南香味料企业兼并，重点培育品牌优势明显、竞争力强的企业做大做强。把政策资源向结构优化、创新引领、企业做强、集群培育、人才支撑、公共平台建设等产业持续健康发展的关键环节、薄弱环节倾斜，引导生产要素向产业重点薄弱环节、高端环节集聚，着力解决企业在创新驱动、技术改造、质量提升、品牌培育、渠道建设、新产品新业态培育等方面的难题，提高香味料产业产品和服务供给质量。

三是要不断优化科技政策。鼓励香味料产业科技创新，积极对标国际标准、强化国家标准、创建企业标准，加速企业标准化建设，全方位提升企科技创新能力。按照国家战略科技力量体系建设要求，将河南香味料产业科技创新融入省创新体系建设，创建河南食用香味料科技创新平台，加大人才引进，围绕香味料产业链，推进科研成果工程化、产业化。

四是要鼓励地方行业协会积极发挥桥梁纽带作用。通过行业协会加强政府与企业沟通交流，促进行业信息、产业政策、行业技术及国际经济技术推广与交流，督促企业自律。

参考文献

[1] 曾斌，何科佳，黄国林，等.芳香植物的主要功能及其应用现状[J].湖南农业科学，2015（5）：103-105.

[2] 河南省统计局.河南统计年鉴（2020）[M].北京：中国统计出版社，2020.

[3] 任媛媛，王超，王文君，等.河南省花椒产业发展现状[J].河南林业科技，2021，41（3）：26-29.

[4] 张香萍，李胜利.河南省大蒜产业现状及"十四五"高质量发展建议[J].中国瓜菜，2021，34（5）：132-135.

[5] 中国农业年鉴编辑委员会.2019年中国农业年鉴[M].北京：中国农业出版社，2020.

[6] 徐青，田朝辉，申爱民，等.柘城县辣椒产业发展现状、问题及建议[J].辣椒杂志，2020，18（1）：1-5.

[7] 陆敏，佟硕秋，蓬桂华，等.贵州省辣椒产业加工现状及发展建议[J].中国酿造，2021，40（9）：221-224.

[8] 李晓莉，黄登艳，刁英.中国花椒产业发展现状[J].湖北林业科技，2020，49（1）：44-48.

[9] 黎智华，王恬.辣椒红素的生物利用度、生理功能及机制研究进展[J].食品科学，2020，41（11）：259-266.

[10] 朱刚，赵启政，赵煜，等.亚临界萃取技术在提取花椒籽油中的应用研究[J].粮油食品科技，2010，18（04）：24-26.

[11] 宋荣，曹亮，周佳民，等.花椒种质资源及其功能成分和生物学效应研究进展[J].湖南农业科学，2014（17）：23-26，29.

[12] 李凯航.保加利亚玫瑰行业发展情况及相关建议[J].世界农业，2019（9）：131-134.

[13] 对外投资合作国别（地区）指南 保加利亚（2020版）[M].商务部国际贸易经济合作研究院，商务部投资促进事务局，中国驻保加利亚大使馆经济商务参赞处，2020.

[14] 王爱玲.法国薰衣草产业创意开发及对我国的启示[J].农业经济，2014（5）：19-20.

[15] 蔡永智，郝晓云，王力，等.中国薰衣草产业发展现状及对策[J].北方园艺，2020（12）：142-147.

[16] Ajaikumar B. Kunnumakkara, Bethsebie L. Sailo, Kishore Banik, et al. Chronic diseases, inflammation, and spices: how are they linked? [J]. Journal of translational medicine, 2018, 16: 14-39.

[17] Adithya J. Kammath, Bhagyalakshmi Nair, Sreelekshmi P, et al. Curry versus cancer: Potential of some selected culinary spices against cancer with in vitro, in vivo, and human trials evidences [J]. Journal of food biochemistry, 2021, 45（3）：13285.

[18] 冯欢欢，赵祥升，杨美华，等.芳香药用植物的抗氧化活性成分及其药理作用研究进展[J].中南药学，2014，12（6）：557-562.

[19] 齐程田，扈晓杰，程磊，等.六种天然香辛料的生理活性及研究进展[J].中国调味品，2021，46（3）：185-188，194.

[20] 余顺波，龙久铃，陈长艳，等.紫苏的生理活性研究进展[J].贵州农业科学，2021，49（6）：75-83.

[21] 宋凤斌，苏春晖.作物产品质量控制过程研究的必要性与可能途径[J].农业系统科学与综合研究，2003，

19（3）：176-179.

[22] 韩桂军,李思锋,吴永朋,等.香料用鸢尾新品种"德香鸢尾"的选育[J].北方园艺,2018(20):208-210,封2.

[23] 周露,谢文申.薄荷属植物选种育种研究进展[J].安徽农业大学学报,2012,39（1）：124-128.

[24] 国家林业和草原局.从"香草有约"到芳香弥漫（2022-01-12）.

[25] 吕玉奎,蒋成益,杨文英,等.荣昌无刺花椒优良品种选育报告[J].林业科技,2017,42（2）：18-21.

[26] 任世超,陈应福,朱亚艳,等.黔椒系列花椒新品种的选育[J].种子,2020,39（3）：123-127.

[27] 李孟楼,张伟.无刺品系1号花椒培育研究[C].//第十届中国林业青年学术论坛论文集.2012:1-4.

[28] 刘建强.伊犁地区香料作物的高产栽培与示范推广[D].咸阳：西北农林科技大学,2004.

[29] 肖振山.三种唇形科香料植物标准化栽培技术与园林应用研究[D].福州：福建农林大学,2018.

[30] 洪东方.永安黄椒高品质标准化栽培技术[J].福建热作科技,2019,44（4）：43-44,47.

[31] 程玥晴,聂果,阮林,等.九叶青花椒产业化开发关键技术研究[J].中国科技成果,2014（1）：32-34.

[32] 史劲松,顾龚平,张卫明.辛香料资源高效利用与产业化进展[J].中国野生植物资源,2003,22（5）：1-3.

[33] 金开美,卢兆成,赵海英,等.信阳毛尖茶区无性系茶苗栽培技术[J].中国农村小康科技.2007（9）：50-51.

[34] 毕金生.日本农产品全程质量控制的实践与启示[J].江苏农村经济,2006（6）：15-16.

[35] 朱有为.我国农产品安全质量控制技术的探究[J].农业环境与发展,2012,29（6）：48-50,76.

[36] 李乔宇,阮怀军,王磊,等.茶园病虫害智能监测系统设计[J].山东农业科学,2014（4）：12-15.

[37] 李小文,马菁,海云瑞,等.宁夏枸杞病虫害监测与预警系统研究[J].植物保护,2018,44（1）：81-86.

[38] 冯凌霄.HACCP体系在种植业中的应用[J].中国质量认证,2003（11）：41.

[39] 汪东风,王漪,张云伟,等.实施HACCP原理降低崂山绿茶农药残留量的研究[J].茶叶,2007,33（1）：28-31.

[40] 徐云,王一鸣,吴静珠,等.基于近红外光谱的花椒品质检测技术[J].农机化研究,2008（12）：150-152,159.

[41] 祝诗平,王刚,杨飞,等.基于近红外光谱的花椒麻味物质快速检测方法[J].红外与毫米波学报,2008,27（2）：129-132.

[42] 杨镇宇,祝诗平.基于机器视觉和SVM的花椒外观品质检测[C].//第三届全国虚拟仪器学术交流大会论文集.2009:402-405.

[43] 周睿璐,付大友,李雪梅,等.试纸法快速检测茶叶中铅含量的研究[J].应用化工,2017,46（7）：1318-1320,1324.

[44] 李国权,邢为飞,戚雪勇,等.X射线荧光峰值法测定茶叶中无机元素质量分数[J].江苏大学学报（自然科学版）,2016,37（05）：536-540.

[45] 程健,申文忠,刘以红.天然产物超临界CO_2萃取[M].北京：中国石化出版社,2009.

[46] 陈洪. 香物质的生物法制备[M]. 北京：中国轻工业出版社，2008.

[47] Baker R A, James H. Novel anthraquinones from stationary cultures of Fusarium oxysporum[J]. J Ferment Bioeng, 1998, 85（4）：359-361.

[48] Afzal M I, Ariceaga C C, Boulahya K A, et al. Biosynthesis and role of 3-methylbutanal in cheese by lactic acid bacteria: Major metabolic pathways, enzymes involved, and strategies for control [J]. Crit Rev Food Sci, 2017, 57（2）：399-406.

[49] Cameleyre M, Lytra G, Tempere S, et al. Olfactory impact of higher alcohols on red wine fruity ester aroma expression in model solution [J]. J Agric Food Chem, 2015, 63（44）：9777-9788.

[50] Lee D S, Kim E, Schwarz N. Something smells fishy: Olfactory suspicion cues improve performance on the Moses illusion and Wason rule discovery task [J]. J Exp Soc Psychol, 2015, 59（12）：47-50.

[51] Wang B, Zhang G H, Wang J, et al. Analysis of volatile compounds in traditional hurood from inner mongolia region by SPME-GC-MS [J]. Mod Food Sci Technol, 2015, 31（12）：378-386.

[52] Enrique C, Abraham M H. Dose-response functions for the olfactory, nasal trigeminal, and ocular trigeminal detectability of airborne chemicals by humans [J]. Chem Senses, 2016, 41（1）：3-14.

[53] Zhu J C, Chen F, Wang L Y, et al. Evaluation of the synergism among volatile compounds in oolong tea infusion by odour threshold with sensory analysis and E-nose [J]. Food Chem, 2017, 221: 1484-1490.

[54] Yong-Yeol Ahn, Sebastian Ahnert, James P. Bagrow, et al. Flavor network and the principles of food pairing[J]. Scientific Reports 1, 2011（196）：1-7.

[55] Andreas Dunkel, Martin Steinhaus, Matthias Kotthoff, et al. Natures chemical signatures in human olfaction: a foodborne perspective for future biotechnology[J]. Angew. Chem. Int. Ed., 2014（53）：7124-7143.

[56] 林祥云. 调香术[M]. 北京：化学工业出版社，2008，158，184.

[57] 毛海舫，李耀先，等. 香兰素产业链绿色合成工艺设计及应用[J]. 中国科技成果，2019（21）：61-62.

[58] 王春艳，韩冰，李晶，等. 综述我国食品安全标准体系建设现状[J]. 中国食品学报，2021，21（10）：359-364.